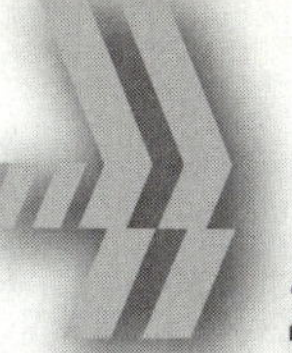

21世纪高职高专规划教材·商贸类系列

工学结合、校企合作开发教材

统计学基础

主　编　沈　静　唐东升

副主编　黄　倩　王于琴

参　编　唐　华　郝　坚

中国人民大学出版社

·北京·

前　言

"统计学基础"是高职高专经管类专业必修的一门专业基础课程，该课程研究社会各领域数量关系的基本原理与方法。本书适应高职高专人才培养的特点，结合企业岗位技能和职责要求，基于统计工作的过程，以项目为载体，以任务为驱动，校企合作开发。全书以统计工作的流程为主线，侧重于对学生实践动手能力的培养，将统计的基础知识、基本技能和基本方法与统计工作过程的实际操作相结合，注重教学内容的基础性、广泛性和实用性。

本教材由高职高专院校长期从事统计教学的专业教师在与企业从事统计工作的专家深度访谈、反复讨论的基础上编写完成，教材充分体现了高职高专教育特色，能更好地满足高职高专教学的要求。本教材的特点表现在以下四个"体现"：

一、教材内容体现项目导向、任务驱动

结合统计工作的实际，以完成职业工作为核心派生工作项目，以完成工作项目为目标派生工作任务，以胜任工作职责为目的重组教学内容。各项目的具体任务按任务引入、知识学习、任务实施的体系来构建，系统地体现了"项目导向、任务驱动"的教学改革。

二、编写体例体现岗位职业能力

以职业工作流程为线索，以项目为载体，对课程内容进行整体设计，共设计了认识统计、采集与整理统计数据、描述总体变量分布特征、运用抽样技术、分析时间数列、分析相关与回归、编制统计指数、撰写统计分析报告八个项目，将统计工作的岗位能力有机地融合在八个项目之中。

三、教学过程体现教学做一体化

教材内容依托于大量的企业真实案例，有助于教学过程中实现教学做一体化，从而激发学生的学习兴趣，引导学生将学习到的知识与实际问题关联起来，提升学生解决问题的能力。

四、教学内容体现可持续发展

以就业为导向，实施“学历证书与职业资格证书对接”。参照统计从业资格考试的《统计基础知识与统计实务考试大纲》的要求，设计教材内容和各项目后的理论巩固题目及技能实训，让学生在学习过程中了解统计从业资格证的考试要求，在学习课程后就可参加该考试。同时，增加了统计法律知识和违法案例分析，以增强学生的统计法律意识。

本教材由重庆商务职业学院沈静副教授、重庆城市管理职业学院唐东升教授担任主编，由重庆城市管理职业学院黄倩副教授、重庆机电学院王于琴讲师担任副主编。其中，黄倩编写项目一的任务一，唐东升编写项目一的任务二和任务三，王于琴编写项目二、项目三，重庆商务职业学院唐华编写项目四，沈静编写项目五和项目六，重庆商务职业学院郝坚编写项目七、项目八。

本教材在编写过程中得到了重庆市沙坪坝区统计局郑梅局长和重庆立信市场研究有限公司邓莎主管对教材技能实训设计的指导，参考、借鉴了许多专家、学者的专著和教材，在此特做出说明并表示衷心感谢。同时，对书中的不足和遗漏之处，敬请广大读者批评指正，以便进一步完善。

编者

目　录

项目一

认识统计

1. 理解统计的概念和特点。
2. 认识统计的研究对象、基本方法和工作流程。
3. 掌握统计学中的几个基本概念。

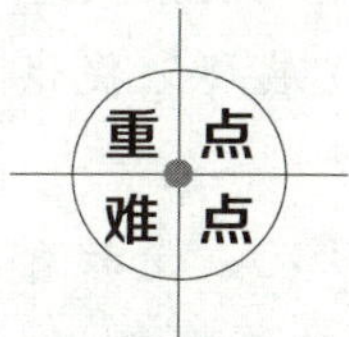

重点：1. 统计的研究对象和工作流程。
　　　2. 统计学中的几个基本概念。

难点：统计学中的几个基本概念。

【引导案例】

2013 年 3 月 5 日，在第十二届全国人民代表大会第一次会议上，温家宝总理在作政府工作报告时谈到：第十一届全国人民代表大会第一次会议以来的五年，是我国发展进程中极不平凡的五年。我们有效应对国际金融危机的严重冲击，保持经济平稳较快发展，国内生产总值从 26.6 万亿元增加到 51.9 万亿元，跃升到世界第二位；公共财政收入从 5.1 万亿元增加到 11.7 万亿元；累计新增城镇就业 5 870 万人，城镇居民人均可支配收入和农村居民人均纯收入年均分别增长 8.8%、9.9%。

温家宝总理的这一段话提到了许多数据，这些数据有的用绝对数表示，有的用百分比表示，通过这些数据可以看出五年来我国在经济建设上取得的重大进展，那么，这些数据是怎么得来的？数据的不同表示在分析中有什么作用？这些数据能反映出什么样的信息？如何运用这些数据来进行分析？这些问题可以通过统计学基础这门课程的学习来解决。

任务一 认识统计的概念与特点

任务引入

中国作为世界第一人口大国，于 2010 年 11 月启动第六次全国人口普查，而来自联合国的数据显示，当年全球有 60 个国家在开展人口统计。人口普查的数据是宏观决策的基础，通过全面掌握全国人口的基本情况，可以为制定人口政策和经济社会发展规划提供依据。

通过人口普查，能搜集到人口和住户的性别、年龄、民族、户口登记状况、受教育程度、行业、迁移流动、社会保障、婚姻、生育、死亡、住房情况等大量的基本数据。这些数据在国家老龄化问题、就业、社会福利等多个方面的宏观决策中起着非常重要的作用。

人口普查是开展人口数据搜集、整理和分析的一项重要统计工作，要了解国家是怎样进行该项工作的，就需要认识什么是统计，统计工作是怎么开展的，统计研究什么，统计总体、总体单位、指标、标志等基本概念，并在此基础上来深入学习。

知识学习

一、统计的产生和发展

人类的统计实践可追溯到原始社会的记数活动，随着社会经济发展，统计实践活动适应国家管理的需要逐渐发展。统计实践活动在社会经济领域不断发展，累积了丰富的实践经验，通过对这些实践经验进行理论概括和总结，产生了统计学。统计学至今已有 300 多年的历史，从统计学的产生和发展过程来看，可以分为三个时期，在这三个时期的历史演进中，形成了各种学派。

（一）萌芽期

统计学初创于 17 世纪中叶至 18 世纪，当时主要有国势学派和政治算术学派。

国势学派产生于对国家国情和国力的研究，主要通过统计图表，系统运用对比方法研究各国的实力。该学派首次提出将“统计学”作为这门新兴学科的名称，并提出了一些至今沿用的专业术语，如“统计数字资料”、“数字对比”等，其建立的最重要概念是“显著事项”，该概念成为建立统计指标、使统计对象数量化的重要前提。

政治算术学派第一次运用可度量的方法研究各国的国情和国力，在数量分析的基础上，全面系统地总结理论，从数量方面来研究社会经济现象。

（二）近代期

统计学的近代期是 18 世纪末至 19 世纪末，这个时期的统计学主要有数理统计学派和社会统计学派。

数理统计学派是在概率论相当成熟的基础上，把概率论引入统计学中而形成的，该学派完成了统计学与概率论的结合，形成以推断统计方法为中心的数理统计学，丰富了统计方法体系，使统计学成为一门成熟的科学。

社会统计学派认为统计学的研究对象是社会现象，目的在于明确社会现象的内部联系和相互关系，认为统计应当是数据搜集、整理和分析的完整过程。在社会统计中，全面调查居于重要地位，抽样调查在一定范围内具有实际意义和作用。

（三）现代期

统计学的现代期是自 20 世纪初到现在的数理统计时期，当时数理统计的发展从描述统计转向推断统计，促使数理统计进入现代范畴。但数理统计学不可能完全代替一般统计方法论，由于统计学的内容比数理统计学更为广泛，可以把数理统计学看成是统计学的重要组成部分。

二、统计的概念

“统计”一词，英语为 statistics。我国《统计法实施细则》第二条规定：“统计是指运用各种统计方法对国民经济和社会发展情况进行统计调查、统计分析，提供统计资料和统计咨询意见，实行统计监督等统计活动的总称。”

在不同的经济活动中，统计可以有不同的含义，如可以是统计工作，也可以是统计资料，还可以是统计学。

（一）统计工作

统计工作是对社会现象的数量方面进行搜集、整理和分析的工作过程。这一过程有五个环节，按统计设计、统计调查、统计整理、统计分析及统计报告的顺序展开，如图1—1所示。例如，国家进行的人口统计、经济统计、资源统计等活动，企业进行的生产统计、销售统计等活动。

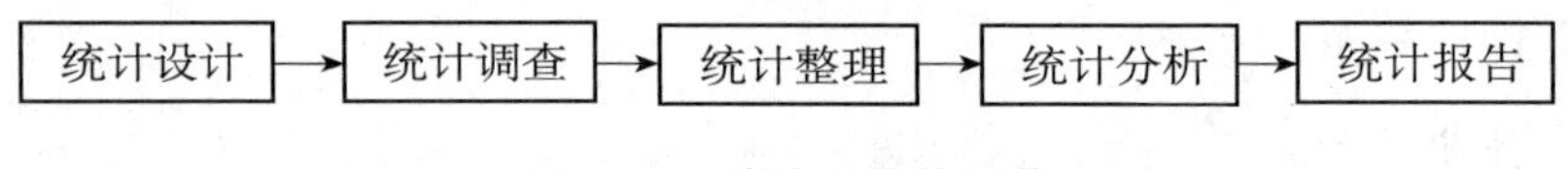

图1—1 统计工作的环节

统计设计是统计工作的首要阶段，即根据研究的目的和对象特点制定工作方案，指导统计工作。统计调查是搜集统计资料的过程，即根据调查的目的和要求，运用科学的调查方法，有计划、有组织地搜集数据。统计整理是将统计调查得到的数据进行分类加工整理，为进一步的统计分析打下基础。统计分析是指运用统计方法对统计对象进行定性和定量的研究，深刻地认识现象。统计分析的最终结果以统计报告展现出来。

（二）统计资料

统计资料是指统计工作实施过程所取得的各种数字资料和其他资料的总称，统计资料是为了说明所研究对象的数据，应该与研究的内容相关。例如，企业统计产品的销售量和销售额是为了说明企业的销售水平，分析企业的销售发展情况。

（三）统计学

统计学是系统论述统计理论和方法的科学，是认识经济现象数量特征和数量关系的科学。掌握统计的基本理论和方法，是做好统计工作的基础。

统计工作、统计资料和统计学三者之间存在密切的联系，统计资料是统计工作的成果，统计学来源于统计工作。日常所说的统计，就是统计工作、统计资料、统计学的总称。

小思考

统计是按怎样的工作过程开展工作的？

三、统计的对象及特点

社会现象统计具有如下特点：

（一）数量性

统计的研究对象是客观事物的数量方面，具体是对象的数量特征、数量关系以及事物变化的数量规律。数量性是统计研究对象的基本特点，通过对对象数量性的研究，能反映事物的现状和趋势。

（二）总体性

统计是以大量社会现象总体的数量特征作为研究对象的，通过对总体现象个别和偶然影响的消除，呈现总体的规律性。统计研究对象具有一定的宏观性，不是以研究个别事物为目的的，它强调研究对象的集合特征。

（三）具体性

统计所研究的是具体事物的数量方面，具有实际的社会内容，而不是抽象的数量关系，这是统计与数学的区别。数学研究抽象的数量关系和空间形式，而统计则反映一定条件下具体现象的数量特征。

（四）社会性

统计研究的是与社会现象相联系的数量，都具有一定的社会内容，涉及社会的各个领域。

四、统计的职能

统计本身所固有的内在功能就是统计的职能，统计具有三大功能，即信息职能、咨询职能和监督职能。

（一）信息职能

统计的信息职能是指根据研究的目的设计科学的指标体系，运用专门的统计研究方法开展工作，为研究主体提供大量的以数据描述为基本特征的社会经济信息。信息职能是统计最基本的功能，是统计提供服务和监督的基础。

（二）咨询职能

统计的咨询职能是指利用已掌握的丰富的统计信息，运用科学的分析方法和先进的技术手段，深入开展综合分析与专题研究，为科学决策和管理提供可供选择的方案和建议。咨询职能是信息职能的深入和发展，是根据信息使用者的需要对统计数据进行进一步的计算和量化加工，为信息需要者的决策提供详细的报告，对研究现象的数量关系和数量规律进行咨询和说明。

（三）监督职能

统计的监督职能是指根据统计调查分析，及时准确地从总体上反映经济、社会和科技的运行状况，对其进行全面和系统的定量检查、监测和预警，促使各项社会活动按照客观规律的要求持续、稳定、协调地发展。

统计的三种功能相互作用、相互促进、密切联系。信息职能是统计最基本的职能，是咨询和监督职能发挥效能的基本前提，咨询职能是信息职能的深化和延续，监督职能是前二者基础上的进一步拓展。这三大职能共同构成统计的整体功能。

五、统计机构与组织管理

统计机构是指根据统计工作的需要，专门设立的负责组织领导和协调统计工作，从事统计调查、统计数据加工整理、统计分析预测、统计信息咨询和统计协调管理等活动的职能机构。

统计机构的类型有三种：政府综合统计机构，是指国务院和地方各级人民政府独立设置的统计职能机构，包括国务院设立的国家统计局和县级以上地方各级人民政府设立的统计机构；部门统计机构，是指国务院和地方各级人民政府各业务主管部门，根据国家和部门统计任务的需要而专门设置的统计职能机构；企事业单位统计机构，是指各企业事业单位根据国家、部门、地方、企业事业单位的统计任务的需要而专门设置的统计职能机构。

为了很好地完成统计工作，需要建立统计组织的统一原则、统一系统、统一政策、统一制度和统一标准，有效地对统计工作进行指导。

各国实行的统计体制不同，对统计的管理也不同。我国对统计实行统一领导和分级负责的管理体制，明确各级和各部门统计组织的职责。

任务实施

通过任务一的学习我们对统计的产生和发展有了一定的认识，熟悉了统计工作的流程，下面我们结合学习的相关知识对引入的任务进行分析。

分析：引入的任务是国家的人口普查项目，人口普查是一项统计工作，正式开展工作前需要对人口普查的数据指标体系、工作要求、组织实施等进行方案的设计；方案设计完成后，在全国范围内全面开展普查工作，按方案的相关要求进行人口各项指标数据的搜集工作；数据搜集工作完成后，需要将搜集的各项数据进行分类整理，并按一定的统计分析方法对相关数据进行分析；最后形成人口普查的统计分析报告，供国家全面地了解我国人口和住户的基本情况，为国家的宏观管理和科学决策服务。

认识统计的几个基本概念

任务引入

重庆市政府希望全面研究全市工业企业的发展情况，要求市统计局组织对全市工业企业进行抽样调查，采集抽样工业企业的名称、代码、法人代表、企业性质、企业规模、工业总产值等反映基本情况的指标数据，以及反映工业企业经营状况的资产负债率、资本保值增值率等指标数据。该项统计任务中包含了统计的几个基本概念，下面让我们一起来认识这几个基本概念。

知识学习

一、总体与总体单位

【例 1.1】重庆市教委要全面研究高校的就业情况，委托专业的市场调研机构开展该项调查工作。

分析：在该调查任务中，重庆市的每一所高校组成的整体是调查的对象，通过对每一所高校的调查，能帮助市教委全面地掌握高校各专业就业的情况，以便于教委做出相关的高校学生就业决策。

（一）总体

统计总体简称总体，是统计所要研究的客观对象的全体，即根据一定目的确定的同质个体组成的整体，【例 1.1】中市属所有高校构成的整体就是总体。总体的单位数可以是有限的，也可以是无限的，按总体单位数是否可数，统计总体可分为有限总体和无限总体。

统计总体具备如下三个特征：

1. 同质性

构成总体的每一个个体需要具有某个相同的性质，如例 1.1 中构成总体的每一所学校都必须是高校，包括本、专科院校和高职院校，而中专、职高、普高等不能放在该总体中。

【例 1.2】重庆市中小企业局要对市小型微利企业的经营情况进行研究，请帮助中小企业局确定研究的总体。

分析：重庆市所有工商注册为小型微利企业的企业构成的整体就是该项研究的总体。既包括小型微利的工业企业，也包括小型微利的商业企业，还包括小型微利的服务企业。但中型和大型企业不管是什么类型，均不包括在总体中。

2. 大量性

构成总体的同质单位应该有足够的数量。统计对总体数量特征的研究，是为了发现现象的规律，只有对数量足够的总体进行观察和分析，才能显示出现象的规律性。

3. 变异性

要构成总体，要求个体在某方面是同质的，但个体在其他方面又存在差异。如【例 1.1】中构成研究总体的每一个学校都是高校，但每一所高校的专业设置、毕业生人数等都是不相同的，如果个体在所有方面都是相同的，则不需要进行统计分析。

（二）总体单位

总体单位又称个体，是构成总体的每一个个体，是总体的基本单位。在【例 1.1】中构成总体的每一所高校就是总体单位，在【例 1.2】中注册为小型微利企业的每一家企业就是总体单位。

【例 1.3】对重庆市城镇居民的收入情况进行研究，确定该项研究的总体和总体单位。

分析：根据该项研究的目的，重庆市所有的城镇居民构成总体，而每个城镇居民就是总体单位。

二、标志与指标

（一）标志

构成总体的单位具有许多的属性和特征，例如，事业单位作为总体单位，具有名称、单位类型、所属行业、主体岗位、编制数等属性或特征。说明总体单位属性和特征的名称就是标志，标志的具体表现称为标志表现，例如，事业单位类型是事业单位的一个标志，教育事业单位、科技事业单位、文化事业单位、卫生事业单位、体育事业单位等是该标志的具体表现。

1. 标志按性质的不同，分为品质标志和数量标志

品质标志是表明总体单位属性方面的特征，不能用数量表现，例如，职工的性别就是品质标志，只有男女之分，没有数量差异，品质标志只能用文字表现。数量标志表明总体单位数量方面的特征，用数值来表现，例如，职工的工资水平就是数量标志，其标志具体表现为 2 000 元、3 000 元等具体的数值。

2. 标志按变异情况，分为不变标志和可变标志

有些标志的标志表现是相同的，例如，某高职院校对会计专业的毕业生进行满意度研究，对该校会计专业所有毕业生这个总体来说，专业名称、学制、主修课程等，每一个毕业生个体的标志表现是一致的，称其为不变标志；而每一个毕业生个体的年龄、性别、学业成绩等标志的标志表现却随着单位的不同而变化，称其为可变标志。

【例 1.4】对重庆市所有商业企业的基本情况和经营情况进行研究，针对这一研究项目的总体，分析总体的同质性和变异性。

分析：该项目的总体由重庆市所有工商注册的商业企业构成，该总体的地属主体和企业性质这两个标志的标志表现是相同的，地属主体是重庆市，企业性质均为商业，体现了总体的同质性，对总体各单位的范围进行了具体的界定，是不变标志。对该总体进行研究，每个个体的企业规模、企业类型、产量、产值等标志的标志表现是不同的，随不同的单位是可变的，体现了总体的变异性，是可变标志。

不变标志是每个个体构成总体的基础，只有在具有相同不变标志的基础上个体才能集合成一个总体，但统计研究的是总体的变异性，总体不具备变异性，统计研究就失去了意义。

（二）指标

指标是反映统计总体数量特征的概念和范畴。一个完整的统计指标由指标名称和指标数

值两部分组成。例如，2010 年 11 月 1 日零时我国大陆人口总数为 133 281 万人。该项人口数据，人口总数是指标名称，133 281 万人是指标数值。指标名称是对所研究现象本质的抽象概括，也是对总体数量特征的质的规定性，指标数值反映所研究现象在具体的时间、空间下的规模和水平。统计指标按反映的数量特点不同，可以分为数量指标和质量指标。

1. 数量指标

反映现象总规模和总水平的统计指标称为数量指标，也称为总量指标，数量指标用绝对数表示。例如，人口总数、工业企业总数、工业企业生产总值等。

2. 质量指标

反映现象相对水平和平均水平的统计指标称为质量指标，例如，人口密度、劳动效率、平均工资水平、设备利用率等。质量指标是由总量指标衍生的指标，用相对数或平均数表示，反映现象之间的内在关系和对比关系。

单个的统计指标只能反映总体某一个方面的数量特征，而统计研究的现象具有复杂性，要对总体现象进行全面的研究，探求总体现象的规律和内在联系，这就需要构建由单个统计指标组成的指标体系。统计指标体系是由一系列相互联系的统计指标所组成的整体。例如，为了反映企业生产经营的状况，需要设置产量、产值、资产总额、生产成本总额、利润总额等多项指标，它们构成指标体系。

小思考

统计标志和统计指标有什么区别和联系？

三、变异与变量

（一）变异

标志的具体表现在各单位间是不同的，这种差异性就是变异。例如，在职工总体中，性别是总体单位的标志，该标志具体表现为“男”和“女”，性别这个具体标志在这个总体中各单位之间是有差异的。变异包括质的差异和量的差异两个方面。

（二）变量

可变的数量标志称为变量，变量的具体表现称为变量值。变量按其取值的连续性分为离散型变量和连续型变量两种，离散型变量的各个变量值只取整数，例如，企业个数、职工人数、设备台数等。连续型变量的各个变量都是连续不断的，可以是整数，也可以带有小数。例如，企业的资产总额、企业的银行存款额、工业总产值等。

任务实施

通过本任务的学习，我们认识了统计学中的几个基本概念，下面我们利用这些知识来分析该抽样调查任务中所包含的基本概念。该项抽样调查任务的总体是由重庆市工商注册登记的所有工业企业构成的，每一个工业企业是总体单位。反映工业企业性质和特征的企业名称、组织机构代码、法人代表、企业性质、企业规模等是企业的品质标志，企业产值、固定资产价值、职工人数等是数量标志。该研究总体由属于重庆市的工业企业构成，总体单位的地属特征和性质特征表现了总体单位的同质性，是不变标志，而企业名称、代码、企业规模、企业产值等标志，因单位的不同而发生变化，是可变标志。为了对重庆市工业企业的基本情况和经营情况进行研究，需要建立反映重庆市工业企业基本情况和经营情况的指标体系，反映现象总体的数量特征。在项目研究中，重庆市工业企业的总产值、总体资产负债率、资本保值增值率等就是指标，其中总产值指标为数量指标，总体资产负债率、资本保值增值率等为质量指标。

认识统计法规

任务引入

2011年4月，原国家统计局办公室秘书室副主任、副处级干部孙振因先后多次将尚未对外公布的统计数据共计27项，泄露给证券行业从业人员而被调查。后被北京西城法院依法判处有期徒刑5年。

重庆江北区统计局发现重庆生殖健康医院2009年劳动工资统计年报应于2010年1月6日报送，经催报后，该医院于1月8日上报统计局。统计局对生殖健康医院给予警告并罚款5 000元。

请问：孙振为何被判刑？重庆生殖健康医院上报统计年报后为何还被警告和罚款？

知识学习

一、统计法及实施细则

（一）统计法

1983年12月8日第六届全国人民代表大会常务委员会第三次会议通过《中华人民共和国统计法》（以下简称《统计法》）；

1996年5月15日第八届全国人民代表大会常务委员会第十九次会议对《统计法》进行了修正；

2005 年 5 月启动修订工作，2009 年 6 月 27 日第十一届全国人民代表大会常务委员会第九次会议通过了新修订的《统计法》。2010 年 1 月 1 日起施行。

（二）实施细则

1987 年 1 月 19 日国务院批准，2 月 15 日国家统计局发布《中华人民共和国统计法实施细则》；

2000 年 6 月 2 日国务院批准修订该实施细则，2000 年 6 月 15 日国家统计局发布；

2005 年 12 月 16 日国务院发布第 453 号令，公布修订后的《中华人民共和国统计法实施细则》，自 2006 年 2 月 1 日起施行。

二、统计违法违纪行为

修订后的《统计法》明确了三类违法行为：地方人民政府、政府统计机构或者有关部门、单位的负责人的统计违法行为，统计调查者的统计违法行为，统计调查对象的统计违法行为。

第一类违法行为主要包括：自行修改统计资料和编造虚假统计数据的行为、要求伪造或篡改统计资料的行为、打击报复统计人员的行为、对严重统计违法行为失察的行为。这类违法行为由任免机关或者监察机关依法给予责任主体处分，并由县级以上人民政府统计机构予以通报。

第二类违法行为根据违法时间的不同，分为组织实施调查活动中的违法行为、统计资料管理过程中的违法行为。前者包括：(1) 未经批准擅自组织实施调查的行为；(2) 擅自变更调查内容的行为；(3) 伪造和篡改统计资料的行为；(4) 要求统计调查对象或者其他机构、人员提供不真实的统计资料的行为；(5) 未按制度规定报送有关资料的行为。后者包括：(6) 违法公布统计资料的行为；(7) 泄露统计调查对象商业秘密、个人信息的行为；(8) 提供、泄露在统计调查过程中获得的能够识别或者推断单个统计调查对象身份的行为；(9) 违规造成统计资料毁损和灭失的行为；(10) 泄露国家秘密的行为。有第 1 至第 9 种统计违法行为的县级以上人民政府统计机构或者有关部门直接负责的主管人员和其他直接责任人员，由任免机关或者监察机关依法给予责任主体处分；统计人员有第 3 至第 5 种统计违法行为的，责令改正，依法给予处分；有第 6 至第 9 种统计违法行为的，依法给予处分；统计机构、统计人员有第 10 种行为的，依照有关法律追究责任。

第三类违法行为主要包括：(1) 拒绝提供统计资料的行为；(2) 提供不真实或者不完整的统计资料的行为；(3) 拒绝答复或者不如实答复统计检查查询书的行为；(4) 拒绝、阻碍统计调查、统计检查的行为；(5) 转移、隐匿、篡改、毁弃或者拒绝提供原始记录和凭证、统计台账、统计调查表及其他相关证明和资料的行为；(6) 迟报统计资料的行为；(7) 未按规定设置原始记录、统计台账的行为；(8) 提供不真实或者不完整的普查资料的行为。国家机关有第 1 至第 7 种统计违法行为的，由县级以上人民政府统计机构责令改正，给予警告；国家工作人员有第 1 至第 5 种违法行为的，由任免机关或者监察机关依法给予处分；

企事业单位或者其他组织有第 1 至第 5 种行为的，除责令改正，给予警告外，可以并处 5 万元以下的罚款，情节严重的，并处 5 万元以上 20 万元以下的罚款，有第 6 至第 7 种行为的，可以并处 1 万元以下的罚款；个体工商户有第 1 至第 5 种行为的，除责令改正，给予警告外，可以并处 1 万元以下的罚款，有第 6 种行为的，可以并处 0.1 万元以下的罚款。

任务实施

在引入的任务中，孙振泄露给证券行业从业人员的尚未对外公布的 27 项统计数据中，经调查、鉴定，其中 14 项为机密级国家秘密，13 项为秘密级国家秘密。孙振作为国家统计机关的干部，将未公布的涉密统计数据泄露，属于上述第二类违法行为。《统计法》第四十条规定：统计机构、统计人员泄露国家秘密的，依法追究法律责任。

重庆生殖健康医院作为统计调查对象，本应 1 月 6 日上报统计年报，但经催报后才于 1 月 8 日上报，已构成迟报统计资料的违法行为。《统计法》第四十一条规定：统计调查对象拒绝提供统计资料或者经催报后仍未按时提供统计资料，由县级以上人民政府统计机构责令改正，给予警告，可以予以通报；企业事业单位或者其他组织可以并处五万元以下的罚款；情节严重的，并处五万元以上二十万元以下的罚款。

项目小结

本项目是对统计和统计基本概念的认识学习，通过本项目的学习，能引导学生熟悉统计工作的流程，知道统计是干什么的，并对统计工作各环节的具体任务有一定的认识，构建统计学基础的理论框架。在此基础上带领学生走进统计的世界，认识统计的几个基本概念及各个基本概念之间的关系，为后续的项目学习打下基础。同时了解统计法及其实施细则，争取做遵纪守法的统计工作者或统计调查对象。

理论巩固

一、思考题

1. 统计包含的三种含义是什么？
2. 统计的研究对象及其特点是什么？
3. 统计的基本职能及关系是什么？
4. 统计总体和总体单位的相互关系是什么？
5. 什么是统计标志和指标？二者有怎样的关系？
6. 统计指标按反映的数量特点不同如何分类？

二、单项选择题

1. 对某市小学的素质教育情况进行调查，统计总体是（　　）。

A. 某市所有的小学生　　B. 某市一所小学的学生

C. 某市一所小学　　D. 某市所有的小学

2. 某市全部工业企业2012年末的总产值是（　　）。

A. 质量指标　　B. 数量指标　　C. 品质标志　　D. 数量标志

3. 在统计研究中，一个统计总体（　　）。

A. 可以有多个标志　　B. 可以有多个指标

C. 只能有一个标志　　D. 只能有一个指标

4. 某企业对一种标件进行内径检测，结果不同标件的内径存在一定差异，这在统计学中称为（　　）。

A. 变量　　B. 变异　　C. 标志　　D. 标志表现

5. 某同学的统计学基础考试成绩为72分，则72分是（　　）。

A. 品质标志　　B. 数量标志　　C. 数量指标　　D. 标志值

6. 标志是说明（　　）。

A. 总体的数量特征　　B. 总体单位的特征

C. 总体的质量特征　　D. 品质标志的名称

7. 下列属于品质标志的是（　　）。

A. 工业企业的产值　　B. 工业企业的流动资产额

C. 工业企业的性质　　D. 工业企业的流动资金额

8. 下列指标中属于质量指标的是（　　）。

A. 成本计划完成率　　B. 总产值

C. 产品总成本　　D. 职工人数

9. 某厂进行职工的工资情况调查，在相关资料中（　　）。

A. 该厂的所有职工是统计的总体　　B. 每个职工的工资水平是数量指标

C. 工资构成比是数量指标　　D. 全厂职工的平均工资是数量标志

10. 统计最基本的职能是（　　）。

A. 管理职能　　B. 信息职能　　C. 监督职能　　D. 咨询职能

三、多项选择题

1. 以下标志属于数量标志的有（　　）。

A. 企业规模　　B. 企业设备数　　C. 企业的利润额　　D. 企业的代码

2. 统计的工作流程包括（　　）。

A. 统计设计　　B. 统计整理　　C. 统计分析　　D. 统计报告

3. 要研究重庆市私有企业工人的工资与社保情况，下列各项属于该项研究统计指标的数据有（　　）。

A. 某一私有企业工人的年均收入　　B. 所有私有企业工人的年均收入

C. 某一私有企业工人的年均工资　　D. 所有私有企业工人的年均工资

4. 以下指标属于质量指标的有（　　）。

A. 国民生产总值　　B. 石油年总产量

C. 单位产品成本　　D. 产品合格率

5. 在工业普查中属于连续型变量的有（　　）。

A. 工业企业总数　　B. 工业企业设备数

C. 工业企业总产值　　D. 工业企业负债总额

四、判断题

1. 现代统计的含义包括统计工作、统计资料、统计学。（　　）

2. 企业资产总额是品质标志，是可变标志。（　　）

3. 全国人口的平均寿命是数量指标。（　　）

4. 品质标志可以转化为指标。（　　）

5. 某城市每个家庭拥有的住房数是一个离散型变量。（　　）

技能实训

在重庆市2013年的政府工作报告中，对过去五年的政府工作进行了回顾，其中提到过去的五年综合经济实力大幅提升。全市生产总值从2007年的4 676亿元增加到11 459亿元，年均增长15.3%。人均生产总值达到6 191美元，赶上全国平均水平。财政一般预算收入达到1 703.5亿元，翻了近两番。固定资产投资累计完成3.34万亿元，一批重大项目建成投用。社会消费品零售总额达到3 961亿元，年均增长18.8%。工业总产值增长3倍，全员劳动生产率翻了一番多。各类市场主体由64.8万户发展到136.9万户。

请结合本项目的学习，对政府工作报告中提到的各项数据进行分析，进一步加深对统计和统计的几个基本概念的认识。

项目二

采集与整理统计数据

1. 掌握统计调查方案的设计方法和内容。
2. 掌握各种统计调查方式和方法的特点及其应用条件。
3. 掌握统计整理的意义、内容，认识统计整理在统计活动中的作用。
4. 掌握统计分组的基本理论、方法及编制分配数列。
5. 能准确应用统计图和统计表显示统计数据特征。
6. 能根据实际问题具有初步设计统计调查方案的能力。
7. 能熟练进行统计分组，编制分配数列和统计图、统计表。

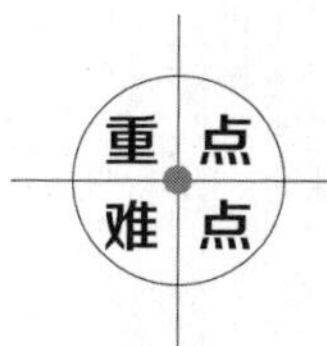

重点：1. 各种统计调查方式和方法的特点及其应用条件。

2. 统计分组的基本理论和方法。

难点：1. 各种统计调查方式的特点、适应情况及相互区别。

2. 在统计分组基础上编制分配数列。

【引导案例】

2001 年，中国加入世界贸易组织，中国政府统计信息机构加入了国际货币基金组织（IMF）的数据发布系统（GDDS）。2004 年，我国开展的第一次全国经济普查，以其规模大、范围广、调查内容丰富为国内外统计界所罕见，备受中国各界及国际社会的关注。2006 年 3 月 5 日，温家宝总理在十届全国人大四次会议上所作的政府工作报告中对第一次全国经济普查工作给予了高度评价："历时两年的经济普查工作，进一步摸清了我国经济社会发展的基本情况，查实了国内生产总值和三次产业的比重，更加全面、准确地反映了国情国力。"

此次调查结果的公布，迅速在国内外引起强烈震动，赢得了社会公众和国际社会的一致肯定，深受国内外及社会各界的关注，这不仅印证了我国正在努力依照国际标准和通行的做法开展统计工作，同时也表明我国统计越来越走进生活，统计调查知识也越来越被广泛运用。今后，一方面要加强研究，使调查工作不断走向成熟和完善；另一方面要努力使统计工作不仅能让社会公众获得更多的统计信息，而且还要使大家对资料产生的过程、统计调查的方法有所了解，共同促进我国统计调查工作蓬勃发展。

采集统计数据

任务引入

随着人民生活水平的不断提高，外出旅游度假已成为一种理想的休闲方式，旅游业因此成为了一个新的经济增长点。某旅游城市为进一步规范旅游行业管理，促进旅游业更科学、持续、全面地向纵深发展，要求市有关部门制定和完善该市旅游业的发展方针和相关政策。而这些新的方针政策的出台，必须依赖大量的旅游业中的资料。因此，该市的旅游部门决定开展"旅游休闲消费"问卷调查活动。

那么，如何根据调查目的，采用适当的方法，收集旅游业的资料呢？这一任务就需要学习统计调查的各种方法。

知识学习

一、统计调查概述

（一）统计调查的含义

采集统计数据，就是通过统计调查获得统计研究的原始资料。要正确认识社会经济现象，必须进行统计调查。统计调查是一项具有严密的科学性的工作过程。完成一项统计工作一般需要经历五个过程，即统计设计、统计调查、统计整理、统计分析、统计报告。其中，统计设计贯穿于整个统计工作全过程，后四者是依次进行、相互独立的，但又是彼此衔接、相互依存的，任何环节上出现偏差或失误，都会影响到统计工作的质量，也会影响统计决策。

统计调查是统计整理、统计分析的基础，在整个统计工作中，担负着提供基础资料的任务，是一切统计资料的来源。统计调查工作的质量如何，直接影响到整个统计工作的质量。

统计调查是在统计工作过程中，按照统计研究的目的、任务和要求，运用科学的调查方法，有计划、有组织地向社会搜集和登记资料的过程。所搜集的资料属于尚须进一步条理化、系统化的原始资料，也是从个体特征过渡到总体特征的不可或缺的统计资料。

为了确保统计研究工作的顺利进行，就要保证统计调查基本任务的落实，而这一切都有赖于我们按照约定的目的，准确、及时、全面和系统地搜集原始资料，这是由统计工作的性质决定的，也是对统计调查的基本要求。

（二）统计调查的分类

社会经济现象是错综复杂的，根据具体的调查目的和调查对象，确定与之相适应的调查方式是统计调查的一个重要环节。统计调查按划分标准不同主要有以下几种分类：

1. 按照调查组织的方式分类

按照调查组织的方式不同，统计调查可分为统计报表和专门调查。

统计报表是根据统计法规的规定，按照一定的标识和要求，自上而下统一布置，自下而上逐级提供统计资料的一种统计调查方式和方法。它大部分以定期统计报表制度的形式出现。例如，商业统计报表制度、农业统计报表制度。

专门调查是为了研究某一特定情况或专门问题而组织的调查，包括普查、重点调查、典型调查和抽样调查。例如，为了了解一定时间状况上的人口资料而组织的人口普查。

2. 按照调查对象包括的范围分类

按照调查对象包括的范围不同，统计调查可分为全面调查和非全面调查。

全面调查是对构成调查总体的所有个体一一进行调查登记的一种调查方法。例如，要了解全国的空调产量，就需要对全国所有空调生产企业进行调查。全面调查主要包括统计报表制度和普查。

非全面调查是对调查总体的一部分个体进行调查登记的一种调查方式和方法。例如，抽取部分产品，对产品质量进行检验的抽样调查；为推广某先进企业的经验而对其进行的典型调查，等等。

3. 按照调查登记的时间是否连续分类

按照调查登记的时间是否连续，统计调查可分为经常性调查和一次性调查。

经常性调查是随着被调查对象在时间上的变化进行连续不断的登记。例如企业每天的原材料库存量、学生每天的出勤情况等。有时，经常性调查也表现为对具有周期性或定期性特点的事物间隔一个相对固定的时期进行的调查。例如，产品产量的日报、旬报，对每年汛期水情的观测调查，对历届奥林匹克运动会情况的调查。

一次性调查是对被调查对象间隔一段时间进行一次登记，以取得这些现象在一定时点状态上的状况资料。一次性调查可以是定期进行的，也可以是不定期进行的。例如，我国1953年、1964年、1982年、1990年、2000年和2010年先后进行过的六次人口普查就属于一次性调查。

（三）统计调查的方法

按照搜集资料的方法不同，统计调查可分为直接观察法、采访法、凭证法和通信法。

1. 直接观察法

直接观察法是由调查人员亲自到现场对调查对象进行观察和计量以取得资料的一种调查方法。例如，商品库存量的盘点，对农作物产量的实割实测等。直接观察法因其直接性保证了所获资料的真实性和准确性，但同时它又需要花费大量的人力、物力和时间。而且，在某些条件下，无法用直接观察法获得所需要的资料，如对许多历史资料的搜集。

2. 采访法

采访法是由调查人员向被调查者提问，根据调查者的答复以取得资料的一种调查方法，分为面谈采访、电话采访和开调查会三种。

（1）面谈采访。这是由调查者直接与被调查者接触，通过有目的的当面交谈获得资料的一种方法。这种方法简便灵活，提出的问题有很大的延展性和应变性，所发放的调查表回收率很高。但这种方法成本很高，对调查人员的综合素质要求也很高。

（2）电话采访。这是调查人员利用电话同受访者进行交流获得信息的一种调查方式。这种方法时效快、成本低，但不便于深入调查。

（3）开调查会。又称集体采访法，是召集被调查者到调查现场，对调查者提出的问题发表意见，从中获得调查资料的方法。这种方法可以通过被调查者之间的相互商讨和启发，使得对被研究的问题了解得更加深入，取得比较可靠的资料，但这种方法易受权威人士或第一发言者的观点影响。

3. 凭证法

凭证法是指调查单位以各种原始凭证为依据填写调查表并按时上报的一种调查方法。我国实行的统计报表制度就属于这种调查方法。凭证法具有统一调查项目、统一表式、统一填报要求和上报程序等特点。

4. 通信法

通信法是指利用信件、电话和电传等通信手段进行统计调查的方法。近年来，随着科技的发展，电话、电传和互联网等现代化的通信设施有了很大的发展，各种高科技手段在统计调查工作中得以运用，大大提高了统计调查的时效性。

最后需要注意的是，统计调查的方式和方法是多种多样的，绝不只是上面介绍的这些，它还包括实验室实验调查和空间遥感调查，等等。

二、设计统计调查方案

统计调查是一种复杂而又细致的工作。规模较大的调查项目，面广量大，需要动员成千上万的人员协同工作才能完成。因此，进行统计调查时，必须全面地计划，严密地组织，事先要制定统计调查方案，以便于在调查过程中统一认识、统一内容、统一方法、统一步调，顺利完成统计调查的任务。统计调查方案又称统计调查计划，也是组织统计调查必须解决的基本问题，主要包括以下几项内容。

（一）确定调查目的

确定调查目的，就是要明确调查解决什么问题，搜集哪些资料，这是统计调查的首要问题。有了明确的目的，才能有的放矢，确定向谁调查，调查什么，采取什么方式和方法进行调查等一系列问题。

确定调查目的是任何一项统计调查方案首先要解决的问题。任何社会经济现象和过程都可以根据人们的需要，从不同方面、不同角度来搜集资料。例如，研究城镇情况，可以从居民收入和消费情况来研究，也可以从城镇规划布局特点研究，还可以从居民受教育情况来调查研究。实践证明，每次调查，确定的调查目的要明确具体，突出中心问题，不应面面俱到；规定的调查任务要具体，以便搜集到真正需要的资料。否则，就会给工作带来盲目性，严重影响统计调查的质量，甚至浪费人力、物力和时间。

（二）确定调查对象、调查单位和报告单位

确定了调查目的和任务，就可以确定出调查对象和调查单位，也就解决了向谁调查、由谁来具体提供统计资料的问题。

调查对象就是需要调查的那些社会现象的总体。调查单位就是所要调查的现象总体中的个体，即调查研究中被调查研究的具体单位。调查所获得的资料实际上就是每个被调查单位的个体资料。所有的调查单位构成调查对象。例如，调查目的是了解全国工业企业的机床工作情况，那么调查对象就是全国工业企业的所有机床，调查单位就是每一台机床。

报告单位（也叫填报单位）就是在统计调查中负责填报调查资料的单位。它与调查单位是有区别的。报告单位可以是行政上、经济上独立的单位，也可以是人。而调查单位除此之外还可以是物。报告单位和调查单位有时是一致的，有时不一致。例如，调查工业企业的生产状况，每一个工业企业既是调查单位又是填报单位，二者是一致的；如果调查工业企业生产设备的规模、性能、配置情况及其使用年限，则调查单位是每台生产设备，而填报单位则是每个工业企业，两者不一致。

（三）拟定调查项目和调查表

调查项目就是统计调查的内容，是总体单位所承担的基本标志。确定调查项目所要回答的问题是：向调查单位调查什么？调查单位有哪些特征？用什么标志反映调查单位的这些特征？一项调查中到底要调查哪些项目，完全是由调查对象的性质、调查目的所决定

的。例如，2010 年第六次全国人口普查主要调查人口和住户的基本情况，内容包括：性别、年龄、民族、受教育程度、行业、职业、迁移流动、社会保障、婚姻生育、死亡、住房情况等。

为了能够达到调查目的，完成调查任务，在具体拟定调查项目时需要注意以下几个方面：(1) 调查资料的必要性和获得的可能性，即只登记与调查研究的问题本质有关的标志和能够取得确切资料的项目，不包括可有可无的或虽然需要但可能无法取得的标志。(2) 项目说明的通俗性，即对调查项目的表述必须明确、易懂、统一，不能模棱两可，避免引起误解而造成登记差错。(3) 项目间的衔接性，即调查项目之间要彼此联系和衔接，以便有关项目之间彼此相互核对和进行检查，提高调查资料的质量。(4) 资料时间的可比性，即本次调查项目与过去同类项目尽可能一致，以便于进行动态对比，研究其发展变化。

调查项目通常以表格形式表现，即统计调查表。因为调查表中包含调查项目，而且具有清晰、明了、简便、易行、容量丰富等特点，所以它成为统计调查中搜集资料的重要工具。调查表有单一表和一览表两种。

单一表是在一张调查表上只登记一个调查单位的有关项目的调查表。它的优点是每张调查表可容纳较多的调查项目，适用于较深入细致的调查，如表 2—1 所示。

一览表是在一张调查表上登记多个调查单位有关项目的调查表，由于多个单位集中在一张表中，调查项目就不宜太多，如表 2—2 所示。

表 2—1　　城镇房屋分幢普查表

<table>
<tr><td colspan="2">房屋坐落</td><td colspan="11">区（县）　街道　（镇）　号</td></tr>
<tr><td colspan="2">编号</td><td colspan="3"></td><td colspan="3">所有权</td><td colspan="5"></td></tr>
<tr><td rowspan="3">房屋情况</td><td rowspan="2">建筑结构</td><td rowspan="2">层数</td><td rowspan="2">建成年龄</td><td rowspan="2">现在用途</td><td rowspan="2">建筑面积（m^2）</td><td colspan="2">使用情况</td><td colspan="2">其成套住宅</td><td rowspan="2">房屋质量</td><td rowspan="2">房屋现值</td><td rowspan="2">土地使用面积（m^2）</td></tr>
<tr><td>出租</td><td>自用</td><td>套</td><td>建筑面积</td></tr>
<tr><td></td><td></td><td></td><td></td><td></td><td></td><td></td><td></td><td></td><td></td><td></td><td></td></tr>
<tr><td>房屋平面示意图</td><td colspan="7"></td><td>附录</td><td colspan="4"></td></tr>
</table>

普查员　　　　复核人　　　　普查时间：　年　月　日

表 2—2　　人口调查登记表

____镇____街____号

与户主的关系	姓名	性别	年龄		民族	文化程度	职业
			出生年月	周岁			

调查员　　　　调查时间：　年　月　日

(四) 确定调查时间

调查时间包括两方面的内容，一方面是统计资料所属时间，另一方面是调查工作进行的时间，又称为调查时限。统计资料所属时间是指调查登记的各个项目所属时间。如果所要调查的是时期现象，就要明确规定资料所反映的是调查对象从何年何月何日起到何年何月何日止的状况。例如，2008 第二次全国经济普查普查表的填报要求中规定，调查年度为 2005 年 1 月 1 日至 2008 年 12 月 31 日。如果所要调查的是时点现象，就要明确规定资料所属的标准时点。例如，《第六次全国人口普查办法》规定：本次人口普查的标准时点是 2010 年 11 月 1 日零时。调查工作进行的时间就是指规定的调查工作的开始时间和完成时间，以便使调查工作及时开展，按时完成。确定这个期限的长短时要考虑两点：一是调查项目的复杂性，二是要保证统计资料的时效性。例如，《第六次全国人口普查办法》规定：人口普查的现场登记工作，从 2010 年 11 月 1 日至 10 日结束。

（五）制定调查的组织实施计划

为了保证调查工作的顺利进行，在调查方案中还必须制定调查工作的组织实施计划，其内容主要包括：①组织领导机构和参加调查的单位及调查人员的组成；②调查前各种准备工作，包括宣传教育、人员的培训、调查文件的准备及试点工作，而且要根据试点情况对调查方案作必要的补充和修改；③调查经费的预算和开支办法；④调查结果的提交或公布的时间。

三、确定统计组织方式

按组织方式的不同，统计调查分为统计报表制度和专门调查。专门调查又分为普查、重点调查、典型调查和抽样调查。

（一）统计报表制度

1. 统计报表制度的内涵

统计报表制度是我国定期取得统计资料的主要办法，它是按照国家调查文件的统一规定，自下而上的逐级提供统计资料的一种调查方式，也是一种定期的统计报告制度。它的表现形式为统计报表。

统计报表所包括的范围比较全面，项目比较系统，分组比较齐全，指标内容和调查周期相对稳定，是我国定期搜集基本资料的一种重要组织形式，能较好地满足各级管理部门管理决策的需要。

2. 统计报表的种类

（1）按主管机关、报表内容和实施范围的不同，统计报表可分为国家统计报表、部门统计报表和地方统计报表。

国家统计报表是根据有关国家统计调查项目和统计调查计划制定的统计报表，也称为国民经济基本统计报表。例如，为了解全国企业生产经营活动的基本情况，观察和反映市场经济运行趋势，为国家制定经济政策、进行经济管理和宏观调控提供依据，国家统计局制定了《企业调查统计报表制度》。它包括四套制度：规模以下工业抽样调查制度，企业集团统计报表制度，重点企业建立现代企业制度跟踪监测统计报表制度，企业景气调查制度。部门统计报表是指为适应各个部门业务管理的需要而制定的部门性统计报表。地方统计报表是指为适应各个地区特点而制定的地区性统计报表。这三类报表的内容各有侧重，但相互关联。其中，国家统计报表是统计报表体系的基本组成部分，部门统计报表和地方统计报表是国家统计报表的补充。

（2）按报送周期长短不同，统计报表分为日报、周报、旬报、月报、季报、半年报和年报。

各种报表报送时间的长短与填报指标项目的繁简程度密切相关。例如：企业中的生产日报和旬报报送时间较短，报表中的指标项目较少且简洁，只限于生产中最主要的指标，时效性较强，所以也称为进度报表。月报和季报及半年报报送时间较长，报表中的项目也相对多一些、详细一些，以便反映生产与经营的动态，同时用来检查各部门计划执行情况。年报的报送时间最长，指标项目最多，内容全面完整，具有总结的性质，它是检查本年计划完成情况和制定来年发展计划的依据。

（3）按照填报调查表所涉及的调查单位多少，统计报表分为全面的统计报表和非全面的统计报表。

全面的统计报表要求调查对象的所有单位都要填报调查资料。非全面的统计报表只要求调查对象中的部分单位填报调查资料。目前，我国的大多数报表是结合重点调查、抽样调查和典型调查等综合运用的。例如：调查工业企业主要技术经济指标，只要重点企业填报这种统计报表即可。

（4）按照填报单位的不同，统计报表分为基层报表和综合报表。

基层报表是由基层企业事业单位填报的报表。综合报表是由主管部门或统计部门根据基层报表逐级汇总填报的统计报表。填报综合报表的单位或部门称为综合填报单位。

3. 统计报表的资料来源

基层统计报表的资料来源主要是基层企、事业单位的原始记录和统计台账。

原始记录是基层单位为了加强经济管理，对生产、经营、管理活动进行的最原始的数字或文字记载。如工人出勤和工时记录、产品入库记录、原材料出库记录等。原始记录是反映社会经济活动的基本事实依据，是统计核算和业务核算的资料基础。原始记录具有记录内容的广泛性、记录时间的连续性、记录工作的群众性和记录项目的真实具体性等特点。原始记录的好坏直接影响统计报表资料的质量和报表报送的及时性。

（二）普查

1. 普查的意义

普查是一种专门组织的一次性全面调查。如全国人口普查、工业普查、农业普查等。它主要用来搜集某些不能够或不适宜于用定期的全面统计报表搜集的统计资料。调查属于一定时点上社会经济现象的总量，也可用来调查时期现象，如出生人口总数、死亡人口总数等。普查往往在全国范围进行，它的工作量大，时间性强，需要动员较多的人力、物力和财力，组织工作也比较繁重，所以普查不宜经常进行，而是每隔一段时间进行一次。

2. 普查的组织方式

普查的组织方式有两种：一种是专门组织普查的机构，派专门的调查人员对调查单位进行直接登记。如人口普查、工业普查都属于这种形式。另一种是不设立统一的组织机构，也不配备专门的普查人员，而是利用企业、机关、事业单位本身的组织系统和内部的原始记录、报表资料进行填报，或者结合清库盘点进行登记和调查。例如，我国多次进行的物资库存普查，就属于这种普查形式。

3. 普查的组织原则

（1）统一规定调查资料所属的标准时点，使所有普查资料都反映这一时点上的状况，避免重复和遗漏。例如，我国在第一到第四次人口普查时统一规定标准时点为 7 月 1 日零时，第五、六次人口普查的标准时点为 11 月 1 日零时。

（2）正确选择普查时期。普查时期就是规定进行普查登记的时期。普查时期的确定要结合该次普查的具体任务和特点，选择在被调查现象较稳定、变动较小或者最适宜进行普查工作的时期。在选定普查时期的基础上，再确定普查的标准时间。例如，第五次全国人口普查就选择在天气凉爽，一般无防洪、抢险和救灾工作，人口流动较少的 11 月份进行。

（3）调查项目一旦确定以后，不能随意增减或改动，以免影响普查资料的时效性和准确性。对于同类普查，各次的调查项目和间隔时间应力求一致，使历次调查资料可以对照比较，便于分析现象的发展趋势及其规律。

（三）重点调查

重点调查是一种非全面调查。它是通过在总体中选择重点单位来进行调查以了解总体基本情况的一种调查方式。所谓重点单位，不是由个人主观决定的，而是由相关标志量占总体标志总量的比重大小来决定的，它是指那些单位数目不多，在总体单位数中所占比重不大，但其标志值在总体标志总量中占有很大比重的单位。但是这个客观标准没有一个绝对比重数值标准，它只能是相对的。多大比重能成为重点单位，要视调查总体中各单位分布情况、调查研究工作的单位数要求等情况综合而定。重点单位可以是一些企业、行业，也可以是一些地区、城市。例如，调查鞍钢、上钢、武钢、太钢、包钢等几个大型钢铁企业，虽然在全国钢铁中只是少数，但它们的产量却占较大比重。对这些重点企业进行调查，就可以比全国调查省时、省力，而且能更加及时地了解全国钢铁生产的基本情况。所以，当调查任务只要求掌握基本情况，而总体中又确实存在重点单位时，采用重点调查是比较适宜的。

重点调查既可用于经常性调查，如向重点单位布置定期报表；也可用于一次性调查。重点单位由于单位比较少，调查项目可以多一些。在选择重点单位之前，必须对调查对象有所了解和认识。利用重点调查的资料只能了解总体基本概况，而不能精确推断总体总量。

（四）典型调查

典型调查也是一种非全面调查，它是在对被调查对象进行全面分析的基础上，有意识地选择若干个有代表意义的单位进行深入、细致的调查研究，以认识事物发展变化规律的一种调查方法。这里提到的典型单位是指在同一事物中能最充分、最突出地体现现象总体共性的代表性单位。例如，为了了解在社会主义新农村建设上取得的经验和存在的问题，应在被研究对象中选取先进和失败的少数几个农村作为典型单位进行调查研究。

典型调查通常有两种方法：一种是对个别典型单位进行的调查研究，被称为解剖麻雀式调查；另一种是先对现象总体按与研究目的有关的标志分类，然后再在各类型中选择典型单位进行调查研究，被称为划类选典法调查。无论用哪种方法，目的都是通过典型单位来描述或提示现象的本质和规律，因此所选择的典型单位应具有所研究问题的本质属性或特征。

典型调查与其他调查方式相比有着特殊的作用，主要表现为如下几个方面。

（1）典型调查可以用来研究新生事物。在社会主义现代化建设中，尤其在这个不断改革的年代，新生事物层出不穷，开始出现时总是少数，但它们具有代表性。当新生事物还处在萌芽状态时，采用典型调查，就能抓住苗头，通过认真地调查研究，探索它们的发展方向，进而总结经验，予以推广。

（2）典型调查的资料可以用来补充、验证全面调查和其他非全面调查的资料。一是可以利用典型调查方法搜集全面调查和其他非全面调查无法取得的资料；二是利用典型调查可以搜集到不能用数字反映的各种情况；三是利用典型调查资料，可以验证全面调查数字的真实性。

（3）在一定条件下，可以利用典型调查的资料，结合基本统计数字，估计总体指标数值。一般来说，典型调查的结果并不用来推算总体指标，但当总体单位差异程度不大且要及时掌握全面情况，同时又不便采用其他调查方式取得全面资料时，则可以利用典型调查资料进行估计。

（五）抽样调查

抽样调查也是一种专门组织的非全面调查。它是按照随机的原则，在总体单位中抽取一部分单位进行调查，并用调查的结果推算全部总体指标数值的一种调查方式。

抽样调查最根本的特点就是采用了随机原则，也就是在被调查的总体中抽取部分单位，总体中的每一个单位被抽中的机会是均等的。这就从原则上排斥了人们主观有意的选择。

在社会经济现象中，许多是不能或不必进行全面调查的，如某些产品质量的检验、居民收支状况的调查等，对这些现象的判断和研究就是建立在抽样调查的基础上的。抽样调查只抽取部分单位进行调查，因此比全面调查节约人力、物力，且有较高的时效性，在社会经济统计中的应用范围非常广泛。

以上分别介绍了各种不同的统计调查方法，这些调查方法各有其特点和作用。在实际的统计调查工作中，往往需要将多种统计调查方法结合运用。这不仅因为社会经济现象错综复杂、门类众多、变化较快，只有采用多种调查方法，才能搜集到丰富的统计资料，还因为任何一种统计调查方法，都有它的优越性、局限性和不同的实施条件，只用一种统计调查方法，是不能满足多种需要的。

四、设计统计调查问卷

采用问卷进行调查始于 20 世纪 30 年代的美国，当时将调查问卷应用于政治选举、商业推销和经济预测等方面，使其逐步成为调查研究中搜集资料的一种主要方式。我国从改革开放以来，广泛采用调查问卷研究社会经济领域中的现象和问题，现在已将调查问卷纳入统计制度的范围，成为统计调查的一个重要组成部分。

（一）调查问卷的基本类型

现代统计调查中所采用的问卷，是调查者依据调查目的和要求设计出来的，由一系列问题、调查项目、备选答案及说明组成的，向被调查者搜集资料的一种工具，属于统计表的一种形式。它可以由调查者采用口头询问的方法填写，也可以由被调查者自填。

统计调查问卷作为搜集资料的工具，由于各次调查的研究目的、调查内容、调查方式有所不同，决定了其形式也不尽相同。按调查问卷填写方式，可将其分为自填式问卷和访问式问卷两种基本类型。

1. 自填式问卷

这类问卷是指通过邮寄或分发的办法，由被调查者自己填写的问卷。在这种情况下，被调查者可以不受调查者的影响，如实表达自己的意见，尤其是敏感性问题的调查，自填式问卷往往可以得到较为可靠的资料。同时，这种问卷使用了标准化词语，每个被调查者所面临的都是完全相同的问题，因而不存在调查人员对问卷的主观随意解释和诱导，避免了调查人员的偏见。但这类问卷也存在不足：如果被调查者填写的答案含糊不清，或者对某些问题拒绝回答，是难以补救的；无法知道被调查者是否独立完成答案及其回答问题的环境，以致影响对问卷质量的判断。

2. 访问式问卷

这类问卷是指由调查人员进行现场询问，根据被调查者口头回答的结果代为填写的问卷。这类问卷的应答率高、可控性强，调查人员可以设法确保被调查者独立回答问题，并能控制按问卷问题的设计顺序回答，从而保证应答的完整性。同时，调查人员还可以观察被调查者的态度及其回答问题的环境，有利于进一步分析、判断相关问题。但这类问卷也存在不足：一般费用高，容易受调查人员的影响，匿名性也差；当被调查者对调查人员的某些举止有偏见或不理解时，就会导致差错或有意说谎；调查人员有时对被调查者的意思没有正确理解或正确记录，也可能出错。另外，运用这类问卷调查，由于调查人员知道被调查者的一些基本情况，有时会给被调查者带来心理压力，甚至出现拒答的情况。

（二）调查问卷的基本结构

调查问卷的主要内容是关于调查事项的若干问题和答案，但仅有这些内容是不够的。一份完整的调查问卷通常由题目、说明信、被调查者的基本情况、调查事项的问题和答案、填写说明和解释5个主要部分构成。

1. 题目

题目是问卷的主题。俗话说"题好一半文"，调查问卷与文章一样，题目非常重要，应该准确、醒目、突出。要能准确而概括地表达问卷的性质和内容；观点新颖，句式构成富有吸引力和感染力；言简意赅，明确具体；还要注意题目不要给被调查者以不良的心理刺激。

2. 说明信

说明信（又称封面信）一般在问卷开头，是致被调查者的一封短信。这是调查者与被调查者的沟通媒介，目的是让被调查者了解调查的意义，引起足够的重视和兴趣，争取他们的支持与合作。说明信要说明调查者的身份，调查的中心内容及要达到的目的和意义，选样原则和方法，调查结果的使用和依法保密的措施与承诺，有时还需要将奖励的方式、方法及奖金、奖品等有关问题叙述清楚。说明信必须态度诚恳、口吻亲切，以打消被调查者的疑虑，取得真实资料。访问式问卷与自填式问卷的说明信有所不同，前者还应有对调查员的具体要求。写好说明信和取得被调查者的合作与支持，是问卷调查取得成功的必要保证。

3. 被调查者的基本情况

被调查者的基本情况是对调查资料进行分类研究的基本依据。一般而言，被调查者包括两大类，一是人，二是单位。如果被调查者为个人，则其基本情况包括姓名、性别、民族、年龄、文化程度、职业、职务或技术职称、个人或家庭收入等项目；如果被调查者是企事业等单位，则包括单位名称、经济类型、行业类别、职工人数、规模、资产额等项目。若采用不记名调查，被调查者的姓名可在基本情况中省略。

4. 调查事项的问题和答案

调查事项的问题和答案是调查问卷最主要、最核心的组成部分，且调查资料的搜集主要是通过这一部分来完成的，它也是使用问卷的目的所在。这一部分设计得如何，关系到该项调查有无价值和价值的大小。通常在这一部分既要提出问题，又要给出回答方式。问题从形式上看，有开放式和封闭式问题；从内容上看，有背景问题、行为问题、态度问题与解释性问题。问题的内容取决于调查目的和调查单位的性质。

5. 填写说明和解释

填写说明和解释（又称指导语）这部分内容包括填写问卷的要求、调查项目的含义、被调查者应注意的事项等，其目的在于明确填写问卷的要求和方法。

除了上述5个基本部分以外，问卷的最后也可以写上几句短语，表示对被调查者的感谢，或征求被调查者对问卷设计和问卷调查的意见和建议。如果是访问式问卷还可以加上工作证明的记载，其主要内容包括调查人员姓名、调查时间、工作完成情况。这可以明确调查人员的责任，并有利于检查、修正调查资料。

（三）问卷的设计程序和问题形式

1. 问卷的设计程序

问卷设计必须以调查目的和调查对象的特点为依据，同时考虑资料整理和资料分析的需要。它一般要经过初步探索、设计初稿、试用与修改等几个主要环节。其中初步探索是把抽象化的调查内容转换为较具体的问卷问题的过程。这一过程可以采取选点试验、征求意见的形式进行，使问题及问卷更符合客观实际。设计初稿就是在初步探索的基础上设计问卷问题与答案，通常采取两种方法进行：一是先分后合的卡片法，即首先从每一个具体问题的设计开始，再将问题分门别类组成模块，最后在各模块的基础上形成整个问卷。二是先合后分的框图法，即先从总体结构入手，然后勾画总体中的各个部分，最后依次设计每个部分的具体问题。前者设计问题易于着手，修改十分方便；后者能高屋建瓴地把握问卷的总体结构。若两者有机结合，则效果更佳。试用与修改就是通过试点调查并根据调查的结果对问卷进行再修改。一方面请有关专家对问卷初稿进行评审，提出修改意见；另一方面选择若干个调查单位进行试填来搜集意见和建议。然后，做最后的修订，形成正式的调查问卷。

2. 问卷的问题形式

调查问卷是以书面的形式记录和反映调查对象的看法与要求，问题设计得好坏对调查结果影响很大。因此，调查问题的设计应主题明确、重点突出、通俗易懂、便于回答，同时还应便于计算机对问卷的汇总和处理。问题的设计可根据具体情况采用不同的形式，基本的形式有以下几种。

(1) 自由询问式。这种形式是只提问不设答案，由被调查者自由回答。它适用于对所有问题提问，被调查者对这类问题的回答可以不拘形式、任意发挥。但有些被调查者不愿或不便用文字形式表达自己的看法，因而影响了调查结果的全面性与准确性。此外，这种方法不利于进行资料的分组和汇总。

(2) 二项选择式。这种形式的问题只让被调查者在两个可能答案中选择一个，如“是”与“不是”、“有”与“没有”等。此类方式易于发问，也易于回答，且方便统计汇总，但不便于调查人员了解形成答案的原因。

例如，在本年度中您是否购买过自己使用的电脑？请您在合适的选项打“√”。

(1) 是　　　(2) 否

(3) 多项选择式。这种询问方式设置了多种答案供被调查者选择，它能较全面地反映被调查者的看法，又比自由询问式易于分组和汇总，但在设计时应注意供选择的答案不宜过多，只要能概括各种可能情况即可，一般不应超过10个。

例如，您购买这品牌电脑的原因是：

(1) 价格便宜　(2) 质量好　(3) 功能多　(4) 售后服务好　(5) 该品牌有名

(4) 顺位式。这种形式是让被调查者依据自己的爱好和认识程度对问卷中所列答案定出先后次序。顺位式一般分为两种：一种是预先给出多个答案，由被调查者定出先后顺序；另一种是不预先给出答案，而由被调查者按先后顺序自己填写。

例如，下面列出了寻找工作的一些途径。请按有效性的大小进行排序，在您认为最有效的方法标上“1”，其次有效为“2”，以此类推。

[ ] 邮寄“个人简历” [ ] 在报纸或杂志上登广告
[ ] 在政府就业中心登记 [ ] 与朋友商量
[ ] 与雇主直接联系 [ ] 其他（请注明）

（5）赋值评价式。这种方式是指通过打分或定级来评价事物的好坏或优劣的方法。打分时，一般用百分制或十分制，等级一般定 1～5 级或 1～10 级。这种方法简便易行，便于统计处理和比较。缺点是分数的多少和等级的高低不易掌握分寸，而且往往因人而异，差异较大。因此，采用这种方式时，应当对打分或定级的标准作出统一的规定，以便被调查者有所参考。例如，如果满分是 100 分，您对这个产品广告的评价是多少分？

3. 问卷设计应注意的问题

设计问卷是一项十分复杂又需要耐心的工作，即使是很有经验的研究人员在进行这项工作时也要反复推敲，否则问卷结果就达不到调查目的。因此，设计问卷必须注意下列问题：

（1）问卷上所列问题都应该是必要的。

（2）所问问题应是被调查者熟悉且易于回答的，避免出现被调查者不了解或难以回答的问题。回答问题所用的时间最多不超过半小时。

（3）注意询问语句的措辞和语气，一般应注意以下几点。问题要提得清楚、明确、具体、简短；明确问题的界限与范围，问句的字义（词义）要清楚；避免引导性问题或带有暗示性的问题。

（4）属于年龄、收入等私人问题，最好采用间接提问的方法，不要直接询问结果，如“您今年多大年纪”或“您每月的收入是多少”，而应给出范围，如“21～30 岁”、“31～40 岁”等或“500～1 000 元”、“1 000～1 500 元”等，让被调查者选择。问卷问题应避免触及调查对象的个人隐私。

（5）问卷上所拟答案要有穷尽性，避免重复和相互交叉。问卷上拟定的答案要编号。

（6）问卷纸张质地要良好，不易破损，字迹印刷清晰，预留作答的空白处要大，页数较多时要装订成册。

任务实施

通过本项目的学习，我们对于统计调查有了全面的认识，知道了什么是统计调查，一起学习了统计调查的方案设计，了解了统计调查的组织方式，并学会了设计调查问卷，某旅游城市设计“旅游休闲消费”问卷时，应按照如下步骤。

1. 确定采用抽样调查的方式。

2. 设计抽样调查方案。

3. 设计调查问卷。

4. 模拟问卷调查。

请同学们设计一份调查问卷。

整理统计数据

任务引入

某班学生“统计学基础”测验成绩统计如下：

65 82 75 60 90 100 68 78 83 84 43 86 81 72 76 94 82 83 86 81 89 76 85 74 79 63 99 56 77 74 77 80 86 95 76 84 68 63 52 100 89 75 80 69 89 88 84 76 86 75

以上资料是统计调查的结果，只能反映该班每位学生的统计学测验成绩，而不能显示出全班总体成绩分布的任何特点。怎样对上述资料进行整理才能清晰地反映出全班成绩分布的特征呢？这是任务二需要解决的问题。

知识学习

一、整理统计数据的概念

通过统计调查，我们搜集到大量个体单位的分散、零碎的原始资料，而统计研究的目的是要揭示社会经济现象总体的数量特征及其规律。仅靠调查来的资料难以达到这一目的，必须对这些资料加以整理、汇总，使之系统化、条理化。

整理统计数据就是根据统计研究的目的和任务，将调查取得的大量原始资料进行科学的分类（或分组）、汇总，或对已初步加工的次级资料进行再加工，使其成为系统化、条理化的综合资料，以反映现象总体特征的工作过程。

整理统计数据是一项非常重要的工作，既是统计调查的必然继续，又是统计分析的基础和前提条件，起着承前启后的作用。统计整理工作的质量好坏直接影响到能否对社会经济现象进行准确的数量描述和数量分析。

二、整理统计数据的程序

整理统计数据既有理论性的问题，又有综合汇总的技术问题，是一项细致的工作。为保证统计整理有计划、有组织地进行，整理统计数据按以下程序进行：

（一）审核

为了确保统计工作的质量，在统计整理过程中首先要做好原始资料的审核工作。主要包括以下几点：

1. 准确性审核

对资料准确性的审核，主要包括以下两个方面：

(1) 逻辑检查。即从理论上或根据常识判断调查资料内容是否合乎情理，各个项目之间是否有矛盾。例如，在人口调查资料中，某人年龄5岁，文化程度是大学本科，这显然不符合逻辑，其中必有一个是错误的。

(2) 计算检查。即审核资料的统一口径和范围、计算方法和计量单位等是否符合要求，计算结果是否正确，是否符合实际情况。例如，企业月总产值和全年总产值之间的关系，每个家庭月收入、支出和结余之间的关系，都可以用这种方法进行检查和审核。

2. 完整性审核

完整性审核就是审核调查中应调查的单位是否有遗漏或重复，调查表中应填的项目是否写齐全。如果调查单位不全，调查项目缺报，据此整理出的资料就会不正确，需及时催报、补报。

3. 及时性审核

及时性审核就是审核调查资料是否按规定的时间上报，如果迟报，则需要分析迟报原因。

4. 适用性审核

适用性审核就是审核资料是够满足各地区、各部门的需要，是否具有现实意义。

（二）分组

根据研究目的的要求和统计分析的需要，对原始资料进行划类分组。统计分组是统计整理的重要内容和统计分析的基础，只有正确分组才能整理出有科学价值的综合指标，并借助这些指标来揭示现象的本质与规律。

（三）汇总

统计汇总是选择合适的汇总组织形式和技术方法，按分组要求对原始资料进行汇总，计算各组及总体的单位数和标志总量。

（四）编制统计图表

通过编制统计表和统计图，将整理出来的资料简明扼要、系统有序地显示出来。

上述内容中审核是统计整理的前提，分组是统计整理的基础，汇总是统计整理的中心，编制统计表、绘制统计图则是统计整理的结果。各个环节紧密联系，缺一不可。

三、实施统计分组

（一）统计分组的作用

统计分组是根据事物内在的特点和统计研究的目的和任务，对所研究的社会经济现象，按照一定的标志划分为若干部分或组别，使组与组之间具有差异性，而同一组内的单位保持相对的同质性。所以，统计分组对总体单位而言是“合”，对总体而言是“分”。例如，我国人口普查中作为总体单位的我国每一个人来说，在年龄、性别、民族、文化程度和居住地等许多调查标志上都不是完全相同的。为了准确地反映我国人口总体内部的差别、特点，就需要按照不同的标志对全国人口进行分组。

统计分组在统计研究中的作用主要体现在以下三方面：

1. 区分社会经济现象的类型

社会经济现象有多种多样的类型，不同类型的现象有本质差异，而统计分组的过程就是区分现象和认识现象的过程。借助统计分组来确定社会经济现象的同质总体，为研究社会经济现象的类型提供了基础。尤其是对事物定性的分组，对于划分经济类型具有特别重要的意义。例如，我国的外商投资企业按投资方式的不同分为外商独资企业、中外合资企业和中外合作企业。

2. 反映社会经济现象总体的内部结构

统计总体经过分组后，被划分为若干组成部分，计算各个组成部分的总量在总体总量中所占的比重，从而反映总体结构的特征或结构的类型。可以说任何统计分组都具有研究现象结构的意义，我们把现象总体按数量标志进行分组称为结构分组。例如，中国人口就业结构的变化情况（见表 2—3）就基本上说明了中国三次产业结构的变化，反映了中国产业结构调整的进程。如果将这一结构与其他国家相比较，还可以显示中国劳动力的就业特点。

表 2—3　　中国人口就业结构的变化情况　　单位：%

年份 产业类别	2008	2009	2010	2011	2012
第一产业	39.6	38.1	36.7	34.8	33.6
第二产业	27.2	27.8	28.7	29.5	30.3
第三产业	33.2	34.1	34.6	35.7	36.1

资料来源：2013《中国统计年鉴》。

3. 体现社会经济现象之间的依存关系

社会经济现象是一个复杂的整体。虽然各种社会经济现象之间存在多种多样的差别，但它们是相互联系并相互制约的。例如，施肥量与亩产量、原材料消耗量与产品单位成本、商品销量与价格之间都存在一定的依存关系。通过统计分组，将性质上相关的分组资料联系起来分析，就可以解释现象之间的联系和依存关系。例如，分析工时利用率与生产计划完成指标的依存关系，如表 2—4 所示。

表 2—4　　工时利用率与生产计划完成指标的依存关系

按工时利用率分组（%）	班（组）个数	各组生产计划完成情况（%）
70 以下	3	85.0
70～80	12	92.5
80～90	16	105.3
90 以上	5	110.0
合　计	36	103.4

表中资料表明：工时利用率越高，生产计划完成就越好；反之，工时利用率越低，生产计划完成就越差。这体现了生产计划完成指标对工时利用率的数量依存关系。

（二）选择分组标志

统计整理的关键在于统计分组，而统计分组的关键又在于分组标志的选择。分组标志就是将统计总体划分为几个性质不同的标准或依据。分组标志选择得正确与否，是统计分组能否充分发挥其作用的前提。因为分组标志一经确定，必然突出总体各单位在该标志下的差异，也就掩盖了总体各单位在其他标志下的不同，所以，同一总体由于选择的分组标志不同，对其认识可能会得出不同甚至相反的结论。为此，分组标志的选择一定要遵循以下几个方面：

1. 要根据统计研究的目的选择分组标志

对于同一总体进行分组，由于研究的目的不同，须采用不同的分组标志。例如，同样对工业这样一个总体分组，当研究工业企业规模结构时，应选择“生产能力”作为分组标志，以说明大、中、小型企业构成情况；而在研究工业内的部门结构时，则必须按“部门”进行分类。根据不同的研究目的，选择合适的分组标志，才能使统计分组的资料更好地满足研究的需要。

2. 要选择现象中最具有本质特征的标志作为分组标志

如果说明某一研究目的的标志有多个，则要抓住有本质特征的关键性标志作为分组的依据。如上例对企业规模的划分，就有许多标志，如企业职工人数、企业固定资产、生产能力等，但只有生产能力最能综合企业多方面的因素，最好地体现企业规模的大小，所以生产能力是划分企业规模大小的最具有本质特征的标志。

3. 要结合被研究现象所处的历史条件和经济状况选择分组标志

时间的变化会使一些过去能较好体现现象本质特征的分组标志变得不再适用，所以研究同一问题时，应根据历史的发展，视具体情况的变化来选择分组标志，如研究工业企业的生产能力问题：在机械化程度低的情况下，生产能力的大小主要取决于企业劳动的数量，要反映企业生产能力的大小可以把职工人数作为主要标志；但在现代化工业企业中，随着机械化程度的提高，职工人数的多少不再是决定企业生产能力的最重要因素，已被企业固定资产取代，因此固定资产成为研究工业企业生产能力的一个重要分组标志。以上就体现了分组标志在不同历史条件下的变化。然而，在同一历史条件的不同经济部门或生产部门中，由于它们的经济条件不同，也必须分别对待。例如，当今时代对劳动密集型、技术密集型、资金密集型的企业，就不能选用同一标准来说明规模的大小。显然，对劳动密集型企业，选用职工人数说明其规模比较合适；对资金密集型和技术密集型企业，则应选择固定资产或专利技术拥有量作为标志更适合。

（三）统计分组的种类

1. 按分组标志的性质不同划分

可分为品质标志分组和数量标志分组。

品质标志分组是按品质标志进行的分组。即选择反映事物性质属性差异的品质标志作为分组标志，在品质标志的变异的范围内划定各组的界限，将总体划分为性质不同的组别。例如，人口按性别、民族、文化程度等分组，企业按所有制形式分组等。

按品质标志分组，有的比较简单，分组标志一经确定，组名称和组数也就确定了，组限很容易区别，如上述人口按性别、民族、文化程度等分组，企业按所有制形式分组等。有的品质标志分组比较复杂，因为涉及的组数较多，而且组与组之间的性质界限不易划分，如人口按职业分组等。在我国统计工作实践中，对重要的品质标志分组编有标准的分类目录，如《工业部门分类目录》、《主要商品分类目录》等，以统一全国的分类口径，便于各部门掌握和使用。

数量标志分组是指按数量标志进行的分组，即选择反映事物数量差异的数量标志对总体单位加以分组，并在数量标志的变异范围内划定各组界限，将总体划分为性质不同的若干部分。例如，某企业按年龄、工龄、工资进行的分组。按数量标志进行的分组，要从各组量的变化中反映各组质的特征，其中涉及变量的类型、变量值多少、变化范围大小等问题，以及如何相应地确定组数、组距和组限等。

2. 按分组标志的多少划分

可分为简单分组和复合分组。

简单分组就是对总体中按一个标志进行分组。例如，人口只按性别一个标志分组，职工只按工种进行分组。显然，简单分组只能说明总体某一方面的差别情况。

复合分组就是对同一总体采用两个或两个以上标志结合起来进行分组。例如，对工业企业先按所有制形式这一标志进行分组，然后再按规模大小对第一次所分得的各组分别划分为大、中、小型三组，结果形成如下双层重叠的组别（见图 2—1）：

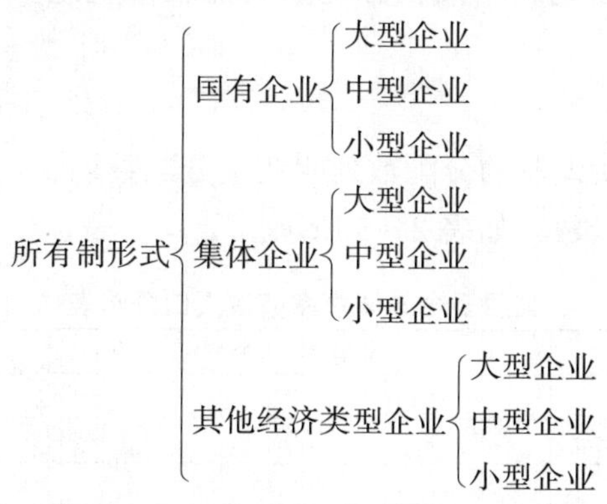

图 2—1　工业企业的复合分组

复合分组可以更深入地分析研究问题，但是，采用复合分组，组数会随着分组标志的增多而成倍增加，使每组包括的单位数相应减少，因此，不宜采用太多的标志进行复合分组。

四、编制分配数列

（一）分配数列的概念和种类

在统计分组的基础上，将总体的所有单位按组归类整理，形成总体中各个单位在各组间的分布，这种表明总体单位数在各组分布情况的分组资料称为分配数列，也称分布数列或次数分布。分配数列由两个要素构成：一个是分组名称，另一个是各组的单位数（也叫频数）或各组单位数占总单位数的比重（也叫频率）。对总体进行分组的过程也就是分配数列的形成过程。分配数列是统计整理结果的一种重要表现形式，是进行统计描述和统计分析的一种重要方法。它可以表明总体各单位的分布特点，表明总体内部的结构，并据以研究总体某一标志的平均水平及其变动的规律。

根据分组标志类型的不同，分配数列可分为品质分配数列（品质数列）和变量分配数列（变量数列）。

1. 品质分配数列

按品质标志进行分组所编制的分配数列叫品质分配数列。例如，某班学生按性别分组，可编制成如表 2—5 所示的品质数列。

表 2—5　　某班学生按性别分组表

按性别分组	学生人数（人）	比重（%）
男	16	40
女	24	60
合 计	40	100

编制品质分配数列，要根据统计研究的目的和想象的特征，选择正确的分组标志，使总体单位间质的差异明确地表现出来，这样有利于组间界限的划分。通常情况下，总体单位的品质表现比较稳定，据此编制品质分配数列能较准确地反映总体的分布状态和分布特征。

2. 变量分配数列

按数量标志进行分组所编制的分配数列叫变量分配数列。例如，某居委会所属家庭按人口多少分组可编制的变量数列如表 2—6 所示。

表 2—6　　某居委会 500 户家庭按人口分组表

按人口分组（人）	家庭数（个）	比重（%）
1	10	2
2	50	10
3	200	40
4	150	30
5	50	10
5 以上	40	8
合 计	500	100

变量数列按各组表现形式不同可分为单项变量数列（单项数列）和组距变量数列（组距数列）两种。

（1）单项数列。单项数列是指数列中每组的数值只用一个变量值表示，即一个变量值就代表一组，如表 2—6 所示。单项数列一般在变量值的变化幅度不大的情况下采用。当变量值的变化幅度很大时，如果采用单项数列，就会组数太多，不便于分析问题，也难以反映总体单位在各组的分布趋势，这就需要采用组距数列。

（2）组距数列。组距数列是指数列中每一个组由两个变量值所确定的一个数值范围来表示，表 2—7 所示的就是一个组距数列。组距数列根据每组组距是否相等，又分为等距数列与异距数列。

表 2—7　　某企业工人日加工零件数分组

按零件数分组（件）	人数（人）	比重（%）
100～150	9	11.8
150～200	15	19.7
200～250	34	44.7
250～300	18	23.8
合　计	76	100

在组距数列中涉及以下一些概念：

①组数。即组的数目。

②组限。即每组的两端数值，表示各组的数量界限，包括上限和下限。其中，每组的起点数值称为下限，终点数值称为上限。若遇到某单位的标志值刚好等于组限时，一般把此单位归并到下限所在组，即“上限不在内”的原则。

③闭口组和开口组。上限和下限都齐全的组称为闭口组，上限或下限只有一个的组称为开口组。一般当资料中存在少数特大或特小的变量值时，采用开口组可避免组数增加过多或组距过大的现象。

④组距。即各组的上限与下限之间的差距（组距＝上限－下限）。

⑤组中值。即各组上限与下限的中点数值。组中值的计算方法为：

$$\text{闭口组组中值} = \frac{(\text{下限} + \text{上限})}{2}$$

$$\text{缺下限开口组的组中值} = \text{上限} - \frac{\text{相邻组组距}}{2}$$

$$\text{缺上限开口组的组中值} = \text{下限} + \frac{\text{相邻组组距}}{2}$$

（二）编制变量数列

变量数列的编制比较复杂，下面结合实例具体说明变量数列的编制过程。

例如，前面任务引入中某班学生“统计学基础”测验成绩统计如下，要求编制变量数列。

65　82　75　60　90　100　68　78　83　84　43　86　81　72　76　94　82　83　86　81　89　76　85　74　79　63　99　56　77　74　77　80　86　95　76　84　68　63　52　100　89　75　80　69　89　88　84　76　86　75

1. 将原始资料按其数值大小重新排列

只有对原始资料按变量值大小排序，才能看出变量值波动的范围大小，并确定全距，全距＝最大值－最小值。对上述资料按从小到大的顺序排列，可得如下阵列：

43　52　56　60　63　63　65　68　68　69　72　74　74　75　75　75　76　76　76

76　77　77　78　79　80　80　81　81　82　82　83　83　84　84　84　85　86　86　86
86　88　89　89　89　90　94　95　99　100　100

该阵列可反映出资料的一些特征：首先，该班“统计学基础”测验成绩分布在43～100分，全距为100－43＝57，波动幅度较大；其次，多数学生成绩集中在70～90分。通过初步整理，可以大致了解该资料的某些特征和变动规律，从而为正确编制变量数列提供必要的依据。

2. 确定变量数列的形式

编制单项数列还是组距数列，主要取决于所研究变量的类型和变量的变动幅度。对于连续变量，只能编制组距数列；对于离散变量，则根据其变量值的多少和变异幅度的大小来确定，如果变量值较少，而且变异幅度较小，可编制单项数列；如果变量值较多，而且变异幅度较大，应编制组距数列。在组距数列中，有等距数列和异距数列两种，采用等距还是异距，主要取决于现象的特点和研究目的。从现象特点来说，一般在变量值分布均匀的情况下，应采用等距数列。从研究的目的来说，如果是为了便于分组比较，便于计算总体平均数和绘制统计图，一般也采用等距数列。

3. 确定组距和组数

组距大小与组数多少相互制约，成反比关系，组距越大，组数就越少；组距越小，组数就越多。对组距和组数，不能机械地规定先确定什么，从原则上讲，都应力求符合实际，能够反映总体分布的特点。在实际应用中，往往组数略多或略少都问题不大，但必须是整数，重要的是把组距确定下来，组距应尽可能取5或10的整数倍。

4. 确定组限

组距、组数确定后，需进一步确定组限。组限应根据变量的性质来确定，要有利于反映出总体各单位的实际分布特征，具体应考虑以下几个方面：第一，组限最好用整数表示；第二，应使第一组下限不大于资料中的最小变量值，最末组上限不小于资料中的最大变量值；第三，对于连续变量应采用重叠组限，而离散变量两种方法都可以。

5. 计算各组单位数，编制变量数列

经过统计分组，确定了全距、组距、组数和组限以后，就可以把变量值按组归类得出各组单位数，最后把各组单位数填入相应的各组次数栏中，得出所要编制的变量数列，如上述学生“统计学基础”测验成绩编制成如表2—8所示的变量数列。

表2—8　　某班50名学生“统计学基础”测验成绩分组表

学生按成绩分组（分）	学生人数（人）	比重（%）
60以下	3	6.0
60～70	7	14.0
70～80	14	28.0
80～90	20	40.0
90以上	6	12.0
合　计	50	100

五、统计汇总

统计汇总是统计整理的第三步，是在统计分组的基础上，将总体各单位分别归纳到各组中去，计算各组和总体的单位数、各组标志总量，使原始资料转化为综合统计资料。采取合理的汇总组织形式，选定适宜的汇总技术方法，是统计汇总的主要内容。

（一）统计汇总的形式

统计汇总的资料繁多，范围广泛，而且对于不同的汇总资料也有不同的要求，所以需要采取合理的形式，以保证统计汇总工作顺利进行。统计汇总的形式有：

1. 逐级汇总

逐级汇总就是按照一定的统计管理体制，自下而上逐级汇总调查资料。我国现行的国民经济统计报表就是采用这种组织形式。其优点在于能满足各地区、各部门对统计资料的需要，同时便于就地审核和订正原始资料。其缺点在于汇总的层次多，反复转录资料，发生差错的可能性大，而且费时，从而影响资料的时效性。

2. 集中汇总

集中汇总就是将全部调查资料集中到组织调查的最高一级机关进行一次汇总，直接得出汇总的结果。采用这种汇总方式，可以大大缩短资料汇总的时间，提高时效性，减少汇总差错。对于十分重要的或时效性要求较高的调查，往往采用这种汇总方式。这种方式最适于快速普查、快速电信报告等资料的汇总。但集中汇总也有其缺点，就是资料如有差错，就不能就地更正。同时，汇总结果有时不能及时满足各地区、各部门的需要。

3. 综合汇总

综合汇总就是将逐级汇总和集中汇总结合起来形成的汇总方式。一方面对一些最基本的统计指标实行逐级汇总，另一方面对全部原始资料实行集中汇总，这样兼有上述两种方式的优点，如我国全国人口普查就是采用了这种方式，这样既保证了必要人口资料的及时使用，又保证了对人口情况进行深入分析研究的需要。但这种方式往往要花费大量人力、物力和财力。

（二）统计汇总的技术方法

选择合理的汇总统计资料的技术方法，可以提高汇总工作的效率和质量。在我国，统计汇总工作采用的统计汇总技术主要有手工汇总和电子计算机汇总。

1. 手工汇总

手工汇总是以手工操作的方式对统计资料进行汇总，目前仍是普遍采用的一种方法。常用的手工汇总方法有划记法、过录法和折叠法。

（1）划记法。划记法是在预先设计的汇总表上划点或划线作记号的汇总方法，它适用于对总体单位的汇总。汇总时总体单位属于哪一组，就在汇总表上相应的组内划上一个点或一条线，最后，计算各组内点或线的数目，就得到各组单位数。划记法只能用于总体单位数的汇总，不能用于标志值的汇总。

(2) 过录法。过录法是先将调查资料过录到预先设计的汇总表上，然后计算加总，得出各组和总体的单位合计数，各组和总体的标志值的合计数最后要填入统计表。过录法既可汇总单位数，又可汇总标志值，而且便于校对和计算。但过录工作需要花费较多时间，过录项目多时，也容易发生错误。因此，在总体单位不多、分组简单的情况下，采用过录法比较合适。

(3) 折叠法。折叠法是把调查表所要汇总的同一项目和数值全部折在边上，并一张接一张地叠放在一起，然后将结果直接填入统计表。这种方法不需要设计汇总表，简单易行，适用于对标志值的汇总。缺点是在汇总的过程中，如果发现差错还需返工，从头做起。

2. 电子计算机汇总

利用电子计算机进行统计汇总，是统计汇总技术的新发展，也是统计现代化的重要标志。利用电子计算机汇总统计资料，可以大大提高汇总的准确性和时效性。

六、统计资料的表现形式

(一) 统计表

统计表是用纵横交叉的线条所绘制成的表格，是显示统计资料的形式之一。它以形式简明的表格表达统计数据的内容以及各指标间的数量关系。

统计表能使大量统计资料系统化、条理化，简明易懂，一目了然；它还易于检查统计资料的完整性和准确性；能合理地、科学地组织统计资料，阅读时便于对照比较。在实际工作中被广泛采用。

1. 统计表的结构

从统计表的形式看，主要是由总标题、横行标题、纵栏标题和指标数值四部分构成。必要时可以在表的下方加上表外附加，如表 2—9 所示。

表 2—9　　我国 2012 年全国人口年龄构成表　←总标题

按年龄分组	人数（万人）	比重（%）
0～14 岁	22 287	16.5
15～64 岁	100 403	74.1
64 岁以上	12 714	9.4
合　计	135 404	100

（表头行为纵栏标题；左侧各行为横行标题；右侧数值为指标数值；左栏为主词，右两栏为宾词）

资料来源：2013《中国统计年鉴》。
* 本表数据为年度人口抽样调查推算数据。
（以上为表外附加）

总标题是统计表的名称，用来概括说明整个表的内容，一般位于表的上方居中。横行标题是横行内容的名称，代表统计表要说明的对象（总体及其分组），列在表的左边。纵栏标题是纵栏内容的名称，分别说明横行或纵栏所填数字资料的内容，写在表的上方。指标数值是各项指标的具体数值，内容由横行标题和纵栏标题所限定，也是表的具体内容，位于横行标题和纵栏标题的交叉处。

从统计表的内容来看，统计表包括主词和宾词两部分，主词就是统计表所要说明的对象或总体，它可以是各个总体单位的名称、总体的各个组或总体单位的全部，通常列在表的左边；宾词就是用来说明主词的统计指标，包括指标名称和指标数值，通常列在表的右边。

2. 统计表的种类

（1）统计表按其作用不同可以分为调查表、汇总表和分析表。

调查表是在统计调查阶段用于登记、搜集原始资料的表格；汇总表是在统计汇总或整理过程中使用的表格，用于表现统计汇总或整理的结果；分析表是在统计分析中用于对整理所得的统计资料进行定量分析的表格。

（2）统计表按对总体分组的情况不同，可以分为简单表、分组表和复合分组表三种。

①简单表。

简单表是指对总体未经任何分组，仅列出总体单位的名称或按时间顺序简单排列的统计表，如表2—10和表2—11所示。按总体各单位排列的统计表，可以用来比较分析各单位的经济活动情况，进行横向对比。按时期顺序排列的统计表，可以用来分析现象的动态，进行纵向对比。

表2—10　　　　2012年××市三大商场商品销售额

商场名称	商品销售额（千元）
第一商场	58 464
第二商场	32 793
第三商场	19 541

表2—11　　　　××企业××年1—6月某产品产量

月份	产品产量（件）
1	1 111
2	980
3	1 224
4	1 300
5	1 321
6	1 465
合　计	7 401

②分组表。

分组表是主词按某一标志分组形成的统计表，如表2—12所示。它可以分析研究总体的内部构成，分析现象之间的依存关系。

表 2—12　　××年某地区工业企业生产情况

按所有制形式分组	企业个数（个）	人数（万人）	总产值（亿元）
国有经济	152	21.7	34.6
集体经济	121	16.9	19.4
其他经济类型	98	8.5	8.8
合　计	371	47.1	62.8

③复合分组表。

复合分组表是指表的主词按两个或两个以上的标志进行复合分组形成的统计表，如表2—13所示。利用复合分组表可以揭示被研究现象因受多个因素的共同影响而产生的变化情况，用来分析较复杂事物的特征及其变化规律。

表 2—13　　某高校学生基本情况统计表

按学历分组	学生人数（人）		
	男生	女生	合计
研究生	300	500	800
本科生	1 100	900	2 000
专科生	1 400	1 800	3 200
合　计	2 800	3 200	6 000

3. 统计表的编制规则

为了使统计表能清晰地反映所要研究现象的数量特征，便于分析比较，在编制统计表时必须遵循科学、实用、简练、美观的原则，在具体设计时应遵循以下规则：

（1）统计表的各种标题，特别是总标题的表达，应该十分简明、确切、概括地反映出表的基本内容，总标题还应该表明资料所属的地区和时间。

（2）统计表的内容应力求简明扼要，一目了然，便于比较，便于分析。

（3）表中的主词各行和宾词各栏，一般应该以先列项目后列合计的原则排列，个别情况可以例外。

（4）如果统计表的栏数较多，通常要加以编号。在品质标志等栏下，用（甲）、（乙）、（丙）、（丁）等文字标明；数量标志或统计指标各栏下用（1）、（2）、（3）等数字编号。

（5）表中数字应填写整齐，位数对齐，如果出现相同数字不允许用“同上”、“同左”字样表示，原数照填；无数字的用符号“—”表示。缺乏某项资料时用符号“…”表示，表明不是漏填；当某项资料应免填时，用符号“×”表示。统计表数字部分不应留下空白。

（6）统计表中必须注明数字资料的计量单位。当全表只有一种计量单位时，可以把它写在表头的右上方。如果表中需要分别注明不同单位时，横行的计量单位，可以专设“计量单位”栏，纵栏的计量单位，要与纵栏标题写在一起，用小字标写。

（7）统计表的表式，一般是“开口”式的，即表的左右两端不画纵线。

（8）通常统计表应加注说明或注释。说明或注解一般写在表的下端，它包括统计资料的来源，以及需要特别申明的问题等有关内容。

（二）统计图

统计图是用几何图形来显示统计资料的一种直观、形象、鲜明的形式。统计图有多种类型，常用的有条形图、折线图、曲线图和圆形图等，它们各有其特点和作用。

1. 条形图

条形图是用宽度相同、高度不同的线条来表示现象之间的对比关系。图 2—2 为 2010 年金山公司在各地区的销售计划完成情况。

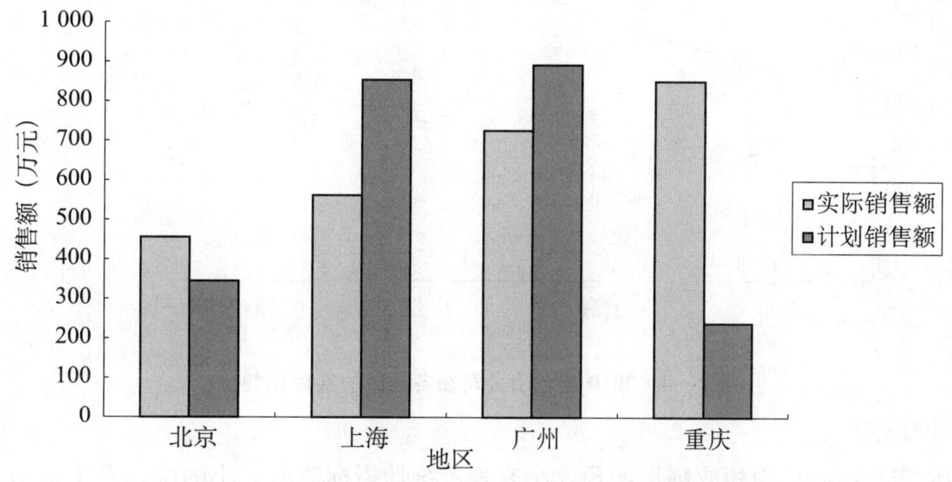

图 2—2　2010 年金山公司在各地区的销售计划完成情况

2. 折线图

在平面直角坐标系中，横轴表示各组组距，纵轴表示频数或频率，矩形的宽度和高度表示频数分布，把每个矩形顶部中点（即组中值）用直线连接起来，便形成折线图。它反映总体次数分布规律的一种有效方法。图 2—3 为 2010 年金山公司在各地区的销售计划完成情况。

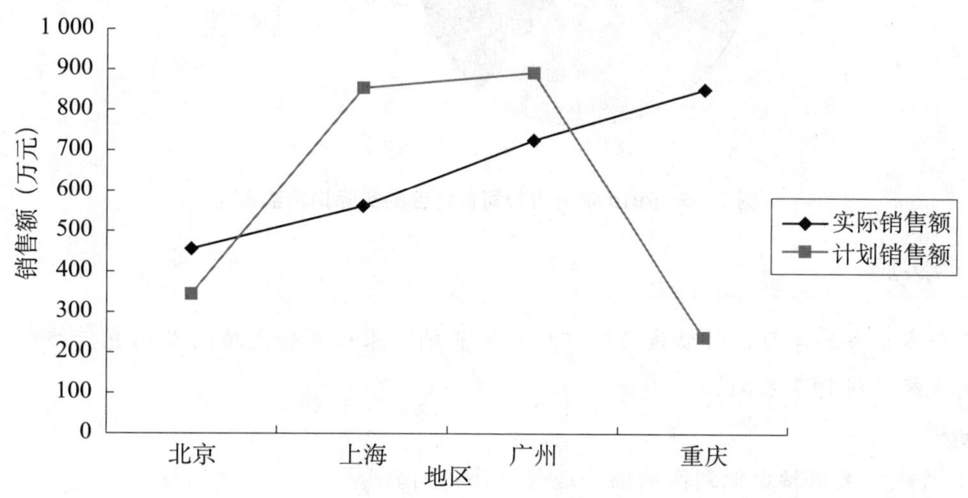

图 2—3　2010 年金山公司在各地区的销售计划完成情况

3. 曲线图

曲线图是利用曲线的升降起伏来反映现象的数量变化情况的图形。图 2—4 为 2010 年金山公司在各地区的实际销售额。

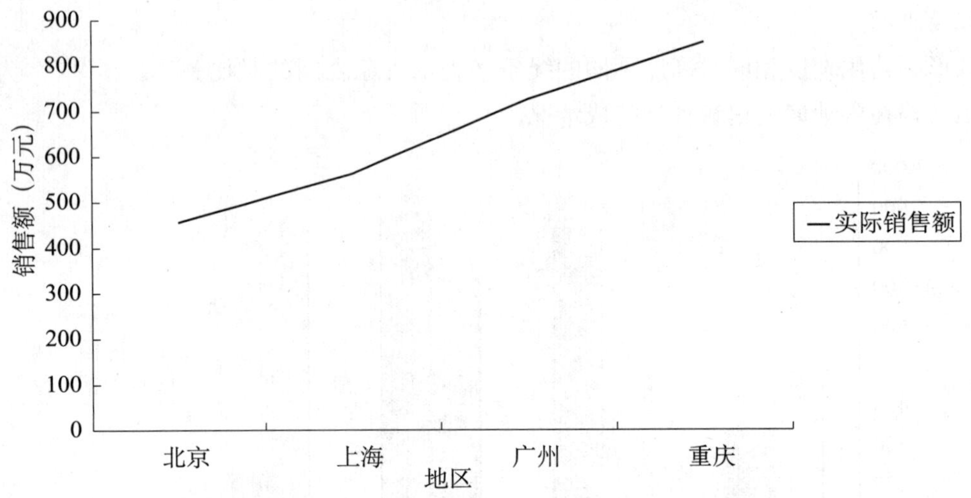

图 2—4　2010 年金山公司在各地区的实际销售额

4. 圆形图

圆形图是以圆形面积或扇形面积大小来表示统计指标数值大小的图，它主要用于反映现象的内部结构。图 2—5 为 2010 年金山公司各地区的实际销售额占比。

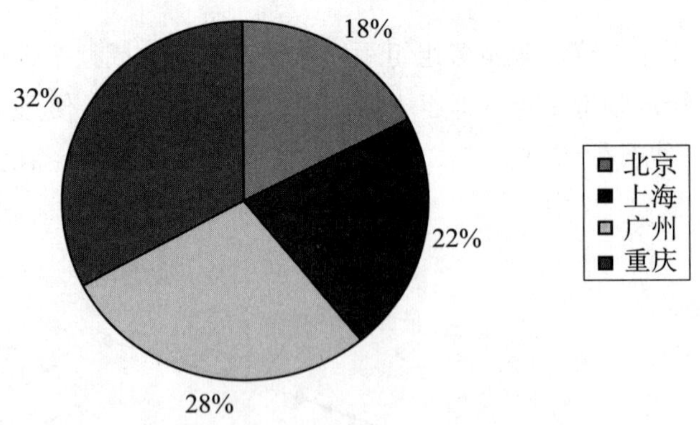

图 2—5　2010 年金山公司各地区的实际销售额占比

任务实施

结合本任务的学习，帮助该班对“统计学基础”课程测验成绩的数据进行整理，为进一步的成绩分析打下基础。

分析：

1. 将成绩数据按由低到高的顺序进行升序排列。

2. 对数据进行分组，并按分组进行统计制作统计表（见表 2—8）。

3. 根据分组统计表制作统计图（见图 2—6）。

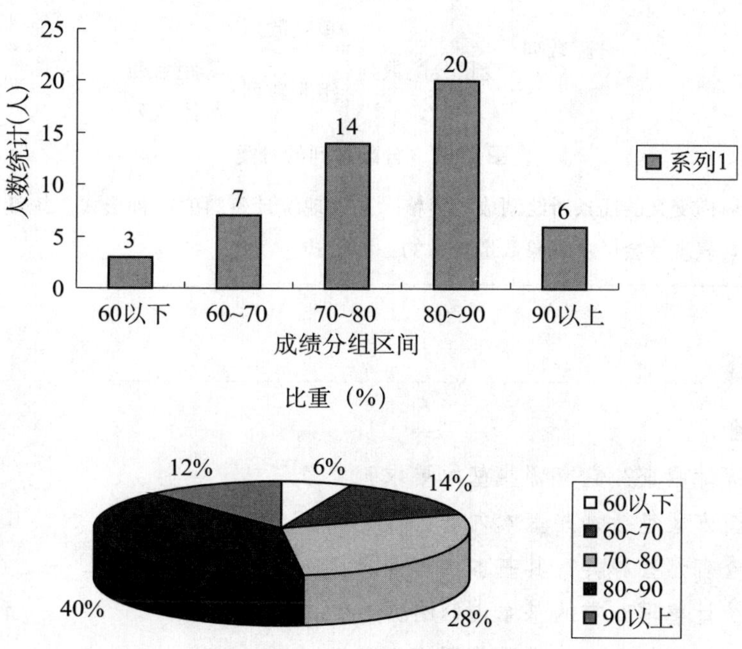

图 2—6　某班"统计学基础"课程成绩统计图

项目小结

本项目主要介绍了统计调查和统计整理两个统计工作环节。统计调查就是在统计工作过程中，按照统计研究的目的、任务和要求，运用各种科学的调查方法，有计划、有组织地向社会搜集和登记资料的过程。

统计调查方案是统计设计在调查阶段的具体化，其包括的主要内容有：调查目的；调查对象、调查单位和报告单位；调查项目和调查表；调查时间；调查的组织实施计划。

统计调查从不同的角度划分为不同的类型。按调查对象包括范围的不同，统计调查分为全面调查和非全面调查；按调查登记的时间是否连续，统计调查分为经常性调查和一次性调查；按组织形式不同，统计调查分为统计报表和专门调查，专门调查又包括普查、重点调查、典型调查和抽样调查几种形式。各种调查方式具有不同的特点，在统计调查过程中应将这些调查方式结合起来灵活地加以运用。

统计整理是根据统计研究的目的和任务，将调查所得的原始资料进行科学的分类（或分组）、汇总，或对已初步加工的次级资料进行再加工，使其成为系统化、条理化的综合资料，以反映现象总体特征的工作过程。

统计整理的内容包括对资料的审核、分组、汇总、编制统计图表等几个主要环节。统计分组是根据统计研究的需要，按照一定的标志，将统计总体划分为若干个组成部分的一种统计研究方法。在统计分组基础上，将各组组别与次数依次编排形成了分配数列。分配数列根据分组标志和数据的不同有如下分类（见图 2—7）：

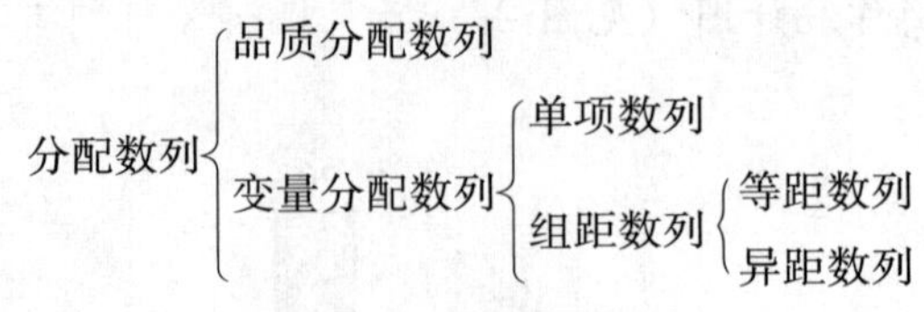

图 2—7 分配数列的分类

统计表是用纵横交叉的线条所绘制成的表格，是表现统计资料的一种形式。统计图是用几何图形来显示统计资料，表现社会经济现象数量关系的一种形式。

理论巩固

一、思考题

1. 什么是统计调查？它有哪些基本要求？
2. 统计调查方案包括哪些基本内容？
3. 统计调查有哪些种类？其基本内容是什么？
4. 什么是统计整理？它的基本内容有哪些？它有何作用？
5. 什么是统计分组？它的主要作用有哪些？
6. 什么是分配数列？它有哪些种类？

二、单项选择题

1. 要对某企业生产设备状况进行调查，则该企业“每一台生产设备”是（　　）。

A. 调查对象　　B. 调查单位　　C. 报告单位　　D. 调查项目

2. 对占煤炭开采量95%的大矿井进行劳动生产率调查，这是（　　）。

A. 全面调查　　B. 抽样调查　　C. 重点调查　　D. 典型调查

3. 抽样调查与典型调查的根本区别在于（　　）。

A. 调查的范围不同　　B. 选取调查单位的方法不同

C. 组织方式不同　　D. 作用不同

4. 普查的标准时点是（　　）。

A. 调查人员进行登记时的统一时刻　　B. 普查登记工作所进行的时间

C. 普查工作的期限　　D. 以上三个时间概念都不对

5. 填报单位是指（　　）。

A. 调查项目的承担者

B. 构成调查对象的具体单位

C. 负责向上级报告调查内容的单位

D. 按照统计报表制度要求填报统计报表的单位

6. 按照国民收入水平分组是（　　）。

A. 品质标志分组　　B. 数量标志分组

C. 复合标志分组　　D. 混合标志分组

7. 按某一标志分组的结果表现为（　　）。

A. 组内差异性，组间同质性　　B. 组内同质性，组间差异性

C. 组内同质性，组间同质性　　D. 组内差异性，组间差异性

8. 在分配数列中，频数是指（　　）。

A. 各组单位数与总体单位数之比　　B. 各组分布次数的比率

C. 各组单位数　　D. 总体单位数

9. 统计分组的关键在于（　　）。

A. 按品质标志分组　　B. 按数量标志分组

C. 选择分组标志　　D. 按主要标志分组

10. 某连续变量的分组中，其末组为开口组，下限为 200，又知其邻组的组中值为 170，则末组的组中值为（　　）。

A. 120　　B. 215　　C. 230　　D. 185

11. 简单分组与复合分组的区别在于（　　）。

A. 总体的复杂程度不同　　B. 组数多少不同

C. 选择分组标志的性质不同　　D. 选择分组标志的数量不同

12. 等距分组适合于（　　）。

A. 一切变量　　B. 变量变动比较均匀的情况

C. 呈急剧升降变动的变量　　D. 按一定比率变动的变量

13. 主词按时间顺序排列的统计表称为（　　）。

A. 简单表　　B. 分组表　　C. 复合表　　D. 调查表

14. 变量数列是（　　）。

A. 按数量标志分组的数列　　B. 按品质标志分组的数列

C. 按数量标志或品质标志分组的数列　　D. 按数量指标分组的数列

15. 有 20 个工人看管机器台数资料如下：2，5，4，4，3，4，3，4，4，2，2，4，3，4，6，3，4，5，2，4。如按以上资料编制分配数列，应采用（　　）。

A. 单项式分组　　B. 等距分组

C. 不等距分组　　D. 以上几种分组均可以

三、多项选择题

1. 下列调查中，调查单位与填报单位不一致的有（　　）。

A. 对某市工业企业生产设备的使用情况调查

B. 全国工业企业的生产情况调查

C. 省市家庭生活水平调查

D. 学校教学设备普查

E. 农村绿色食品部门食品质量调查

2. 我国第五次人口普查规定的标准时间是 2000 年 11 月 1 日零时，下列人口现象应计

算在人口总数之内的是（　　）。

A. 2000 年 11 月 1 日出生的婴儿

B. 2000 年 10 月 31 日 8 时出生，20 时死亡的婴儿

C. 2000 年 10 月 31 日 21 时出生，11 月 1 日 8 时死亡的婴儿

D. 2000 年 10 月 31 日 3 时死亡的人口

E. 2000 年 11 月 1 日死亡的人口

3. 我国工业企业设备普查中（　　）。

A. 每台设备是调查单位　　B. 每台设备是填报单位

C. 每台设备是调查对象　　D. 每个工业企业是填报单位

4. 普查和统计报表这两种调查方式（　　）。

A. 都是全面调查　　B. 都是经常调查

C. 调查对象都要根据调查目的选择　　D. 都是专门组织的一次性调查

E. 普查资料可以采用统计报表形式收集

5. 统计专门调查包括（　　）。

A. 统计报表　　B. 抽样调查　　C. 普查

D. 重点调查　　E. 典型调查

6. 统计分组的作用在于（　　）。

A. 区分现象的类型　　B. 反映现象总体的内部结构变化

C. 比较现象间的一般水平　　D. 分析现象的变化关系

E. 研究现象之间数量的依存关系

7. 下列（　　）分组是按品质标志分组。

A. 职工按工龄分组　　B. 人口按民族分组

C. 人口按地区分组　　D. 企业按所有制分组

E. 科技人员按职称分组

8. 变量数列中频率应满足的条件是（　　）。

A. 各组频率大于 1　　B、各组频率大于或等于 0

C. 各组频率之和等于 1　　D. 各组频率之和小于 1

E. 各组频率之和大于 0

9. 统计表从构成形式上看，一般包括（　　）。

A. 总标题　　B. 横行标题　　C. 纵栏标题

D. 数字资料　　E. 调查单位

10. 统计表按主词是否分组及分组的程度，可分为（　　）。

A. 简单表　　B. 一览表　　C. 分组表

D. 复合表　　E. 单一表

四、判断题

1. 调查单位就是填报单位。(　　)

2. 单一表就是一张调查表上只登记一项调查内容的表格。(　　)

3. 我国人口普查今后每十年进行一次，因此，它是一种经常性调查。(　　)

4. 重点调查中的重点单位是指标志值占总体标志总量比重较大的单位。(　　)

5. 在一次统计调查中，可以将各种调查技术和方法结合起来灵活运用。(　　)

6. 各组名称和各组单位数是分配数列的两个要素。(　　)

7. 无论离散变量还是连续变量都可以编制单项数列。(　　)

8. 区分简单分组和复合分组的根据是采用分组标志的多少不同。(　　)

9. 连续型变量和离散型变量在进行组距式分组时，均可采用相邻组组距重叠的方法确定组限。(　　)

10. 凡是将总体按某个标志分组所形成的数列都是变量数列。(　　)

技能实训

1. 网络生活已经成为大学生生活的重要组成部分，网络环境对大学生产生了全方位的影响。为净化校园周边环境，增强大学生德育工作的针对性和时效性，某大学学生处拟对本校在校大学生的上网情况做一次抽样调查。请为该大学学生处设计一份有关大学生上网内容、上网费用、上网时间等内容的统计调查方案并在本校园范围内进行小规模调查。

2. 对某企业30名职工的产品日生产情况进行调查得到如下原始资料（单位：件）。

98　81　95　84　93　86　91　102　100　103

105　100　104　108　107　108　106　109　112　114

109　117　125　115　120　119　118　116　129　113

根据上述资料进行适当分组，并编制频数分布表，要求写出具体的解题过程。

项目三

描述总体变量分布特征

1. 掌握总量指标和相对指标的概念及种类。

2. 掌握平均指标和变异指标的概念、种类和计算。

3. 掌握平均指标与变异指标的异同。

4. 能熟练计算各种相对指标，对总体做出准确评价。

5. 能正确运用公式进行各种平均指标和变异指标的计算，对总体进行全面、准确的分析。

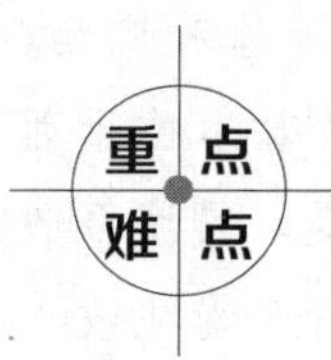

重点：1. 总量指标和相对指标的概念及种类。

2. 平均指标和变异指标的概念、种类和计算。

难点：1. 利用相对指标的计算，对总体做出准确评价。

2. 能正确运用公式进行各种平均指标和变异指标的计算，对总体进行全面、准确的分析。

【引导案例】

1994—2003年的10年期间，我国各地区经济出现较快增长、城乡居民收入得到普遍提高的同时，地区间的经济发展水平及城乡居民收入呈现较大的差距，且差距呈扩大趋势。如何采取有效措施缩小差距，实现地区和城乡的协调发展、构建和谐社会，已经引起社会各界的关注，为此，我们有必要对各地区经济状况进行比较分析。

1. 综合经济实力的比较

2003年，我国人均GDP突破1 000美元大关，经济发展步入一个新的阶段。但地区的经济发展水平则存在较大的差距，东部地区明显领先中西部地区。东部人均地区生产总值为16 306元、中部为7 775元、西部为6 217元。人均地区生产总值最高的上海为46 718元（5 649美元），已接近中等发达国家水平；而最低的贵州仅为3 603元（436美元），前者是后者的12.9倍。人均地区生产总值排在前9位的依次是上海、北京、天津、浙江、广东、江苏、福建、辽宁和山东，全部位于东部地区，其人均地区生产总值为全国人均GDP的1.5～5.1倍。

2. 收入水平比较

2003年全国城镇年人均可支配收入为8 294元，其中上海、北京、浙江、广东、天津、福建、江苏、西藏和山东9个地区的城市人均可支配收入高于全国平均水平，其他22个地区均低于全国平均水平。全国农村人均纯收入为2 841元，仅为城镇年人均可支配收入的1/3，其中上海、北京、浙江、天津、江苏、广东、福建、山东、辽宁和河北10个地区高于全国平均水平，其他21个地区低于全国平均水平。结果表明，少数地区的居民收入水平拉高了全国平均水平，多数地区的居民收入在全国平均水平以下。

从城镇和农村内部的年收入差距情况来看，2003年31个地区农村居民人均纯收入的变异系数为0.34，比城镇人均可支配收入的变异系数高0.13点。相对于城镇居民来说，地区间农村居民收入差距更大一些。

从城乡之间的收入差距看，各地区普遍差距较大。其中反映绝对差距的“城乡收入差”都在4 170元以上。东部地区绝对差距比较明显，最高的广东达到8 326元，其他城乡收入差较大的地区依次是北京、上海、浙江、西藏、福建、云南、重庆、天津和广西，城乡收入差在5 691元以上。反映相对差距的“城乡收入比”较高的前10位基本位于西部，依次是西藏、云南、贵州、陕西、甘肃、青海、广西、重庆、新疆和宁夏，其城乡收入比在3.2∶1以上，其中最高的西藏城镇居民人均可支配收入是其农村居民人均纯收入的5.2倍。

有关思考：国际经验表明，人均GDP在1 000～3 000美元是经济社会发展的关键时期，我国目前正步入这一阶段，如果各方面协调得好则可望实现顺利过渡，进入中等发达国家。如果协调不好，有可能出现经济和社会矛盾冲突频发，甚至出现徘徊倒退。地区发展差距是诸多社会经济发展不协调的表现，是建立和谐社会的一大障碍。因此，我们在加大改革力度、政策上扶持地区经济的同时，保障欠发达地区的公共产品或准公共产品供应是极其重要的。

认识统计总体变量

任务引入

通过统计调查和整理我们取得了我国 2011—2012 年第一产业、第二产业和第三产业的产值资料，如表 3—1 所示：

表 3—1　　我国 2011—2012 年的三大产业的产值资料表

产业类别	产值（亿元）	
	2011 年	2012 年
第一产业	47 486.2	52 373.6
第二产业	220 412.8	235 162.0
第三产业	205 205.0	231 406.5
合计	473 104.0	518 942.1

数据来源：2013《中国统计年鉴》。

请根据该资料对我国 2011—2012 年各产业产值的基本经济状况和经济实力进行分析，了解三大产业所处的地位和发展速度如何。这一问题的解决需要我们对统计指标进行学习和研究，也就是本任务所要掌握的内容。

知识学习

一、总量指标

（一）总量指标的概念

总量指标是反映在一定时间、空间条件下某种现象的总体规模、总水平或总成果的统计指标，通常用绝对数形式表现，又称为绝对数或绝对指标。表 3—2 为 2010 年各国的国土面积及人口资料。

表 3—2　　　　2010 年各国的国土面积及人口资料

国家	国土面积（万平方公里）	人口数（万人）
中国	960	133 830
日本	37.8	12 745
韩国	10	4 888
美国	983.2	30 935

资料来源：2012 年《中国统计年鉴》。

（二）总量指标的作用

总量指标是社会经济统计中最常用的、最基本的指标，在社会经济研究和管理中起着非常重要的作用。

1. 总量指标是认识社会经济现象总体的起点

总量指标是反映总体的基本状况和基本实力的指标。例如，要了解一个国家的国情、国力和国民经济的基本状况，就必须掌握这个国家的人口总数、土地面积、国民生产总值、国民收入、主要产品产量等状况，这些通常表现为总量指标。

2. 总量指标是进行经济管理的主要依据

总量指标是加强社会经济管理、平衡供求关系、保证国民经济又好又快发展、全面反映社会经济和科技文化水平的重要工具，是制定政策、编制计划、进行科学管理和目标管理的重要依据，也是进行国民经济核算和企业经济核算的基础。

3. 总量指标是计算相对指标和平均指标的基础

相对指标和平均指标都是两个总量指标对比进行计算的，离开了总量指标，相对指标和平均指标的计算便无法进行。

（三）总量指标的分类

1. 总体单位总量和总体标志总量

总量指标按说明的总体内容不同可分为总体单位总量和总体标志总量。

总体单位总量是指一个总体中所包含的总体单位的总个数，简称总体总量。它表示总体本身规模的大小，如一个总体的人数、一个地区的企业个数等。

总体标志总量是指总体中各单位某一数量标志值的总和，简称标志总量。如工资总额、销售总收入、工业总产值等。

2. 时期指标和时点指标

总量指标按反映的时间状况不同可分为时期指标和时点指标。

时期指标是反映总体在某一段时间内连续变化过程中达到的总数量，如产品产量、商品销售量、国民生产总值等。

时点指标是反映总体在某一时刻（瞬间）上所存在的总数量，如人口数、学校个数、设备台数、商品库存量等。

时期指标和时点指标各具有不同的特点，它们之间的区别主要表现在以下三个方面：

（1）指标数值是否可以累计。时期指标各个时期的数值可以累计，累计的结果表示更长一段时期内事物发展的总数量。如企业每月的产量是该月每日产量之和，而一年的产量则是该年 12 个月产量之和。而时点指标各个时点上的数值是不能累计相加的，累计的结果没有独立的经济意义。如某单位年初职工人数为 50 人，1 月末 49 人，2 月末 51 人，3 月末 50 人。我们不能将这四个数值直接相加来说明该单位一季度职工人数为 200 人，事实上该单位职工人数最多时也只有 51 人，累加出的 200 人中，有大部分被重复计算了四次，因此，时点指标数值不能累计相加。

（2）指标数值大小是否与时间长短有关。时期指标数值的大小与时期的长短有直接的关系，时间越长，指标数值越大，反之，时间越短，指标数值则越小。如一年的营业收入肯定要大于一个月的营业收入。时点指标数值的大小与其时间间隔长短没有直接的联系。如在校学生数量的多少只与该校招生数、毕业生数、休学、退学与复学学生数等有关，而与时间间隔长短没有直接的联系。

（3）指标数值的搜集是否连续登记。时期指标的数值是通过连续不断登记取得的，而时点指标的数值是对现象做一次性调查取得的。

（四）总量指标的计量单位

1. 实物单位

实物单位是根据事物的属性和特点而采用的计量单位。具体包括以下几种：

（1）自然单位。自然单位是指按照社会经济现象的自然状况来度量的计量单位。如人口以“人”、课桌以“张”、电视机以“台”为计量单位等。

（2）度量衡单位。度量衡单位是指按统一的度量衡制度的规定来度量社会经济现象的计量单位。如布匹的长度以“米”为计量单位，天然气以“立方米”为计量单位，化肥产量以“吨”为计量单位等。

（3）标准实物单位。标准实物单位是指以统一的折算标准来度量社会经济现象的计量单位。其计算公式为：标准实物量＝实物量×折合系数。例如，某氮肥厂某时期生产三种氮肥，要求各种氮肥统一折合成含氮为 100％的标准氮肥，计算标准实物产量。如表 3—3 所示：

表 3—3　　各种氮肥折合标准实物量

产品名称	产量（吨）	含氮量（％）	折合系数	折合标准实物量（吨）
甲	1	2	3	4＝1×3
碳酸氮铵	4 000	17	0.17	680
硫酸铵	5 000	21	0.21	1 050
尿素	3 600	46.2	0.462	1 663.2
合计	12 600	—	—	3 393.2

（4）双重复合单位。有些事物用一种计量单位难以准确地反映其真实的规模或水平，

需要同时用两个计量单位有机地结合在一起来表示事物数量，这种计量单位叫双重复合单位。如人口密度用“人/平方公里”为计量单位，油耗用“升/百公里”为计量单位，货物运输量用“吨公里”为计量单位，旅客流量用“人次”为计量单位等。

2. 价值单位

价值单位是用货币来度量社会财富或劳动成果的一种计量单位，又叫货币单位。如国内生产总值、国民收入、社会商品零售总额、利润额等。价值单位具有较强的综合性和概括性的优点，可以把不能直接加总的事物变成可以直接加总，用途非常广泛。但价值单位也有脱离了现象的具体内容、比较抽象的缺点，有时不能准确反映现象的实际情况，在实际工作中，要充分注意到这一缺点。

3. 劳动量单位

劳动量单位是用劳动时间表示的计量单位，通常在企业内部核算时采用。它也是一种复合单位，如工时、工日等。借助劳动量单位计算的劳动总消耗量指标来确定劳动量的总规模，可以作为评价劳动时间利用程度和劳动生产率的依据，也可用于编制和检查生产作业计划以及计算劳动定额等。

（五）计算和使用总量指标应注意的问题

1. 计算实物指标要注意现象的同类性

同类性是由事物的性质所决定的，只有同类现象才能计算实物总量。不同类的现象，即使其计量单位相同，也不能直接加总计算实物总量。如钢材、水泥和河沙，虽然其计量单位都是吨，由于性质不同，就不能混在一起计算实物总量。

2. 统计总量指标时要有明确的统计含义和统计方法

在计算总量指标时，应对总量指标的含义做明确的规定，这样才能正确地划分它的空间范围和时间范围，正确地决定它的计算方法，进而才能正确地计算总量指标。

3. 要有统一的计量单位

同一类现象事物的计量单位也是分为若干种的，如重量单位有万吨、吨、千克、克等，香烟的计量单位有大箱（100 条）、小箱（50 条）、条、盒等。对于同一总量指标在不同的时间、地点条件下进行计量时，其计量单位应当一致，当出现不一致的时候，应进行换算使之一致，以便于汇总、对比和分析。

我国从 1991 年起统一使用以国际单位制为基础的法定计量单位制度，这促进了指标的准确统计。

二、相对指标

（一）相对指标的概念与作用

1. 相对指标的概念

相对指标是用两个有联系的指标数值进行对比的比率来反映社会经济现象数量特征和数量关系的综合指标。相对指标也称相对数，如某班男生占全班学生总数的比重为 30%，某企业年度产量计划完成105%等。

2. 相对指标的作用

在国民经济管理、企业经济活动分析和统计研究中，相对指标都具有十分广泛的作用，主要表现在以下几个方面。

(1) 相对指标可以反映现象内部和现象之间的相对水平，说明现象的发展过程和趋势。将不同时期的总量进行对比、分析，就能反映事物发展变化的过程和变化的趋势。

(2) 相对指标可用于不同对象的比较评价。相对指标把现象的绝对差异抽象化了，使原来无法直接对比的指标变为能够比较。如不同的企业，由于生产条件不同，直接用总产值、利润、费用总量等进行比较，显然是没有意义的。但如果分别计算产值利润率、资金利润率、流通费用率等相对指标之后，就能进行比较了，从而就可以对企业的生产经营成果做出客观、公正、合理的评价。

(3) 相对指标可表明事物的内部结构和比例关系。根据总体的总量和部分的总量，可以计算结构相对指标和比例相对指标，这可以说明总体的内在构成情况，为深入分析事物的性质提供依据。例如，某高校在校生有5 000人，其中男生有2 700人，女生有2 300人。则男生占全校总人数的54%，女生为46%，另外，男生与女生的性别比例为117∶100。

(4) 相对指标是进行经济管理与考核经济活动效果的工具。在社会经济活动的发展过程中，不仅需要研究制定经济发展计划并检查监督计划的执行情况，还要认真分析经济现象之间的比例协调关系。在企业经济活动中，也需要通过对资金利用率、劳动生产率等一系列有关相对指标的考核，分析研究企业投入产出的比例关系和经济效益。

(二) 相对指标的计量形式

1. 无名数

当对比的两个指标的计量单位相同，相对指标表现为无名数。它是一种抽象值，是把对比的分母指标抽象成1、10、100或1 000，用系数或倍数、成数、百分数、千分数表示。当对比的结果数值较大时还可用“番”表示，翻番数是指两个相比较的数值中，一个数是另一个数的2^n倍，n就是番数。例如，某企业2000年产值为2 000万元，到2005年达到4 000万元，2010年达到1.6亿元，这就可以说该企业到2005年时产值翻了一番（$2^1=2$），到2010年时产值翻了三番（$2^3=8$）。

2. 有名数

当对比的两个指标的计量单位不相同，相对数表现为有名数。如人口密度的计量单位是“人/平方公里”，每百元产值的耗能量用“千瓦/百元”来表示。

(三) 相对指标的计算

社会经济统计中，常用的相对指标可以分为计划完成程度相对指标、结构相对指标、比例相对指标、比较相对指标、强度相对指标与动态相对指标六种。

1. 计划完成程度相对指标

计划完成程度相对指标也称计划完成百分数，它是将某一时期的实际完成数与同期计划数进行对比，反映计划执行情况的相对指标，一般用百分数表示。其基本计算公式为：

$$计划完成程度相对指标=\frac{实际完成数}{同期计划数}\times 100\%$$

公式中的分子、分母在指标含义、计算方法、计量单位、时间界限、空间范围等方面必须保持一致。由于该指标是以计划任务数为基准来检查计划的完成程度，因此分子、分母不能调换位置。

(1) 计划完成程度相对指标的计算。

由于计划任务数可以用绝对数、相对数或平均数表示，因此，计划完成相对指标在计算形式上有所不同。

①计划任务数为绝对数。

【例 3.1】某工业企业 2013 年工业总产值计划任务数为 1 500 万元，实际完成 2 250 万元，则其计划完成相对指标为：

$$计划完成程度相对指标=\frac{实际完成数}{同期计划数}\times 100\%=\frac{2\ 250}{1\ 500}\times 100\%=150\%$$

计算结果表明该工业企业超计划 50 %完成了当年的生产任务。

② 计划任务数为相对数。

此时并没有直接告诉检查对象的计划数值及实际数值，往往只告诉计划提高率（或降低率）及实际提高率（或降低率），这种情况可按以下公式计算：

$$计划完成程度相对指标=\frac{1\pm 实际提高率(降低率)}{1\pm 计划提高率(降低率)}\times 100\%$$

【例 3.2】某公司计划规定劳动生产率 2013 年比 2012 年提高 8%。实际提高了 10%，则该公司劳动生产率计划完成相对指标为：

$$计划完成程度相对指标=\frac{1+10\%}{1+8\%}\times 100\%=105.8\%$$

计算结果表明该公司的劳动生产率计划超额完成了 5.8%。

【例 3.3】某工业企业某产品上年度实际成本为 400 元，本年度计划降低 5%，实际降低了 6%，则该工业企业产品单位成本的计划完成程度相对指标为：

$$计划完成程度相对指标=\frac{1-6\%}{1-5\%}\times 100\%=98.95\%$$

计算结果表明该工业企业已超额 1.05%完成了产品单位成本计划。

③计划任务数为平均数。

此时计划完成相对指标直接用实际平均水平和计划平均水平加以对比来求得，这种情况用于检查平均指标计划完成程度，即

$$计划完成程度相对指标=\frac{实际平均水平}{计划平均水平}\times 100\%$$

【例 3.4】2013 年某工厂计划某种产品的单位成本 50 元，实际上该产品的单位成本降到了 45 元，则该工厂产品单位成本计划完成相对指标为：

$$计划完成程度相对指标=\frac{45}{50}\times 100\%=90\%$$

计算结果表明该工厂产品单位成本实际比计划降低了 10%，超额完成了计划。

在评价计划完成程度时，首先要判断指标的性质，对于收入、成果类指标，如产品产量、商品销售量、财政收入等，计划完成程度相对指标大于 100%表示超额完成计划任务，小于 100%表示没有完成计划任务；而对于成本、消耗类指标，如产品生产成本、商品流通费用额等，计划完成相对指标小于 100%表示超额完成计划任务，大于 100%表示没有完成计划任务。

(2) 计划执行进度的检查。

为保证计划的按时完成，在计划执行过程中，需要随时了解计划执行的进度，以便对后面的工作作出部署。

截止到某阶段的计划执行进度可按以下公式计算：

$$计划执行进度=\frac{计划期内截止到某阶段的累计实际完成数}{计划期总数}\times 100\%$$

【例 3.5】某商业企业 2013 年计划商品销售额为 320 万元，到 9 月底累计商品销售额为 260 万元，则截止到 9 月底该商业企业商品销售额计划的执行进度为：

$$计划执行进度=\frac{260}{320}\times 100\%=81.25\%。$$

计算结果表明，该企业在前 3 个季度中完成全年计划任务的 81.25 %，说明计划执行进度较快。

(3) 中长期计划完成情况的检查。

中长期计划一般是指五年计划、十年计划和远景计划等。其完成情况的检查主要包括两项内容：一是计划完成的程度；另一个是在超额完成计划的情况下，提前完成计划的时间。由于计划目标有两种不同的规定方式，那么检查方法也相应有两种不同的方法。

①水平法。

水平法适用于在计划制定中，以计划期最后一年应达到的能力水平为目标的情况。如产品产量、工业总产值、农业总产值等计划完成情况的检查均应用水平法。这种情况下计划完成相对指标计算公式为：

$$计划执行进度=\frac{计划期末年实际达到水平}{计划期末年规定应达到水平}\times 100\%$$

用水平法检查中长期计划完成情况时，只要在连续长度为 1 年的时间内（不论是否在一个日历年度内）实际达到水平恰好等于计划规定的最后一年应达到的水平，就算完成了计划，则余下的时间为提前完成计划时间。

【例 3.6】某工业企业“十一五”计划规定 2010 年某产品年产量达到 500 万吨，实际上 2010 年的产品产量为 600 万吨，而到 2010 年 9 月底期间累计产量就达到了 500 万吨，则该工业企业“十一五”计划完成相对指标为：

$$计划执行进度=\frac{600}{500}\times 100\%=120\%$$

计算结果表明该工业企业超额20%完成了计划，提前3个月完成了计划。

②累计法。

累计法适用于在计划制定中，以整个计划期内累计应达到的总量为目标的情况。如造林面积、基本建设投资额等计划完成情况的检查均应使用累计法。这种情况下计划完成相对指标计算公式为：

$$计划执行进度=\frac{计划期内实际累计完成数}{计划期内规定累计完成数}\times 100\%$$

用累计法检查中长期计划完成情况时，只要从计划期开始到某一段时间止，实际累计完成数达到了计划规定的累计完成数，就算完成了计划，剩余的时间就是提前完成计划的时间。

【例3.7】某市“十一五”计划规定，5年内累计完成基本建设投资额50亿元，截止到第四年末累计的基本建设投资额就已达到50亿元，而整个“十一五”期间的基本建设投资额实际累计为60亿元，则该市“十一五”计划完成相对指标为：

$$计划执行进度=\frac{60}{50}\times 100\%=120\%$$

计算结果表明该市超额20%完成了“十一五”计划，提前1年完成了计划。

2. 结构相对指标

结构相对指标又称为结构相对数或比重指标，是在分组的基础上，将分组指标与总体指标对比，反映总体部分数值占总体全部数值的比重，说明总体结构。通常用百分数表示。计算公式如下：

$$结构相对指标=\frac{总体中某一部分数值}{总体全部数值}\times 100\%$$

公式中的分子指标数值是分母指标数值的一部分，两者是从属关系，因此，它们必须在指标含义、计算方法、计量单位、时间界限等方面保持一致，并且不能互换位置。由于总量指标数值等于总体各组指标数值之和，所以总体各部分所占比重之和必然等于100%或1。

例如，某学校在校学生有6 800人，其中男生2 400人，女生4 400人。

$$该校男生占全校学生的比重=\frac{2\ 400}{6\ 800}=35.29\%；$$

$$该校女生占全校学生的比重=\frac{4\ 400}{6\ 800}=64.71\%$$

3. 比例相对指标

比例相对指标又称为比例相对数，也是在统计分组的基础上，将同一总体内不同组的指标数值进行对比，反映总体中各组成部分之间数量联系与比例关系的相对指标。一般用

百分数或者 $m:n$ 的形式表示。其计算公式为：

$$比例相对指标=\frac{总体中的某一部分数值}{总体中另一部分数值}$$

公式中的分子和分母是两个不同组的同种指标数值，两者是并列关系，因此，它们必须在指标含义、计算方法、计量单位、时间界限等方面保持一致。分子与分母的位置可以互换，互换后计算的结果仍然能够反映进行比较的两个组之间的比例关系。

如上例中，男生与女生的比例 $=\frac{2\ 400}{4\ 400}=54.55\%$ 或 $\frac{2\ 400}{4\ 400}=1:1.83$。

4. 比较相对指标

比较相对指标，又称比较相对数，是将不同空间范围的同种指标数值进行比较所计算出来的相对数，一般用百分数或倍数表示。用来反映同类现象数量特征在不同空间条件下的静态对比关系，是不同空间同一时间上同类指标对比的结果。比较相对指标的计算公式为：

$$比较相对指标=\frac{某条件下的某类指标数值}{另一条件下的同类指标数值}$$

公式中的分子和分母分别是两个不同空间范围的同种指标数值，两者是并列关系，因此，它们必须在指标含义、计算方法、计量单位、时间界限等方面保持一致。分子与分母的位置可以互换，互换后计算的结果仍然能够反映进行比较的两个空间范围之间的差异程度。

计算比较相对指标时，进行比较的分子、分母指标既可以是总量指标，也可以是相对指标和平均指标。

例如，2013 年甲学校的在校学生是 6 800 人，同年乙学校的在校学生是 4 800 人，则甲学校学生数是乙学校的百分数 $=\frac{6\ 800}{4\ 800}=141.67\%$

例如，2013 年甲企业劳动生产率为 1.10 万元/人。乙企业劳动生产率为 1.00 万元/人。则甲企业劳动生产率是乙企业的 1.1 倍（即 1.10/1.00），说明甲企业劳动生产率高于乙企业。

5. 强度相对指标

强度相对指标是两个性质不同而有联系的总量指标进行对比所计算出来的相对数，用来表明社会经济现象的强度、密度和普遍程度。一般用复名数表示（由分子分母的原有计量单位组成），也可用百分数或千分数表示，如经营费用率可以用百分数。其计算公式为：

$$强度相对指标=\frac{某一总量指标数值}{另一有联系而性质不同的总量指标数值}$$

公式中的分子和分母分别是两个性质不同的总量指标数值，它们在指标含义、计算方法上并不相同。

在社会经济统计中，强度相对指标具有比较重要的作用，主要体现在以下几方面。

（1）强度相对指标可以用来反映国民经济及社会发展的基本情况。

例如，某地区2013年末土地面积为89万平方公里，2013年末人口数为11 537 608人。则

$$2013年末人口密度=\frac{2013年末人口数}{2013年末土地面积}=\frac{11\ 537\ 608人}{890\ 000平方公里}=12.96人/平方公里$$

(2) 强度相对指标可以用来反映经济效益情况。

例如，A公司2013年中期报告净利润为4 021万元，净资产为36 569万元。则

$$2013年中期净资产收益率=\frac{2013年中期净利润}{2013年中期净资产}\times100\%$$

$$=\frac{4\ 021万元}{36\ 569万元}\times100\%=11\%$$

(3) 强度相对指标可以用来反映生产条件和公共设施的配备情况。

例如，某城市2013年末人口为100万人，零售商店5 000个，则

$$该城市零售商业网密度（正指标）=\frac{5\ 000个}{1\ 000千人}=5个/千人$$

强度相对指标有正、逆两种形式（当分子和分母可以互换时）。凡是强度相对指标的数值大小与现象的发展程度或密度成正比的叫正指标；凡是强度相对指标的数值大小与现象的发展程度或密度成反比的叫逆指标。

如上例中，强度相对指标为5（个/千人），说明该市每千人有5个零售商业机构为它们服务。指标越大，表示零售商业网的密度越大，它是从正方向说明零售商业网密度的，所以称为正指标。

如果把分子和分母的位置互换一下，则

$$该城市零售商业网密度(逆指标)=\frac{1\ 000\ 000个}{5\ 000个}=200人/个$$

这个强度相对指标200（人/个），说明该市每个零售商业机构所服务的人数是200人。指标的数值越大，表示零售商业网的密度越小。它是从反方向来说明零售商业网密度的，所以称为逆指标。

6. 动态相对指标

动态相对指标，又称发展速度，是把同一现象在不同时期的指标数值进行对比，用来说明现象发展变动方向和变动程度。它通常用百分数表示，也可以用倍数表示。计算公式如下：

$$动态相对指标=\frac{报告期数值}{基期数值}\times100\%$$

通常我们把所有研究时间的指标称为报告期水平，把作为对比基础时间的指标称为基期水平。

例如，我国的汽车销售量2010年为1 800万辆，2009年为1 364万辆，则

$$动态相对数=\frac{1\ 800}{1\ 364}=131.96\%$$

这表明我国2010年汽车的销售量为2009年的131.96%或1.3196倍或增长31.96%。

动态相对指标在对事物进行动态分析中很重要，本书将在项目五中进一步做详细的介绍。

（四）正确运用相对指标的原则

1. 可比性原则

统计相对数是把相互联系的事物进行对比，反映事物之间关系的综合指标。所以，进行对比的事物是否具有可比性，对于计算相对数至关重要。如果把不可比的事物加以比较，势必导致事实的歪曲和认识上的错误。可比性原则是计算和应用相对指标的前提条件。相对数可比性原则具体包括：

（1）对比基数的选择。对比基数是计算相对指标的母项资料，是对比的基础和标准，基数选择不当，就会使指标没有意义。基数的选择必须从统计研究的目的出发，结合研究对象的性质、特点和现象之间的关系加以确定。如很多产品的生产和销售都是有季节性的，我们在选择基数时就选择去年同期，这样才合理，才有实际意义。

（2）总体范围可比。对比的两个时期的总体范围也务必具有可比性。例如，在新的一年里，某企业兼并了另外一个企业，使原来的企业规模扩大了，计算产量动态相对数，由于总体范围的变更，因而不可比了。

（3）计算方法可比。计算方法的不同，也会带来计算结果上的差异。因此，在计算相对数时，对比的两个数量的取得所使用的计算方法也应该是相同的，否则，对比计算的相对数是没有意义的。例如，在比较价值指标时，强调用可比价格计算，使用统一的、标准的计量单位。

2. 相对数与绝对数综合运用的原则

在统计分析中运用相对指标，使总量指标的局限性得到弥补，可以揭示经济现象之间数量联系程度和对比关系，对事物认识也进一步深化。但相对指标是由两个指标对比得来的，不能反映现象的绝对量的差别。所以，在应用相对指标分析时，应与计算相对指标所依据的总量指标联系起来观察，与对现象绝对差距的分析结合起来。只有这样，才能既全面又具体地分析和认识事物。

3. 多种相对指标综合运用的原则

为了全面认识和分析社会经济现象，不仅要把相对指标和总量指标结合起来运用，而且还要把多种相对指标结合起来运用。前面介绍的六种不同的相对指标，在统计分析中各有其特点和作用，每一种相对指标只能反映现象某一方面的数量关系，各种相对指标从不同的角度反映事物的本质。要想较全面地认识一个复杂现象，就应将多种相对指标有机地结合起来，这样就会使分析结果更准确、更全面、更有说服力。

任务实施

结合本任务的学习，我们一起来分析我国2011—2012三大产业产值情况。

分析：

1. 表3—1中三大产业两年的产值数据是总体标志总量指标，该指标为时期指标，反映三大产业的年产值总额，通过对两年该标志总量指标的比较，可以看出三大产业的产值均呈增长变化。

2. 在分析三大产业产值总量指标的基础上，还需要进一步分析各产业产值结构的变化及增长幅度的变化，这就需要在总量指标的基础上进一步来计算相对指标，并进行相对指标的比较分析。各产业结构及增长幅度计算如表 3—4 所示：

表 3—4　　三大产业结构及增长幅度

产业类别	产值结构		增长幅度
	2011 年	2012 年	2012/2011
第一产业	10.04%	10.09%	10.29%
第二产业	46.59%	45.32%	6.69%
第三产业	43.37%	44.59%	12.77%

从三大产业产值结构和增长幅度这两项相对指标的计算分析，可以看出：虽然从产值总量指标分析，三大产业的产值均在涨，但第二产业的产值在总产值中的比重有所下降，而第一、第三产业的产值在总产值中的比重有所上升；从增长幅度上看，第三产业的增长幅度最大，其次是第一产业，最后是第二产业。

描述变量分布集中趋势

任务引入

某班某学期英语课程的考试成绩如表 3—5 所示。

表 3—5　　某班英语成绩统计表

按考试成绩分组（分）	人数（人）
60 以下	4
60～70	7
70～80	18
80～90	16
90～100	5
合　计	50

为了了解该班在本学期英语课程学习情况如何，除了计算该班成绩在各个等级中所占的比重和考试通过率等相对指标外，还需计算该班英语课程的平均成绩，以了解该班课程考试成绩的一般水平。怎样根据资料计算该班的英语平均成绩？这一问题将在本节内容中进行详细的介绍。

知识学习

一、平均指标的概念与作用

（一）平均指标的概念

平均指标是反映总体各单位某一数量标志值在一定时间、地点条件下所达到的一般水平，又称为平均数。在社会经济现象的同质总体中，各个单位的数量特征表现往往是不同的，运用平均指标来代表总体所有单位数量标志的一般水平，是统计认识总体数量特征的基本方法。例如，用平均亩产量代表粮食生产水平、平均成绩代表学生学习水平、平均收入代表居民生活水平等。

平均指标将总体各单位标志值之间的差异抽象化了，用一个具体数值说明总体所有单位标志值的一般水平，它可能不等于总体内任何一个单位的具体水平，但对于总体具有代表性。

（二）平均指标的作用

平均指标在认识社会经济现象总体数量特征方面具有十分重要的作用，主要表现在以下方面。

1. 反映总体各单位变量分布的集中趋势

总体单位的变量值往往大小不一，但它们的差异并不是毫无限制的，它们总围绕着平均数上下波动，以平均数为中心，因而平均指标反映了标志值变动的集中趋势。例如，人的身高问题，非常矮的人和非常高的人都较少，而多数人的身高趋近于一般水平（即平均身高）。

2. 平均指标是评价事物的标准

评价事物的优劣、多少、快慢、高低都需要一个参照标准。平均指标作为总体所有单位一般水平的代表值，反映了研究对象的普遍水平。以此作为评价事物的标准，可以比较客观地说明经济发展水平的高低和工作质量的好坏。例如，说我国东部地区经济比较发达，即是指它的经济平均发展水平高于全国的平均水平；说农民生活水平比较低，即是指农民的平均生活水平低于全国居民的平均生活水平。当然，这并不排除东部的个别地区经济仍较落后，而有些农民却是非常富裕的。

3. 反映现象之间的相互依存关系

在研究现象之间的相互关系时，个体现象的数量特征往往因受到偶然因素的影响表现出本质属性，而平均指标有助于揭示现象之间的一般数量对应关系。例如，将耕地按自然条件、密植程度、施肥量等标志进行分组，再计算出各组单位面积产量，则可反映出自然条件优劣、密植程度高低、施肥量多少与单位面积产量的相互关系。

4. 平均指标还可以估计和推断其他有关指标

在抽样推断中要利用样本平均数来估计总体平均数和推算总体总量。

二、平均指标的种类及计算

根据计算方法的不同，平均指标分为算术平均数、调和平均数、几何平均数、中位数和众数等，它们可以反映现象的一般水平。算术平均数、调和平均数、几何平均数是根据总体各单位所有标志值来计算的，故又称为数值平均数；而众数和中位数是根据标志值所处的位置来确定的，故又称为位置平均数。

（一）算术平均数

算术平均数（$\overline{x}$）就是通常所说的平均数，是指总体的总体标志总量与总体单位总量的比值。其基本公式是：

$$\text{算术平均数} = \frac{\text{总体标志总量}}{\text{总体单位总量}}$$

算术平均数和强度相对指标的计算形式很相似，尤其有些强度相对指标也有平均的意义，但实际上两者是不相同的。平均数是同一个总体的总体标志总量和总体单位总量之比，标志总量是随着总体单位数的变动而变动的；而强度相对指标是两个性质不同但有联系的总量指标之比，作为分子的总量指标并不随着分母的总量指标的变动而变动。另外，算术平均数与强度相对指标的根本区别在于：算术平均数的分子与分母必须同属于一个总体，且它们是一一对应的，即有一个总体单位，就一定有一个标志值与之对应；而强度相对指标的分子与分母不存在这样的对应关系。此外，强度相对指标的分子与分母可以互换位置，形成正指标和逆指标，而算术平均数的分子与分母不能变换位置。

根据所掌握的资料不同，算术平均数可分为简单算术平均数和加权算术平均数两种形式。

1. 简单算术平均数

根据未分组的原始统计资料，将总体各单位的标志值简单加总形成总体标志总量，然后除以总体单位总数，称为简单算术平均数。计算公式为：

$$\overline{x} = \frac{x_1 + x_2 + \cdots + x_n}{n} = \frac{\sum x}{n}$$

式中，$\overline{x}$——算术平均数

x——各单位的标志值

n——总体单位数

【例 3.8】某班某学习小组十名同学的考试成绩分别是 65、75、75、80、80、80、80、85、85、95，则该小组平均成绩为：

$$\bar{x}=\frac{\sum x}{n}=\frac{65+75+75+80+80+80+80+85+85+95}{10}=\frac{800}{10}=80\text{ 分}$$

2. 加权算术平均数

根据分组整理而形成的变量数列计算算术平均数的方法，称为加权算术平均数。其计算公式为：

$$\bar{x}=\frac{x_1f_1+x_2f_2+\cdots+x_nf_n}{f_1+f_2+\cdots+f_n}=\frac{\sum xf}{\sum f}$$

式中，f——各组次数

x——各单位的标志值或组中值

计算加权算术平均数时，根据分组情况，可以根据单项变量数列计算，也可以根据组距变量数列计算。

(1) 根据单项变量数列计算。

总体分组后，形成单项变量数列。由于每组只有一个变量值，且变量值和次数是已知的，故直接用公式计算。

【例 3.9】一个生产小组 10 名工人日产量如表 3—6 所示，求他们的平均日产量。

表 3—6　　某生产小组工人日产量（件）

按日产量分组 x	工人人数 f	各组总产量 xf
15	2	30
16	2	32
17	3	51
18	2	36
19	1	19
合　计	10	168

该生产小组工人的平均日产量为：

$$\bar{x}=\frac{\sum xf}{\sum f}=\frac{168}{10}=16.8(\text{件})$$

从公式及例题中可以看出，影响算术平均数的因素不只是各组变量值，还有另一个因素是各组次数，二者共同影响算术平均数的大小。次数大的组，其变量值对平均数的影响就大；反之，次数小的组，其变量值对平均数的影响就小。也就是说，当标志值较大而次数较多时，平均数就接近于较大的标志值；当标志值较小而次数较多时，平均数就接近于较小的标志值。由此看来，次数的多少对平均数的大小起着权衡轻重的作用，所以统计上又把次数称为权数，把变量值乘以权数的过程称为加权，这样计算出来的算术平均数称为加权算术平均数。从实质上说，权数对于算术平均数的影响不是决定于次数（各组单位数）的多少，而是次数占总次数，即各组比重的大小。哪一组单位数所占比重大，则该组标志值对平均数的影响就大。所以，许多情况下，可以直接利用比重计算。其计算公式为：

$$\bar{x}=\sum x\cdot\frac{f}{\sum f}$$

式中，$\frac{f}{\sum f}$——各组比重

因 $\sum x\cdot\frac{f}{\sum f}=\frac{\sum xf}{\sum f}=\bar{x}$，故利用权数和比重计算的算术平均数结果是完全一致的。

【例 3.10】可以采用比重计算，如表 3—7 所示。

表 3—7　某生产小组工人日产量（件）

按日产量分组 x	工人人数 f	比重 $\frac{f}{\sum f}$	$x\cdot\frac{f}{\sum f}$
15	2	0.2	3
16	2	0.2	3.2
17	3	0.3	5.1
18	2	0.2	3.6
19	1	0.1	1.9
合　计	10	1	16.8

该生产小组工人的平均日产量为 $\bar{x}=\sum x\cdot\frac{f}{\sum f}=16.8$(件)

请注意：当各组次数相等时，各组比重也相等，此时权数并不发挥作用，加权算术平均数就等于简单算术平均数。

（2）根据组距变量数列计算。

将总体进行组距式分组后，由于各组变量值采用上下限形式表示，所以须先将各组的组中值计算出来，作为各组变量值的代表性数值，即组中值作为 x，然后代入公式计算加权算术平均数。

任务引入中，某班某学期英语课程的考试成绩如表 3—8 所示，计算该班的英语平均成绩。

表 3—8　某班英语考试成绩统计表

按考试成绩分组（分）	人数 f	组中值 x	各组总成绩 xf
60 以下	4	55	220
60～70	7	65	455
70～80	18	75	1 350
80～90	16	85	1 360
90～100	5	95	475
合　计	50	—	3 860

该班英语的平均成绩为：

$$\bar{x}=\frac{\sum xf}{\sum f}=\frac{3\ 860}{50}=77.2(\text{分})$$

根据组距变量数列计算的加权算术平均数，是假定各单位标志值在组内的分布是均匀的，而实际分布是不可能完全均匀的，那么各组组中值与组平均数就会存在一定的误差，所以用组中值计算出来的加权算术平均数是一个近似值。

（二）调和平均数

调和平均数又叫倒数平均数，它是标志值倒数的算术平均数的倒数，是根据标志值的倒数计算的。在社会经济统计中，往往由于缺乏总体的单位数资料，不能直接采用算术平均数，就需要把算术平均数的形式加以改变而采用调和平均数。调和平均数也分为简单调和平均数和加权调和平均数。

1. 简单调和平均数

简单调和平均数适用于未分组资料，其计算公式为：

$$H=\frac{1}{\dfrac{\dfrac{1}{x_1}+\dfrac{1}{x_2}+\cdots+\dfrac{1}{x_n}}{n}}=\frac{n}{\sum\dfrac{1}{x}}$$

式中，H——调和平均数

x——各单位的标志值

【例 3.11】某天市场上西瓜的价格分别是早市 0.80 元/千克，午市 0.70 元/千克，晚市 0.50 元/千克，若在早、中、晚各买一元钱的西瓜，则平均价格为：

$$H=\frac{n}{\sum\dfrac{1}{x}}=\frac{1+1+1}{\dfrac{1}{0.80}+\dfrac{1}{0.70}+\dfrac{1}{0.50}}=\frac{3}{4.68}=0.64\text{ 元 / 千克}$$

2. 加权调和平均数

加权调和平均数适用于已分组资料，其计算公式为：

$$H=\frac{m_1+m_2+\cdots+m_n}{\dfrac{m_1}{x_1}+\dfrac{m_2}{x_2}+\cdots+\dfrac{m_n}{x_n}}=\frac{\sum m}{\sum\dfrac{m}{x}}$$

式中，m——各组的标志总量

x——各组标志值或组中值

【例 3.12】某商店销售三批同种商品，资料如表 3—9 所示。

表 3—9　　某商店商品销售资料

批次	价格（元/千克）x	销售额（元）m	m/x
第一批	110	11 000	100
第二批	108	12 960	120

续前表

批次	价格（元/千克）x	销售额（元）m	m/x
第三批	112	12 320	110
合　计	—	36 280	330

根据表3—9资料，已知商品价格和各批销售额，则按加权调和平均数公式计算平均价格为：

$$H=\frac{\sum m}{\sum \frac{m}{x}}=\frac{36\ 280}{330}=109.94(\text{元}/\text{千克})$$

【例3.13】某企业有甲、乙、丙三个车间，生产同一种产品，某月成本资料如表3—10所示。

表3—10　　某企业产品平均单位成本资料

车间	单位成本 x（元/件）	产量 $f=m/x$（件）	总成本 $m=xf$（元）
甲	6	300	1 800
乙	5	400	2 000
丙	4	500	2 000
合　计	—	1 200	5 800

若掌握的是各车间的单位成本和产量资料，则该企业产品单位成本为：

$$\bar{x}=\frac{\sum xf}{\sum f}=\frac{5\ 800}{1\ 200}=4.83(\text{元}/\text{件})$$

若掌握的是各车间的单位成本和总成本资料，则该企业产品单位成本为：

$$H=\frac{\sum m}{\sum \frac{m}{x}}=\frac{5\ 800}{\frac{1\ 800}{6}+\frac{2\ 000}{5}+\frac{2\ 000}{4}}=4.83(\text{元}/\text{件})$$

不难发现，加权算术平均数公式和加权调和平均数公式都可以计算一般所说的平均数，只不过依据的资料不同而已。若已知各组变量值（或组中值）及次数资料，采用加权算术平均数公式计算平均数；若已知各组变量值（或组中值）及标志总量资料，采用加权调和平均数公式计算平均数。

（三）几何平均数

几何平均数是 n 个变量值乘积的 n 次方根。它适用于各变量值的连乘积等于总体标志总量的现象，是计算平均比率和平均速度最常用的方法。由于掌握的资料不同，几何平均数也可以分为简单几何平均数和加权几何平均数两种。

1. 简单几何平均数

当资料未分组时，采用该种形式，其计算公式为：

$$G = \sqrt[n]{x_1 \cdot x_2 \cdots \cdot x_n} = \sqrt[n]{\Pi x}$$

式中，G——几何平均数

x——各变量值，且为相对数

【例 3.14】某工厂产品的生产需要依次经过三个车间的三道工序才能完成，第一个车间的产品合格率为 87%，第二个车间的产品合格率为 91%，第三个车间的产品合格率为 89%，那么该产品的车间平均合格率为：

$$G = \sqrt[n]{\Pi x} = \sqrt[3]{87\% \times 91\% \times 89\%} = 88.99\%$$

2. 加权几何平均数

当资料是统计分组形成的变量数列时，采用该种形式，其计算公式为：

$$G = \sqrt[\sum f]{{x_1}^{f_1} \cdot {x_2}^{f_2} \cdots {x_n}^{f_n}} = \sqrt[\sum f]{\Pi x^f}$$

式中，x——各变量值，且为相对数

f——各组次数

【例 3.15】某银行贷款期限为 10 年，年息是按复利计算的，年利率及有关资料如表 3—11 所示，求平均年利率。

表 3—11　　某银行贷款资料

年利率（%）	年数（年）f	本利率（%）x	x^f
6	2	106	1.123 6
7	5	107	1.402 551 731
8	2	108	1.166 4
9	1	109	1.09
合　计	10	—	—

求平均年利率前先求平均本利率 G：

$$G = \sqrt[\sum f]{\Pi x^f} = \sqrt[10]{2.003\ 570\ 497} \approx 1.072\ 0$$

平均本利率 $G = 107.20\%$

平均年利率 $= 107.20\% - 1 = 7.20\%$

（四）中位数

中位数是将总体各单位的标志值按大小顺序排列，处于中间位置的那个标志值。它把全部标志值分成两部分，一半标志值比它小，一半标志值比它大。由于中位数居于中间位置，所以可用它来代表现象的一般水平。

中位数是位置平均数，它不受极端值的影响，在具有个别极大或极小标志值的资料中，中位数比算术平均数更具有代表性；在缺乏计量手段时，也可用中位数近似地代替算术平均数。

中位数的计算方法根据掌握的资料不同分为两种：一是根据未分组资料计算中位数；二是根据已分组资料计算中位数。

1. 根据未分组资料计算中位数

其计算步骤如下：

（1）将标志值按从小到大的顺序排列；

（2）按 $\frac{n+1}{2}$ 公式确定中位数的位次；

（3）根据总体单位项数的奇偶来确定中位数的值。

若体单位项数是奇数，则中位数就是 $\frac{n+1}{2}$ 位置的标志值。

例如，有 5 个零售商店职工人数按大小顺序排列后分别是：6、9、10、12、15，则，中位数的位置 $=\frac{5+1}{2}=3$，显然居于第三位的标志值 10 为中位数。

若总体单位项数是偶数，显然有两个标志值位置居中，则中位数为中间位置两个标志值的平均数。

例如，有 6 个零售商店职工人数按大小顺序排列后分别是：6、9、10、12、15、16，则，中位数的位置 $=\frac{6+1}{2}=3.5$，显然居于第三和第四位的标志值居中，所以，中位数$=\frac{10+12}{2}=11$（人）。

2. 根据已分组资料计算中位数

（1）由单项变量数列计算中位数。其计算步骤如下：

① 按 $\frac{\sum f}{2}$ 确定中位数的位次；

② 根据位次确定相应的标志值为中位数。

【例 3.16】某班级 21 名大学生，身高资料如表 3—12 所示，求中位数。

表 3—12　　　某班学生身高资料

身高（cm）x	人数（人）f	人数累积	
		向上累积	向下累积
160	2	2	21
165	4	6	19
170	5	11	15
175	6	17	10
180	3	20	4
185	1	21	1
合　计	21	—	—

分析：先确定中位数的位次：$\frac{\sum f}{2}=\frac{21}{2}=10.5$

按人数从下向上累积，中位数在第三组，中位数为 170cm。

按人数从上向下累积，中位数也在第三组，中位数为 170cm。

（2）由组距数列计算中位数。其计算步骤如下：

① 按 $\dfrac{\sum f}{2}$ 确定中位数的位置；

② 根据位次确定相应的标志值所在组；

③ 按下限公式或上限公式确定中位数的值。

下限公式为：$M_e = L + \dfrac{\dfrac{\sum f}{2} - S_{m-1}}{f_m} \cdot i$

式中，M_e ——中位数

f_m ——中位数所在组的次数

L ——中位数所在组的下限

S_{m-1} ——中位数所在组以下的累积次数

i ——中位数所在组的组距

$\sum f$ ——总次数

上限公式：$M_e = U - \dfrac{\dfrac{\sum f}{2} - S_{m+1}}{f_m} \cdot i$

式中，U ——中位数所在组的上限

S_{m+1} ——中位数所在组以上的累积次数

【例 3.17】某企业职工月工资资料如表 3—13 所示，求中位数。

表 3—13　　某企业职工月工资资料

月工资（元）	人数（人）	向上累积	向下累积
500～600	110	110	2 400
600～700	180	290	2 290
700～800	320	610	2 110
800～900	460	1 070	1 790
900～1 000	850	1 920	1 330
1 000～1 100	250	2 170	480
1 100～1 200	130	2 300	230
1 200～1 300	70	2 370	100
1 300～1 400	20	2 390	30
1 400～1 500	10	2 400	10
合　计	2 400	—	—

分析：第一，确定中位数的位次 $\dfrac{\sum f}{2} = \dfrac{2\ 400}{2} = 1\ 200$

第二，确定中位数所在的组：中位数组为 900～1 000 元

第三，由下限公式或者上限公式计算中位数的值：

$$M_e = L + \frac{\frac{\sum f}{2} - S_{m-1}}{f_m} \cdot i = 900 + \frac{1\ 200 - 1\ 070}{850} \times 100 = 915.29(\text{元})$$

或者：

$$M_e = U - \frac{\frac{\sum f}{2} - S_{m+1}}{f_m} \cdot i = 1\ 000 - \frac{1\ 200 - 480}{850} \times 100 = 915.29(\text{元})$$

（五）众数

众数是指总体中出现次数最多的标志值，它能够鲜明地反映数据分布的集中趋势。

众数也是一种位置平均数，不受极端数值的影响，在实际工作中应用较为普遍。如集市贸易上某种商品大多数的成交价格，大多数消费者所需要的服装和鞋帽尺寸，大多数家庭人口数等，都是众数，具有一般水平或代表值的意义。在总体单位数多且有明显集中趋势时，计算众数既方便又意义明确。如总体单位数少，或虽多但无明显集中趋势，就不存在众数。当变量数列中有两个或几个变量值的次数都比较集中时，就可能有两个或几个众数。

众数一般要根据变量数列来确定。众数的计算方法根据变量数列不同分为两种：一是根据单项变量数列确定众数；二是根据组距变量数列确定众数。

1. 根据单项变量数列确定众数

计算步骤如下：

第一，确定众数组；

第二，确定众数值。

【例 3.18】调查 200 名顾客所购皮鞋资料如表 3—14 所示，求众数。

表 3—14　　顾客所购皮鞋资料

皮鞋尺寸（cm）	人数（人）
21	5
22	10
23	25
24	30
25	70
26	45
27	15
合　计	200

分析，上表中购买 25cm 皮鞋的顾客最多，有 70 人。所以，尺寸 25cm 就是众数。

2. 根据组距变量数列确定众数

计算步骤如下：

第一，找出出现次数最多的组，确定众数所在组；

第二，根据上限或者下限公式确定众数值。

下限公式：$M_0 = L + \frac{\Delta_1}{\Delta_1 + \Delta_2} \cdot i$

上限公式：$M_0 = U - \frac{\Delta_2}{\Delta_1 + \Delta_2} \cdot i$

式中，M_0 ——众数

L——众数所在组的下限

U——众数所在组的上限

Δ_1 ——众数组的次数与前一组次数之差

Δ_2 ——众数组的次数与后一组次数之差

【例 3.19】某市某年城市住户收入抽样调查资料如表 3—15 所示，求众数。

表 3—15　　某市某年城市住户收入抽样调查资料

按月收入额分组（元）	调查户数（户）
500 以下	40
500～800	90
800～1 100	110
1 100～1 400	105
1 400～1 700	70
1 700～2 000	50
2 000 以上	35

分析：第一，确定众数所在组，800～1 100 出现次数最多，该组即为众数组。

第二，根据上限或者下限公式确定众数值：

$$M_0 = L + \frac{\Delta_1}{\Delta_1 + \Delta_2} \cdot i = 800 + \frac{110 - 90}{(110 - 90) + (110 - 105)} \times 300 = 1\ 040(\text{元})$$

或者：$M_0 = U - \frac{\Delta_2}{\Delta_1 + \Delta_2} \cdot i = 1\ 100 - \frac{110 - 105}{(110 - 90) + (110 - 105)} \times 300 = 1\ 040(\text{元})$

任务三 描述变量分布离中趋势

任务引入

接上述任务二，某班某学期英语课程的考试成绩见表 3—5。为了了解该班英语课程考试成绩的一般水平，利用平均指标的相关计算我们知道该班的英语课程的平均成绩为77.2（分），那么这个平均成绩是否可以代表该班考试成绩的一般水平呢？这就是本任务中变异指标要研究的内容。

知识学习

一、标志变异指标的概念和作用

（一）标志变异指标的概念

标志变异指标是用来反映总体分布的变异状况或离散程度的指标，又称为标志变动度指标。平均指标把总体各单位数据之间的差异抽象化，反映总体的一般水平和分布的集中趋势。但总体内各数据之间是参差不齐的，它们分布在平均数的周围，呈现一种离中趋势或离散趋势：集中趋势越强，离散趋势就越弱；反之，离散趋势越强，集中趋势就越弱。它们分别从两个侧面描述了总体分布的特征：平均指标说明总体数据的集中趋势，而标志变异指标则说明数据值的分散程度或离中趋势。标志变异指标就是反映总体各单位标志值差异程度的综合指标。

（二）标志变异指标的作用

标志变异指标在统计分析中具有重要的作用，主要表现如下：

（1）标志变异指标是衡量平均指标代表性的尺度。一般来讲，数据分布越分散，标志变异指标越大，平均指标的代表性越小；数据分布越集中，标志变异指标越小，平均指标的代表性越大。

（2）标志变异指标还可以用来研究现象发展变化的均衡性和协调性。标志变异指标值越小，现象发展变化越均衡，越协调。反之，标志变异指标值越大，现象发展变化越不均衡，越不协调。

二、标志变异指标的种类和计算

标志变异指标有全距、平均差、标准差及离散系数等。

（一）全距

全距是总体或分布中最大标志值与最小标志值之差，又称极差。通常用R表示，用来反映现象实际变动范围。其公式为：

$$R = x_{\max} - x_{\min}$$

式中，$x_{\max}$——最大标志值

$x_{\min}$——最小标志值

【例3.20】有甲、乙两个小组的考试成绩：

甲小组　68 69 70 71 72　$\bar{x} = 70$分　$R=72-68=4$分

乙小组　50 60 70 80 90　$\bar{x} = 70$分　$R=90-50=40$分

这两个小组的平均成绩都是 70 分，但全距分别是 4 分和 40 分，所以这两个小组的平均成绩的代表性也是不同的，由于乙小组的全距大，其平均成绩的代表性弱，而甲小组的全距小，其平均成绩的代表性强。

对于未分组或单项变量数列，全距均可用上述公式进行计算。若是组距数列，则全距计算公式为：全距＝最高组上限－最低组下限。

全距是一个最基本的变异指标，它能从总体的绝对数方面分析总体数量水平的最大差异程度。全距这一变异指标简单、易懂，在实际工作中被广泛应用于检查产品质量控制。全距对标志差异程度的分析是比较粗略的，它只能反映两个极端变量值的离差范围，而中间数值的差异程度却无法体现。开口组式的组距数列无法计算全距，所以实际工作中，全距指标的应用范围较小。

（二）平均差

平均差也称平均离差，是各变量值与其均值离差绝对值的平均数，用 $A.D$ 表示。由于掌握的资料不同，平均差的计算可以采用简单平均法和加权平均法。

1. 简单平均法

根据未分组资料计算平均差，用简单平均法计算，其公式为：

$$A.D=\frac{\sum|x-\bar{x}|}{n}$$

式中，x ——标志值

$\bar{x}$ ——各标志值的平均数

n ——标志值个数

【例 3.21】接【例 3.20】，根据甲小组平均成绩为 $\bar{x}_{甲}=70$ 分，乙小组平均成绩为 $\bar{x}_{乙}=70$ 分，计算平均差如表 3—16 所示：

表 3—16　　甲乙小组学习成绩平均差计算表

甲小组成绩 x	$x-\bar{x}$	$\lvert x-\bar{x}\rvert$	乙小组成绩 x	$x-\bar{x}$	$\lvert x-\bar{x}\rvert$
68	−2	2	50	−20	20
69	−1	1	60	−10	10
70	0	0	70	0	0
71	1	1	80	10	10
72	2	2	90	20	20
合 计	—	6	合 计	—	60

分析，根据资料则

$$A.D_{甲}=\frac{\sum|x-\bar{x}|}{n}=\frac{6}{5}=1.2(分)$$

$$A.D_{乙}=\frac{\sum|x-\bar{x}|}{n}=\frac{60}{5}=12(分)$$

以上计算结果表明，两组平均成绩均为 70 分，但乙小组平均差为 12 分，是甲小组平均差的 10 倍，故甲小组平均数的代表性比乙小组平均数的代表性强，这也说明甲小组各个成绩波动小，变动稳定、均衡。

2. 加权平均法

当掌握的资料为分组资料时，应采用加权平均式。其计算公式为：

$$A.D=\frac{\sum|x-\bar{x}|f}{\sum f}$$

式中，f——各组次数

$\sum f$——总次数

如果是组距数列，计算平均差时先计算组中值，以组中值代表公式中的各组变量值进行计算。

【例 3.22】甲班 40 名同学平均身高为 171cm，平均差为 8.5cm，乙班身高资料如表 3—17 所示，比较两个班平均身高的代表性。

表 3—17 乙班同学身高资料

身高（cm）	人数（人）f	组中值（cm）x	xf	$x-\bar{x}$	$\|x-\bar{x}\|f$
150～160	5	155	775	−16	80
160～170	11	165	1 815	−6	66
170～180	19	175	3 325	4	76
180～190	5	185	925	14	70
合　计	40	—	6 840	—	292

分析，根据资料计算出 $\bar{x}_{乙}=\frac{\sum xf}{\sum f}=\frac{6\ 840}{40}=171(\text{cm})$

则，乙班身高平均差 $A.D_{乙}=\frac{\sum|x-\bar{x}|f}{\sum f}=\frac{292}{40}=7.3(\text{cm})$

以上计算结果表明，甲班、乙班同学的平均身高都为 171cm，甲班同学身高的平均差为 8.5cm，乙班同学身高的平均差为 7.3cm，故乙班同学身高的平均数代表性比甲班同学身高的平均数代表性强。

（三）标准差

标准差是总体各单位标志值与其算术平均数的离差平方的算术平均数的平方根，又称均方差。标准差的平方称为方差。

根据掌握的资料不同，标准差的计算分为简单平均法和加权平均法两种。

1. 简单平均法

根据未分组的原始资料计算标准差，其公式为：

$$\sigma=\sqrt{\frac{\sum(x-\bar{x})^2}{n}}$$

式中，σ——标准差

【例 3.23】甲班组 5 名工人工资分别为 500、600、800、1 000、1 100 元，平均工资为 800 元。乙班组 5 名工人工资分别为 400、600、800、1 000、1 200 元，平均工资为 800 元。分别求甲乙班组的标准差，并用标准差测定平均数的代表性（见表 3-18 和表 3-19）。

表 3—18　**甲班组的标准差计算资料**

工资（元）$x_甲$	$x_甲-\bar{x}_甲$	$(x_甲-\bar{x}_甲)^2$
500	−300	90 000
600	−200	40 000
800	0	0
1 000	200	40 000
1 100	300	90 000
合　计	—	260 000

则，甲班组的标准差：

$$\sigma=\sqrt{\frac{\sum(x-\bar{x})^2}{n}}=\sqrt{\frac{260\ 000}{5}}=228.04(\text{元})$$

表 3—19　**乙班组的标准差计算资料**

工资（元）$x_乙$	$x_乙-\bar{x}_乙$	$(x_乙-\bar{x}_乙)^2$
400	−400	160 000
600	−200	40 000
800	0	0
1 000	200	40 000
1 200	400	160 000
合　计	—	400 000

则，乙班组的标准差：

$$\sigma=\sqrt{\frac{\sum(x-\bar{x})^2}{n}}=\sqrt{\frac{400\ 000}{5}}=282.84(\text{元})$$

以上计算结果表明，甲、乙两个班组的平均工资均为 800 元，甲班组工资的平均差为 222.04 元，乙班组工资的平均差为 282.84 元，故甲班组的平均工资代表性比乙班组的平均工资代表性强。

2. 加权平均法

当掌握的资料是分组资料时，应采用加权平均法计算标准差，计算公式为：

$$\sigma=\sqrt{\frac{\sum(x-\overline{x})^{2}f}{\sum f}}$$

式中，x——各组标志值或组中值

【例 3.24】某车间生产工人日产零件资料如表 3—20 所示，求该车间工人日产量标准差。

表 3—20　　某车间生产工人日产零件资料

日产量（件）	人数（人）f	组中值 x	xf	$x-\overline{x}$	$(x-\overline{x})^2$	$(x-\overline{x})^2 f$
10～20	5	15	75	−28	784	3 920
20～30	10	25	250	−18	324	3 240
30～40	25	35	875	−8	64	1 600
40～50	30	45	1 350	2	4	120
50～60	20	55	1 100	12	144	2 880
60～70	10	65	650	22	484	4 840
合　计	100	—	4 300	—	—	16 600

则，该车间生产工人平均日产量为：

$$\overline{x}=\frac{\sum xf}{\sum f}=\frac{4\ 300}{100}=43(\text{件})$$

其工人日产量标准差为：

$$\sigma=\sqrt{\frac{\sum(x-\overline{x})^{2}f}{\sum f}}=\sqrt{\frac{16\ 600}{100}}=12.88(\text{件})$$

（四）离散系数

全距、平均差及标准差都是反映标志变异程度有计量单位的绝对数指标。这些指标数值的大小不仅取决于统计数据的差异状态，还受到总体平均数的影响。因此，对于具有不同水平的两个总体，不能直接用平均差或标准差来比较其数据离散程度的大小，应消除平均数不同和计量单位不可比的影响，来计算相应的离散系数，以相对数的形式来比较。离散系数主要用于比较不同总体或样本数据的离散程度。离散系数大的，说明数据的离散程度大，平均数的代表性小；离散系数小的，说明数据的离散程度小，平均数的代表性大。

常用的离散系数是平均差系数和标准差系数。统计实践中用标准差比用平均差普遍，因此离散系数主要是指标准差系数。计算公式如下：

$$V_\sigma = \frac{\sigma}{\bar{x}} \times 100\%$$

例如，根据上例资料计算离散系数 $V_\sigma = \frac{12.88}{43} \times 100\% = 29.95\%$

【例 3.25】有甲乙两组抽样调查人均纯收入的资料，甲组人均纯收入的平均数为 354.075 元，其标准差为 126.45 元；乙组人均纯收入的平均数为 386.72 元，其标准差 132.4 元，试比较哪一组人均纯收入的代表性更大一些。

分析，由资料可知，$V_{\sigma甲} = \frac{\sigma_甲}{\bar{x}_甲} \times 100\% = \frac{126.45}{354.075} \times 100\% = 35.71\%$

$$V_{\sigma乙} = \frac{\sigma_乙}{\bar{x}_乙} \times 100\% = \frac{132.4}{386.72} \times 100\% = 34.24\%$$

由于 $\bar{x}_甲 \neq \bar{x}_乙$，甲乙两组人均纯收入平均数的代表性不能直接进行比较。根据离散系数计算的结果表明，$V_{\sigma甲} = 35.71\% > V_{\sigma乙} = 34.24\%$，所以，乙班人均纯收入平均数的代表性大于甲班人均纯收入平均数。

任务实施

要帮助分析该班英语课程考试成绩的平均成绩是否具有代表性，需要根据统计资料计算相关的变异指标，下面我们一起来完成该项任务。

1. 根据分组情况确定各组的组中值

如表 3—21 所示。

表 3—21　　某班英语成绩分组及组中值

按考试成绩分组（分）	组中值
60 以下	55
60～70	65
70～80	75
80～90	85
90～100	95

2. 计算标准差

$$\sigma = \sqrt{\frac{\sum (x-\bar{x})^2 f}{\sum f}}$$

$$= \sqrt{\frac{(55-77.2)^2 \times 4 + (65-77.2)^2 \times 7 + (75-77.2)^2 \times 18 + (85-77.2)^2 \times 16 + (95-77.2)^2 \times 5}{50}}$$

$= 10.64$(分)

该指标反映各组中值与平均成绩的平均差异程度为 10.64 分。

项目小结

本项目重点学习了三类指标：总量指标、相对指标、平均指标。

总量指标是反映在一定时间、空间条件下某种现象的总体规模、总水平或总成果的统计指标，通常用绝对数形式表现，又称为绝对数或绝对指标。总量指标按说明的总体内容不同可分为总体单位总量和总体标志总量，按反映的时间状况不同可分为时期指标和时点指标。

相对指标是用两个有联系的指标数值进行对比的比率来反映社会经济现象数量特征和数量关系的综合指标。相对指标也称相对数。社会经济统计中，常用的相对指标可以分为计划完成程度相对指标、结构相对指标、比例相对指标、比较相对指标、强度相对指标与动态相对指标六种。

平均指标是反映总体各单位某一数量标志值在一定时间、地点条件下所达到的一般水平，又称为平均数。根据计算方法的不同，平均指标分为算术平均数、调和平均数、几何平均数、中位数和众数等。

算术平均数（$\bar{x}$）就是通常所说的平均数，是指总体的总体标志总量与总体单位总量的比值。根据所掌握的资料不同，算术平均数可分为简单算术平均数和加权算术平均数两种形式。调和平均数又叫倒数平均数，它是标志值倒数的算术平均数的倒数，是根据标志值的倒数计算的。调和平均数也分为简单调和平均数和加权调和平均数。几何平均数是 n 个变量值乘积的 n 次方根。它适用于各变量值的连乘积等于总体标志总量的现象，是计算平均比率和平均速度最常用的方法。几何平均数也分为简单几何平均数和加权几何平均数两种。

中位数是将总体各单位的标志值按大小顺序排列，处于中间位置的那个标志值。众数是指总体中出现次数最多的标志值，它能够鲜明地反映数据分布的集中趋势。中位数与众数根据组距数列确定时有下限公式和上限公式。

标志变异指标是用来反映总体分布的变异状况或离散程度的指标，又称为标志变动度指标。标志变异指标是衡量平均指标代表性的尺度。标志变异指标越大，平均指标的代表性越小；标志变异指标越小，平均指标的代表性越大。标志变异指标有全距、平均差、标准差以及离散系数等。

全距是总体或分布中最大标志值与最小标志值之差，又称极差。平均差也称平均离差，是各变量值与其均值离差绝对值的平均数。平均差的计算可以采用简单平均法和加权平均法。标准差是总体各单位标志值与其算术平均数的离差平方的算术平均数的平方根，又称均方差。标准差的平方称为方差。根据掌握的资料不同，标准差的计算分为简单平均法和加权平均法两种。对于具有不同水平的两个总体，不能直接用平均差或标准差来比较其数据离散程度的大小，应消除平均数不同和计量单位不可比的影响，来计算相应的离散系数进行比较。离散系数大的，说明数据的离散程度大，平均数的代表性小；离散系数小的，说明数据的离散程度小，平均数的代表性就大。离散系数的计算具体有平均差系数和标准差系数两种。

理论巩固

一、思考题

1. 什么是总量指标？如何分类？

2. 时期指标与时点指标的区别有哪些？

3. 什么是相对指标？相对指标有哪几种？

4. 平均指标的作用与种类有哪些？

5. 加权算术平均数与加权调和平均数有何区别与联系？

6. 计算和应用平均指标时应遵循哪些原则？

7. 强度相对指标与算术平均数有什么区别？

8. 标志变异指标的作用和种类有哪些？

9. 为什么说标准差是反映标志变异程度比较准确的指标？

10. 为什么要计算离散系数？

二、单项选择题

1. 我国1983年的钢产量是1949年的4倍，这个指标是（　　）。

A. 比较相对指标　B. 比例相对指标　C. 动态相对指标　D. 强度相对指标

2. 某企业计划规定成本降低5%，实际结果却提高了2%，则成本计划的完成情况是（　　）。

A. 93.1%　B. 107.4%　C. 110%　D. 107%

3. 人口数与出生人数，（　　）。

A. 前者是时期指标而后者是时点指标　B. 前者是时点指标而后者是时期指标

C. 两者都是时点指标　D. 两者都是时期指标

4. 总量指标一般表现为（　　）。

A. 平均数　B. 相对数　C. 绝对数　D. 众数

5. 计算平均指标最常用的方法和最基本的形式是（　　）。

A. 中位数　B. 众数　C. 调和平均数　D. 算术平均数

6. 计算平均指标的基本要求是所要计算的平均指标的总体单位应是（　　）。

A. 大量的　B. 同质的　C. 有差异的　D. 不同总体的

7. 已知某工业局所属各企业职工的平均工资和职工人数资料，要计算该工业局职工的平均工资，应选择权数是（　　）。

A. 职工人数　B. 平均工资

C. 工资总额　D. 职工人数或工资总额

8. 由组距数列计算算术平均数时，用组中值代表组内变量的一般水平，有一个假定条件，即（　　）。

A. 各组次数必须相等　B. 各组的变量值必须相等

C. 各组的变量值在本组内呈均匀分布　D. 各组必须是封闭的

9. 平均数反映的是同质总体（　　）。

A. 各单位不同标志值的一般水平　B. 某一单位标志值的一般水平

C. 某一单位不同标志值的一般水平　D. 各单位某一数量标志的标志值的一般水平

10. 权数对平均数的影响作用，实质上取决于（　　）。

A. 作为权数的各组单位数占总体单位数比重的大小

B. 各组标志值占总体标志总量比重的大小

C. 标志值本身的大小

D. 标志值数量的多少

11. 对下列资料计算平均数，适用于采用几何平均数的是（　　）。

A. 对某班同学的考试成绩求平均数　　B. 对一种产品的单价求平均数

C. 由相对数或平均数求其平均数　　D. 计算平均比率或平均速度时

12. 在标志变异指标中，由总体中最大变量值和最小变量值之差决定的是（　　）。

A. 标准差系数　　B. 标准差　　C. 平均差　　D. 全距

13. 用标准差分析比较两个同类总体平均指标代表性的前提条件是（　　）。

A. 两个总体的标准差应相等　　B. 两个总体的平均数应相等

C. 两个总体的单位数应相等　　D. 两个总体的离差之和应相等

14. 已知两个同类型企业职工平均工资的标准差分别为：$\sigma_{甲}=5$元，$\sigma_{乙}=6$元，则两个企业职工平均工资的代表性是（　　）。

A. 甲大于乙　　B. 乙大于甲　　C. 一样的　　D. 无法判断

15. 对于不同水平的总体不能直接用标准差来比较其变动度，这时需要分别计算各自的（　　）来比较。

A. 标准差系数　　B. 平均差　　C. 全距　　D. 极限误差

三、多项选择题

1. 下列属于质量指标的有（　　）。

A. 销售量　　B. 销售价格　　C. 产量

D. 单位成本　　E. 职工人数

2. 下列统计指标属于总量指标的是（　　）。

A. 工资总额　　B. 商业网点密度

C. 商品库存量　　D. 人均国民生产总值

E. 进出口总额

3. 2010 年我国有关指标中，既是总量指标又是时期指标的有（　　）。

A. 全国粮食总产量 54 641 万吨　　B. 全国人口总数 13.41 亿人

C. 全国钢铁总产量 5.678 亿吨　　D. 全国粮食播种面积 4 585 万亩

E. 全国人均粮食产量 407.5 千克

4. 下列指标计算中，分子分母不能调换的有（　　）。

A. 计划完成程度相对指标　　B. 结构相对指标

C. 比较相对指标　　D. 动态相对指标

E. 强度相对指标

5. 平均数的种类有（　　）。

A. 算术平均数　　B. 众数　　C. 中位数

D. 调和平均数　　E. 几何平均数

6. 众数是（　　）。

A. 位置平均数

B. 在总体中出现次数最多的变量值

C. 不受极端值的影响

D. 适用于总体次数多，有明显集中趋势的情况

E. 处于数列中点位置的那个标志值

7. 加权算术平均数的大小（　　）。

A. 受各组频数或频率的影响　　B. 受各组标志值大小的影响

C. 受各组标志值和权数共同的影响　　D. 只受各组标志值大小的影响

E. 只受权数大小的影响

8. 平均指标与变异指标结合运用体现在（　　）。

A. 用变异指标说明平均指标代表性的大小

B. 以变异指标为基础，用平均指标说明经济活动的均衡性

C. 以平均指标为基础，用变异指标说明经济活动的均衡性

D. 以平均指标为基础，用变异指标说明经济活动的节奏性

E. 以平均指标为基础，用变异指标说明总体各单位的离散程度

9. 标志变异指标中标准差和变异系数的区别是（　　）。

A. 两者的作用不同　　B. 两者的计算方法不同

C. 两者的适用条件不同　　D. 指标表现形式不同

E. 与平均数的关系不同

10. 下列采用调和平均数计算的有（　　）。

A. 已知各级工人的月工资水平和工资总额，求平均工资

B. 已知某工厂各车间废品率和废品量，求平均废品率

C. 已知各工厂产量计划完成百分比和实际产量，求平均计划完成百分比

D. 假定企业按工人劳动生产率分组，并已知各组产量，求平均劳动生产率

E. 已知某工厂产品产量及单位成本，求平均单位成本

四、判断题

1. 总量指标按其反映的时间状况不同分为总体总量与标志总量。（　　）

2. 按人均计算的钢产量指标是强度相对指标。（　　）

3. 计算和应用相对指标的前提条件是坚持可比性原则。（　　）

4. 产值计划完成程度属于结构相对指标。（　　）

5. 某厂 2012 年完成产值 200 万元，2013 年计划增长 10%，实际完成 231 万元，则该

厂超额完成计划115.5%。（　　）

6. 平均指标抽象了各单位标志值之间的数量差异。（　　）

7. 计算单利利率的平均值时，最适宜采用几何平均数。（　　）

8. 一个数列不可能没有众数，也不可能没有中位数。（　　）

9. 测定离中趋势时，只有全距才受极端值的影响。（　　）

10. 标志变异度指标越大，均衡性也越好。（　　）

技能实训

1. 某企业2012年A产品的单位成本额是1 200元，产量是2 000台，计划规定2013年成本要在去年基础上降低5%，产量增长10%。2013年的完成情况是：单位成本额实际降低6%，产量增长15%。试计算：

（1）A产品2013年单位成本额和产量的计划数与实际数。

（2）A产品2013年降低成本计划完成程度相对数和产量计划完成程度相对数。

2. 某企业所属三个车间2013年上半年工业总产值资料如下表所示：

部门	第一季度	第二季度					第二季度为第一季度的百分数%
		计划		实际		计划完成百分数（%）	
	产值	产值（万元）	比重（%）	产值（万元）	比重（%）		
	（1）	（2）	（3）	（4）	（5）	（6）	（7）
一车间	90			150			
二车间	110		30				
三车间	250	250				92	
合计	450	500					120

要求：计算表中空相的指标，并指出表中（1）～（7）栏是何种统计指标。

3. 已知某地区有常住人口1 200万人，土地面积20万平方公里，分布有商业网点4 800个。试计算正、逆强度相对数指标。

4. 某企业职工的月工资资料如下表所示：

按工资分组（元）	职工人数（人）	职工人数比重（%）
1 000以下	30	10
1 000～1 500	45	15
1 500～2 000	75	25
2 000～2 500	90	30
2 500～3 000	45	15
3 000以上	15	5
合　计	300	100

请分别以职工人数和职工人数比重为权数计算该企业职工的月平均工资。

5. 某农贸市场某种蔬菜早、中、晚每千克的价格分别是 3 元、2 元、1 元。请计算以下情况的平均价格并说明采用的是何种计算方法：

(1) 早、中、晚各买 1 千克该种蔬菜；

(2) 早、中、晚各买 1 千克、2 千克、3 千克该种蔬菜；

(3) 早、中、晚各买 1 元钱的菜；

(4) 早、中、晚各买 1 元、2 元、3 元钱的菜。

6. 已知某市所属商业企业销售额计划完成情况如下表所示：

计划完成程度 (%)	商业企业数 (个)	计划销售额 (万元)
90 以下	12	1 400
90～100	30	3 200
100～110	55	6 800
110～120	21	7 100
120 以上	10	500
合　计	128	19 000

根据以上资料计算该市所属商业企业销售额计划平均完成程度。如果上表资料中的不是计划销售额，而是实际销售额，则销售额计划平均完成程度又该怎样计算？

7. 某工厂工人某月生产量情况如下表所示：

按生产量分组 (件)	工人数 (人)
10～20	50
20～30	200
30～40	200
40～50	50
合　计	500

试根据以上资料计算全距、平均差、标准差和标准差系数。

项目四

运用抽样技术

1. 掌握抽样推断的含义，了解抽样推断的意义和特点。
2. 掌握抽样调查中的几个基本概念。
3. 了解抽样调查的方式。
4. 理解抽样调查的相关误差，并会对各种抽样误差进行计算。
5. 掌握参数估计的方法：点估计和区间估计。
6. 会确定样本容量。

重点：1. 抽样推断的基本概念。
2. 抽样误差的认识和计算。
3. 区间估计的方法和应用。

难点：1. 抽样误差的计算。
2. 参数估计的应用。
3. 样本容量的确定。

【引导案例】

2013年重庆市1%人口抽样调查主要数据公报

重庆市统计局

重庆市1%人口调查办公室

2014年1月28日

2013年全市1%人口抽样调查在30多万被抽中调查对象的积极支持配合下，经过3 000多名调查员的共同努力，圆满地完成了调查任务。现将2013年重庆市1%人口抽样调查推算的主要数据公布如下：

一、常住人口

2013年，全市常住人口2 970万人，与上年相比，增加25万人，增长0.8%。常住人口继续保持增长态势。

分“五大功能区”看，都市功能核心区常住人口490.07万人，比上年增长1.5%，占全市常住人口的16.5%；都市功能拓展区常住人口318.46万人，比上年增长1.9%，占全市常住人口的10.7%；城市发展新区常住人口1 062.04万人，比上年增长1.9%，占全市常住人口的35.8%；渝东北生态涵养发展区常住人口821.20万人，比上年下降0.8%，占全市常住人口的27.6%；渝东南生态保护发展区常住人口278.23万人，比上年下降0.8%，占全市常住人口的9.4%。

二、人口自然变动与性别比

2013年全市人口出生率为10.37‰，比上年下降0.49个千分点；死亡率6.77‰，比上年下降0.09个千分点；人口自然增长率3.60‰，比上年下降0.4个千分点。

全市常住人口性别比（以女性为100，男性对女性的比例）102.5，比上年下降0.1；出生婴儿性别比110.5，比上年下降0.5。

三、城乡人口分布

2013年，全市居住在城镇的人口1 732.76万人，与上年相比，城镇人口增加54.65万人；全市城镇化率58.34%，与上年相比，上升1.36个百分点。居住在乡村的人口1 237.24万人，占常住人口的41.66%，与上年相比，乡村人口减少29.65万人。

分“五大功能区”看，都市功能核心区城镇化率94.36%，与上年相比，上升0.64个百分点；都市功能拓展区城镇化率77.88%，上升1.07个百分点；城市发展新区城镇化率为54.86%，上升1.36个百分点；渝东北生态涵养发展区城镇化率41.80%，上升1.36个百分点；渝东南生态保护发展区城镇化率34.64%，上升1.28个百分点。

四、外出外来人口

2013年，全市外出（跨乡镇、街道）人口1 043.13万人，比上年增加23.57万人，其中外出至市外的人口531.98万人，占全部外出人口的51.0%，比上年减少1.96万人；市内外出人口 511.15 万人，占 49.0%，比上年增加 25.53 万人。如表 4—1 所示。

表 4—1　　　　2013 年重庆市五大功能区外出人口

单位：万人、%

功能区名称	外出人口		外出市外人口	
	人数	比重	人数	比重
全市	1 043.13	100.0	531.98	100.0
都市功能核心区	47.15	4.5	2.77	0.5
都市功能拓展区	60.71	5.8	5.69	1.1
城市发展新区	422.05	40.5	175.29	32.9
渝东北生态涵养发展区	388.77	37.3	268.06	50.4
渝东南生态保护发展区	124.45	11.9	80.17	15.1

全市市外外来人口 143.56 万人，比上年增加 8.06 万人。

五、人口年龄构成

在全市常住人口中，0～14 岁人口占 16.40%，与上年相比，比重下降 0.27 个百分点；15～64 岁人口占 71.72%，比重下降 0.03 个百分点；65 岁及以上人口占 11.88%，比重上升 0.30 个百分点。

注：1. 常住人口是指在本乡镇（街道）居住半年以上的人口，或虽居住不满半年，但离开户口登记地半年以上人口以及户口待定人口。

2. 外出人口是指离开本乡镇（街道）（户口登记地）半年以上的人口。

3. 城乡人口是按照国家统计局《统计上划分城乡的规定》（国务院于 2008 年 7 月 12 日，国函〔2008〕60 号批复）计算的。

开展抽样调查

任务引入

某大学学生某月电话费平均消费估算：为调查某大学学生的电话消费水平，在全校 $N=15\,000$ 名学生中，用简单随机抽样的方法抽得一个 $n=36$ 的样本。对每个抽中的学生调查其上个月的话费支出金额 y_i（如表 4—2 所示）。试以 95%的置信度估计该校大学生该月电话消费的平均支出额。

表 4—2　　　　　　　　　　　**36 名大学生某月电话消费样本数据**

样本序号	消费额	样本序号	消费额	样本序号	消费额
1	45	13	48	25	83
2	36	14	53	26	51
3	10	15	24	27	33
4	13	16	39	28	25
5	170	17	41	29	28
6	89	18	93	30	90
7	33	19	19	31	17
8	75	20	59	32	57
9	22	21	108	33	43
10	56	22	64	34	141
11	79	23	35	35	19
12	10	24	76	36	47

要知道该校全体大学生某月的话费平均支出，可根据所调查的这个样本（36）出发。这一问题的解决过程就是抽样推断的运用。

统计研究社会经济现象总是想知道现象总体的信息。事实上，对许多社会经济现象来说，我们不可能对总体进行全面调查。例如，从一锅汤里舀一勺尝味道，就可以推断有盐没有；生病去医院检查，医生只需抽一点血来化验。这些都是日常生活中常见的抽样推断的例子。下面就让我们一起先来认识什么是抽样调查，以及抽样调查中的几个基本概念。

知识学习

一、抽样推断概述

（一）抽样推断的含义

抽样推断是按照随机原则，从总体中抽取一部分单位进行调查，并依据所获得的数据对总体的某一数量特征做出具有一定可靠程度的估计与推断的一种统计方法。抽样推断的全过程，就是抽样调查。如市场商品需求量调查、城市居民家庭收支情况调查、灯泡寿命检验等。

（二）抽样推断的特点

1. 按随机原则抽取样本

所谓随机原则，就是在抽选样本单位时，总体中每一个单位都有相等的被抽中的机会，样本单位是否被抽中完全是偶然的。调查单位的确定完全排除了主观意识的作用，也可称为同等可能性原则。遵循随机原则抽样，才能根据样本的数量特征对总体的数量特征进行科学的估计，从而达到推断总体的目的。

2. 用样本数量特征估计总体的数量特征

抽样推断是一种非全面调查，但调查的目的在于对总体数量特征的认识。

3. 抽样推断的误差可以事先计算并加以控制

以样本指标估计相应的总体指标虽然存在一定的误差，但与其他统计估算不同，抽样误差范围可以事先通过有关资料加以计算，并且可以采取必要的组织措施来控制，保证抽样推断的结果达到一定的可靠程度。

（三）抽样推断的作用

（1）某些现象不可能进行全面调查，为了解其全面情况就必须采用抽样推断方法。例如，对那些有破坏性或消耗性的产品进行质量检查，如灯泡的使用寿命检验、人体的血小板检验等，都是不可能进行全面调查的，只能采用抽样推断的方法。另外，对于无限总体或总体的范围过大时，就很难进行全面调查了，如对江河湖海中的鱼尾数、水污染情况等。

（2）某些理论上可以进行全面调查的现象，采用抽样推断可以达到事半功倍的效果。如要了解全重庆市高职院校学生的学习情况，从理论上讲可以逐个学校统计，但是范围太大，调查单位较多，而且也没多大必要。采用抽样推断既可以节省人力、物力、财力和时间，提高调查结果的时效性，又能达到和全面调查同样的目的和效果。

（3）抽样推断可以对全面调查的结果进行评价和修正。

（4）抽样推断可用于工业生产过程中的质量控制。在工业产品成批或大量连续生产过程中，采用抽样推断方法可以检验生产工艺过程是否正常，及时提供有关信息，便于采取相应措施，进行质量控制。

（5）利用抽样推断的原理，可以对某些总体的假设进行检验，来判断假设的真伪，为决策提供依据。

总之，抽样推断是一种科学实用的统计方法，在自然科学与社会科学领域都有广泛的应用。

二、抽样调查中的几个基本概念

（一）全及总体和样本总体

1. 全及总体

又称母体（简称总体），它是指所要认识的，具有某种共同性质的许多单位的集合体。全及总体的单位数通常用字母 N 表示。例如，研究某学校 6 000 名学生的学习情况，则该校的 6 000 名学生即构成全及总体。

全及总体按单位标志的性质不同，可分为变量总体和属性总体；变量总体按所包含的单位数和相应变量值的多少，可分为无限总体和有限总体；总体按变量的连续性不同，可分为连续总体和离散总体。

2. 样本总体

又称子样（简称样本），它是从全及总体中随机抽取出来，代表全及总体的那部分单位的集合体。样本总体通常用字母 n 表示。例如，从全校 6 000 名学生中随机抽取 100 人进行健康状况检查，这 100 人即构成一个样本总体。

全及总体是我们所要认识的对象主体，而样本总体则是我们所要观察的对象主体，样本来自总体，但又代表总体，两者是既有区别又有联系的不同范畴。对于一次确定的抽样调查，全及总体是唯一确定的，而样本则是不确定和随机的。一个全及总体可能抽出很多个样本总体，样本的个数和样本的容量有关，也和抽样的方法有关。

（二）样本容量与样本可能数目

1. 样本容量

它是指样本总体的单位数，即一个样本总体中所包含的单位数，一般用 n 表示。在总体一定的情况下，样本容量的大小直接影响抽样推断的准确性。样本容量越大，其抽样指标的代表性误差就越小，反之代表性误差就越大。所以，一个样本总体中应该包含多少单位，必须依统计调查的目的与任务，结合总体、标志值的变异程度，在抽样设计阶段加以综合考虑。一般来说，样本容量 n 远小于总体单位数 N。在抽样中 $n \geqslant 30$ 的样本叫大样本，$n<30$ 的样本称小样本。

2. 样本可能数目

这是指对于全及总体，在一定的抽样方法和样本容量条件下，可能抽取的样本个数。从一个总体中可能抽取多少个样本，与样本容量和抽样方法等因素有关。在这里需要说明的是，在实际统计工作中一般只抽取一个样本或少数样本进行研究，而不可能获得所有样本。

（三）总体参数和样本统计量

1. 总体参数

总体参数又称为全及指标，是根据全及总体各个单位的标志值或标志属性计算的，反映总体某种属性或特征的综合指标。常用的全及指标有总体平均数（或总体成数）、总体标准差（或总体方差）。

总体平均数表示总体内各单位某一标志值的一般水平。计算公式为：

$$总体平均数：\overline{X}=\frac{1}{N}\sum_{i=1}^{N}X_i$$

$$总体方差：\sigma^2=\frac{1}{N}\sum_{i=1}^{N}(X_i-\overline{X})^2$$

$$总体标准差：\sigma=\sqrt{\frac{1}{N}\sum_{i=1}^{N}(X_i-\overline{X})^2}$$

总体平均数反映总体中具有某种属性的单位数在总体中所占的比重。总体中具有某种属性的单位数在总体中所占的比重加上不具有某种属性的单位数在总体中所占的比重肯定等于 1。设总体单位数为 N，总体中具有某一标志的单位数为 σ_y，则总体平均数为：

$$总体平均数：P=\frac{N_1}{N}$$

$$总体平均数的方差：\sigma_p^2=P(1-P)$$

2. 样本统计量

样本统计量又称样本指标，由样本各单位标志值计算出来反映样本特征，用来估计全及指标的综合指标（抽样指标）。统计量是样本变量的函数，用来估计总体参数，因此与总体参数相对应，统计量有样本平均数（或抽样成数）、样本标准差（或样本方差）。

样本平均数：$\overline{x}=\frac{1}{n}\sum_{i=1}^{n}x_i$

样本方差：$S^2=\frac{1}{n-1}\sum_{i=1}^{n}(x_i-\overline{x})^2$

样本标准差：$s=\sqrt{\frac{1}{n-1}\sum_{i=1}^{n}(x_i-\overline{x})^2}$

样本成数：$p=\frac{n_1}{n}$

样本成数方差：$S_p^2=p(1-p)$

对于一个问题，全及总体是唯一确定的，所以全及指标也是唯一确定的，全及指标也称为参数，它是待估统计的数。而统计量是随机变量，它的取值随样本的不同而发生变化。

（四）重复抽样与不重复抽样

1. 重复抽样

重复抽样也称回置抽样，指从总体 N 个单位中随机抽取一个容量为 n 的样本，每次从总体中随机抽取一个单位，登记结果后再把该单位放回，重新参加下次抽取，连续抽取 n 次就构成一个样本。这样，在每次抽取时总体单位数不变，每个单位在每次抽取中被抽中的几率相等。

2. 不重复抽样

不重复抽样也称不回置抽样，从 N 个总体单位中每抽出一个样本单位进行观察、记录后，不放回总体中，在余下的总体中抽取下一个单位，这样连续抽取 n 个单位组成的样本方法。在不重复抽样过程中，总体单位数逐渐减少，并且每个单位至多只有一次被抽中的可能性。

小思考

从总体 N 个单位中，随机重复抽取 n 个单位构成样本，考虑顺序和不考虑顺序的样本可能数目各为多少个？

（五）抽样调查的组织方式

根据统计研究目的和研究对象的特点，抽样调查的组织方式也是不同的，在统计实务中，常用的抽样调查组织方式有：简单随机抽样、分层抽样、等距抽样、整群抽样和多阶段抽样等。

1. 简单随机抽样

简单随机抽样又称纯随机抽样，是直接从总体中按随机原则抽取容量为 n 的样本，每个总体单位有相同的可能性被抽中。可以采取重复抽样，也可以采取不重复抽样，适用于均匀总体。

2. 分层抽样

分层抽样也称类型抽样。就是将总体单位按其属性特征分成若干类型（层），然后在类型或层中按照一定比例随机抽取样本单位。它的特点是，由于通过划类分层，增大了各类型中单位间的共同性，抽出的样本具有较高的代表性，减少了抽样误差。该方法适用于总体情况复杂、各单位间差异较大、单位较多的情况。

3. 等距抽样

等距抽样也叫机械抽样或系统抽样，是先将总体各单位按一定标志或次序排列，然后按固定的顺序或相同的间隔来抽取调查单位的一种抽样组织方式。它的特点是，抽出的单位在总体中是均匀分布的。因此，等距抽样的误差一般较简单随机抽样小，特别是当研究现象的变量差异程度大，而在实际工作中，又不可抽取太多的单位进行调查时，较适用此方法。

等距抽样可以分为无关标志顺序抽样和有关标志顺序抽样两类。无关标志顺序抽样是指等距抽样时，所选择的排序标志与单位变量值的大小无关或不起主要影响作用。如调查职工收入水平时，按职工工号排队进行抽样；观察学生成绩，按姓名首字母排序等。无关标志顺序抽样可以保证抽样的随机性，实质相当于简单随机抽样，而且是不重复的。有关标志顺序抽样是指等距抽样时，所选择的排序标志与单位变量值的大小有关或起主要影响作用。例如，调查农产品的产量情况，可按照前几年的平均实产由低到高或由高到低的顺序进行抽样。这种按有关标志排队的等距抽样又称有序系统抽样，它能使标志值高低不同的单位，均有可能选入样本，从而提高样本的代表性，减小抽样误差。

4. 整群抽样

整群抽样是从总体中成群成组地抽取调查单位，然后对抽中的群（组）内所有单位进行全面调查的抽样组织形式。例如，调查某社区住户用电情况，可以从该社区随机抽取若干栋住户，然后对抽中的大楼进行全面调查。它的特点是：组织工作简单，搜集资料方便容易，调查费用较少。由于以群为单位进行抽选，单位比较集中，显著影响了样本单位的均匀性，所以抽样误差相对较大些。因此，在群间差异性不大或者不适宜单个抽选调查样本的情况下，可采用这种方式。

5. 多阶段抽样

当总体很大时，抽样调查直接抽选总体单位在技术上有一定的难度，一般可分阶段进行抽样。例如，对我国粮食产量进行的抽样调查就是采用多阶段调查。它的第一阶段是从省抽县，第二阶段是从抽中的县中抽乡，第三阶段是从抽中的乡中抽村，再由村抽地块，最后还可以到某块的样本点，并以样本点资料来估计平均亩产和总产量。

任务实施

结合对大学生电话费支出的案例，来认识一下总体、样本、抽样方式方法，并构造总体参数和样本统计量。

分析：要对某大学大学生电话费支出进行分析，该校 15 000 名学生为总体，从学生中随机抽样的 36 个学生为样本，获取的样本电话消费额是样本统计量，是样本各单位的标志值。

总体：该校 $N=15\,000$ 名大学生

样本：$n=36$ 名学生

抽样方式：不重复简单随机抽样

总体参数：$\overline{Y}$

样本统计量：$\bar{y}=\dfrac{\sum y_i}{n}$

确认抽样误差

任务引入

如任务一中的“任务引入”：对全校 15 000 名大学生电话费月平均消费的调查，通过抽取的 36 名同学来进行考察，这仅仅是总体中的一部分，并不能完全代表总体，所以得到的结果也不可能和总体平均数完全一致，肯定会存在一定的误差，这个允许的误差能找到吗？如何找到？下面我们就这些问题来进行探究。

知识学习

一、抽样误差

用抽样指标去估计全及指标是否可行，关键问题在于抽样误差。抽样误差的大小表明抽样效果的好坏，如果误差超过了允许的限度，抽样调查也就失去了价值。

（一）抽样误差的含义

抽样调查是用随机抽样的样本所计算的样本指标来推断总体指标，由于样本只是总体

中的部分单位，样本所含的信息量及其结构一般与总体有区别，故所计算的样本指标也就不等于总体指标，两者存在差异，这就是抽样误差。一般地，抽样误差是指样本指标与被它估计未知的总体参数（总体特征值）之差。如样本平均数和样本成数误差：

平均数抽样误差：$|\bar{x}-\bar{X}|$

成数抽样误差：$|p-P|$

例如，某地区全部粮食平均亩产 500 千克，而抽样调查得到的平均亩产为 490 千克或 505 千克，则样本指标与总体指标之间的误差为 10 千克或 5 千克。

（二）统计调查误差的种类

按产生的原因分，统计调查误差可分为登记性误差和代表性误差。

登记性误差是指统计调查时，由于主观原因在登记、汇总、记录中所产生的误差。登记性误差不论全面调查或非全面调查都可能产生。

代表性误差又分为两种：系统性误差和随机误差。

系统性误差又称偏差，是由于抽样调查没有遵循随机原则而产生的误差。只要遵循随机原则就可以避免。

随机误差又称偶然的代表性误差，它是指没有登记性误差的前提下，又遵循了随机原则所产生的误差。随机误差是抽样调查固有的误差，是不可避免的。

抽样误差包括抽样实际误差、抽样平均误差和抽样极限误差三种。

抽样实际误差是指某一样本指标与被它估计的总体指标差值。由于可能的样本数很多，因此实际工作中，对抽样误差的把握，不是寻找抽到的样本造成的个别误差，而是要计算所有可能抽样实际误差的平均水平（即抽样平均误差），以及抽样极限误差。

（三）抽样误差的影响因素

影响抽样误差大小的因素主要有以下几种：

1. 总体各单位标志值的差异程度

在其他条件不变的情况下，标志变异程度越大，抽样误差也越大；反之，则抽样误差就越小。如果标志之间没有差异，每一个单位的标志都一样，则抽出任何一个单位都可代表总体，这时就不存在抽样误差了。

2. 样本容量的多少

在其他条件不变的情况下，样本容量越大，抽样误差就越小；反之，抽样误差就越大。可以想象，当样本容量 n 扩大到总体容量 N 时，抽样调查也就等于全面调查，抽样误差也就随之消失。

3. 抽样方法和抽样组织方式

抽样方法的选择对抽样有影响，选择重复抽样与不重复抽样时其误差大小是不同的，一般来说，重复抽样比不重复抽样的误差要大些；而采用不同的抽样调查组织形式，也会有不同的抽样误差，这是因为不同的抽样组织抽中的样本，对于总体来说代表性不一样，而且同一组织形式的合理程度也会影响抽样误差。

二、抽样平均误差

（一）抽样平均误差的含义

前面已经了解到抽样平均误差就是反映抽样误差的一般水平，通常是所有样本指标（如样本平均数和样本成数）的标准差。它对整个统计推断分析都有很重要的意义。下面讨论抽样平均误差的计算。

（二）抽样平均误差的计算

抽样平均误差应该用样本指标对总体指标的标准差来表示。我们习惯上用希腊字母 μ 表示抽样平均误差；$\mu_{\bar{x}}$ 表示抽样平均指标的抽样平均误差；μ_p 表示抽样成数的抽样平均误差。

1. 抽样平均数的抽样平均误差

①在重复抽样的条件下，其计算公式为：

$$\mu_{\bar{x}}=\frac{\sigma}{\sqrt{n}}$$

②在不重复抽样的条件下，其计算公式为：

$$\mu_{\bar{x}}=\sqrt{\frac{\sigma^2}{n}\left(\frac{N-n}{N-1}\right)}$$

式中，σ——总体标准差

N——总体单位数

n——样本容量

当 N 的值较大时，上式可简化为：

$$\mu_{\bar{x}}=\sqrt{\frac{\sigma^2}{n}\left(1-\frac{n}{N}\right)}$$

2. 抽样成数的抽样平均误差

①在重复抽样的条件下，抽样平均误差为：

$$\mu_p=\sqrt{\frac{p(1-p)}{n}}$$

②在不重复抽样的条件下，抽样平均误差为：

$$\mu_p=\sqrt{\frac{p(1-p)}{n}\left(\frac{N-n}{N-1}\right)}$$

当 N 的值较大时，上式可简化为：

$$\mu_{\bar{x}}=\sqrt{\frac{p(1-p)}{n}\left(1-\frac{n}{N}\right)}$$

为了理解抽样平均误差的概念，下面举例说明。

【例 4.1】某市随机抽取 400 个家庭构成样本进行家庭经济收入调查与推断，假定家庭收入的标准差为 200 元，则抽样平均误差为多少？如该市家庭总户数为 100 万户，则不重复抽样条件下的抽样平均误差为多少？

分析：根据上述公式，抽样平均误差为：

$$\mu_{\bar{x}}=\frac{\sigma}{\sqrt{n}}=\frac{200}{\sqrt{400}}=10\text{（元）}$$

不重复抽样条件下：

$$\mu_{\bar{x}}=\sqrt{\frac{\sigma^2}{n}\left(1-\frac{n}{N}\right)}=\sqrt{\frac{200^2}{400}\times\left(1-\frac{400}{1\ 000\ 000}\right)}=9.998\text{（元）}$$

由于 $\left(1-\frac{n}{N}\right)<1$，可看出相同条件下，不重复抽样的抽样平均误差总是小于重复抽样的平均误差。通常情况下，当 $\frac{n}{N}$ 很小时，上述两种情况的抽样平均误差就很接近了。所以一般实际工作中，为了方便计算，抽样平均误差都可以采用重复抽样的公式进行计算。

【例 4.2】要估计某地区 5 000 名适龄儿童的入学率，随机从这一地区抽取 200 名儿童，经调查有 188 名儿童入学，求入学率的抽样平均误差。

分析：根据已知资料可以算出

样本成数：$p=\frac{n_1}{n}=\frac{188}{200}=94\%$

样本方差：$s_p^2=p(1-p)=94\%\times(1-94\%)=0.0564$

例题中，仅计算在重复抽样条件下的总体成数的抽样平均误差。在大样本情况下，样本方差就相当接近总体方差，所以这里用 S_p^2 代替 σ_p^2，则

总体抽样平均误差：$\mu_p=\sqrt{\frac{P(1-p)}{n}}=\sqrt{\frac{S_p^2}{n}}=\sqrt{\frac{0.0564}{200}}=0.0168$

大家可以自己计算在不重复抽样条件下的结果，再作简单的比较。

三、抽样极限误差

根据定义，以样本指标来推断总体指标，要达到完全准确，毫无误差，这几乎是不可能的事情。因而在抽样推断中，我们只有尽可能地让误差达到最小，这就需要控制抽样误差。抽样极限误差就是抽样指标与总体指标之间，在一定概率保证程度下的抽样误差的最大可能范围。

我们通常用 Δ 表示抽样极限误差，设 $\Delta_{\bar{x}}$ 和 Δ_p 分别表示抽样平均数和抽样成数的可能误差范围，则：

$$\Delta_{\bar{x}}=|\bar{x}-\bar{X}|$$

$$\Delta_p=|p-P|$$

将上面等式进行变换，可以得到下列不等式：

$$\bar{X}-\Delta_{\bar{x}}\leqslant\bar{x}\leqslant\bar{X}+\Delta_{\bar{x}}$$

$$P-\Delta_p\leqslant p\leqslant P+\Delta_p$$

以上不等式表示，抽样平均数 $\overline{x}$ 是以总体平均数 $\overline{X}$ 为中心，在 $(\overline{X}-\Delta_{\overline{x}},\overline{X}+\Delta\overline{x})$ 内变动；抽样成数 p 是以总体成数 P 为中心，在 $(P-\Delta p,P+\Delta_p)$ 内变动。由于总体指标 $\overline{X}$ 和 P 是未知数，而抽样指标 $\overline{x}$ 和 P 是可以计算得到的，因此，误差范围的实际意义应该是被估计的总体指标 $\overline{X}$ 和 P ，落在由抽样指标所确定的范围内，即 $(\overline{x}-\Delta_{\overline{x}},\overline{x}+\Delta_{\overline{x}})$ 或 $(p-\Delta_p,p+\Delta_p)$ 。

所以，总体指标 $\overline{X}$ 和 P 的范围估计（区间估计）可以按下面公式来算：

$$\overline{x}-\Delta_x \leqslant \overline{X} \leqslant \overline{x}+\Delta_x$$

$$p-\Delta_p \leqslant P \leqslant p+\Delta_p$$

由于样本指标与抽样误差都是随机变量，因而全及指标要包含在我们所希望的 $\overline{x}\pm\Delta_x$ 或 $p\pm\Delta p$ 误差范围内，并非必然事件，我们只能在一定概率保证下满足它成立。

基于概率估计理论上的要求，抽样极限误差通常要以抽样平均误差 $\mu M\overline{x}$ 或 μ_p 为标准单位来衡量，表示成：

$$\Delta_x = t\mu_x \text{ 或 } \Delta p = t\mu_p$$

式中的 t 表示极限误差为平均误差的倍数，它是与概率有关的、测量估计可靠程度的一个参数，称为抽样误差的概率度。

于是 $t=\dfrac{\Delta_x}{\mu_x}$ 或 $t=\dfrac{\Delta_p}{\mu_p}$

在正态分布下，由于抽样误差的概率就是概率度的函数，可以通过给定的概率保证度 $F(t)$ ，查正态分布概率表，直接从表上找出抽样误差的概率度 t 的值。

在抽样推断中最常用的几个概率 $F(t)$ 与概率度 t 之间关系如表 4—3 所示：

表 4—3　　**常用正态分布概率**

概率 $F(t)$	概率度 t
0.682 7	1
0.900 0	1.64
0.950 0	1.96
0.954 5	2
0.997 3	3
0.999 9	4

【例 4.3】某镇村对 50 亩玉米进行抽样调查，随机抽取 4 亩进行调查，结果平均亩产 500 斤，标准差为 20 斤，在概率为 90%的保证下，求抽样极限误差。

分析：根据已知条件 $F(t)=90\%$ ，查表得 $t=1.64$，又 $s=20, n=4$

则：$\Delta_x = t\mu_x = 1.64\times\sqrt{\dfrac{20^2}{4}} = 16.4$（斤）

【例 4.4】某次抽样调查估计的抽样平均误差为 10，若允许的抽样误差为 19.6 时，确定这次抽样估计的置信度；若允许的抽样误差为 20，则抽样估计的置信度呢？

分析：先弄清楚抽样平均误差、抽样极限误差和概率度三者之间的关系：$t=\dfrac{\Delta_x}{\mu_x}$；

于是：$t=\frac{\Delta_{\bar{x}}}{\mu_{\bar{x}}}=\frac{19.6}{10}=1.96$

而概率度和置信度之间有相互对应的关系，查表可得：

1.96 的概率度对应的置信度为 95%。

同理：$t=\frac{\Delta_{\bar{x}}}{\mu_{\bar{x}}}=\frac{20}{10}=2$

经查表，2 的概率度对应的置信度为 95.45%。

可见，在抽样估计中，允许的抽样误差（抽样极限误差）越大，置信度越大，但是精确度低；反之，抽样极限误差越小，置信度较小，精确度高。

任务实施

结合抽样平均误差和抽样极限误差的理论知识，动手完成本节任务引入中的问题，在概率度 95%的保证下，能否找到大学生手机月消费的抽样平均误差和极限误差？

分析：$\sum y_i=1\,931$（元），$\bar{y}=53.64$（元），$s_{\bar{x}}^2=1\,358.41$，

抽样平均误差：$\mu_{\bar{x}}=\frac{\sigma_{\bar{x}}}{\sqrt{n}}=\frac{s_{\bar{x}}}{\sqrt{36}}=\frac{36.85}{6}=6.14$

已知置信度为 95%，查表概率度 $t=1.96$，

所以抽样极限误差：$\Delta_{\bar{x}}=t\mu_{\bar{x}}=1.96\times6.14=12.04$

小思考

什么是抽样误差？抽样误差有几种？如何理解各误差之间的关系？

进行参数估计

任务引入

如前面引入的大学生电话消费的案例，利用抽样推断方法估计全校学生某月平均电话消费水平，根据所抽取的一个样本（$n=36$），计算出样本平均值为 53.64 元，于是我们以此推断总体平均消费也是 53.64 元。试想我们要换一个样本，可能得到的结果又不一样，

那还有没有其他的估计方法呢?

总体参数估计就是用样本指标来估计总体指标，用样本平均数估计总体平均数，用样本成数估计总体成数。有两种基本方法：点估计和区间估计。

知识学习

一、总体参数的点估计

回归分析是以相关分析为基础，研究具有相关关系的两个或两个以上的变量之间的数量变动关系的统计方法。这种分析方法通过建立变量间的回归方程模型来进行研究，为了更好地进行建模分析，在学习回归分析的具体运用前，让我们先来了解一些与回归分析相关的基本理论。

（一）点估计的概念

点估计，是以抽样指标作为总体指标的估计值，也叫定值估计。它是一种最简单且易行、直观的方法，应用也较为广泛。

【例 4.5】在某校学生体重的调查中，获知抽取的 400 名学生的平均体重为 58 千克，则我们说该校 5 000 名学生的平均体重也是 58 千克。这种推断就是对总体平均数作了点估计。

【例 4.6】从 2 000 棵树苗中随机抽取 100 棵，成活率是 96%。用点估计的方法估计总体的成活情况。

分析：样本的成活率是 96%，以此作为总体的成活率指标，于是这 2 000 棵中的成活树苗为：2 000×96%=1920 棵。

由上面的例子可以发现这种参数估计方法只使用了一个指标值，即直接用样本指标作为估计值，是一种比较粗略的方法，抽样误差的存在是必然的。

（二）点估计量的优良标准

用样本统计量去推断总体参数，并非只能用一个样本估计量，而可能有多个统计量可供选择，我们总希望选定的统计量能够推断得好一点，那么好的标准是什么呢？一般来说有三个标准，满足了这三个标准就可以认为该估计量是优良的。

1. 无偏差

虽然每一次的统计量和总体参数之间都可能存在误差，但在多次反复的估计中，各个统计量的平均数应该等于所估计的参数本身，也就是说，统计量的估计，平均来说是没有偏误的，这样的统计量叫做无偏统计量。如用抽样平均数作为总体平均数的估计量，或用抽样成数作为总体成数的估计量，因为抽样平均数的平均数等于总体平均数，即 E（x）=X，抽样成数的平均数等于总体成数，即 E（p）=P，E 表示数学期望，即算术平均数，所以样本平均数（成数）是总体平均数（成数）的无偏估计。

2. 一致性

若估计量随样本容量 n 的扩大而越来越接近于总体参数的真值时，称统计估计量是被估计参数的一致性估计量。对于一个一致性统计量，增大样本容量 n 会使估计量的一致性增强，同时也会使调查所需人力、物力、财力相应增加。

3. 有效性

这是指无偏性估计量中方差最小的估计量，也是最为有效的估计量。我们可以联系前面学过的平均指标和变异指标的相关内容来理解这个问题。用平均指标可以代表某数列的一般水平，但代表性如何，还要看离散程度，离散程度越小，平均数的代表性越好。所以，同为无偏估计量，其估计值与总体真值之间的离差是不同的。在同样的样本容量下，离差越小，方差也越小，该估计量越能有效地代表总体参数的真实值。如样本平均数与中位数都是总体均值的无偏性估计量，但在同样的样本容量下，样本平均数是更为有效的估计量。

参数点估计的方法简便、易行，原理直观，但这种估计没有表明抽样估计的误差，更没有指出误差在一定范围内的概率保证程度有多大。要解决这些问题，就要采用区间估计的方法。

二、总体参数的区间估计

总体参数的区间估计不是直接给出总体参数的估计值，而是利用实际样本资料，构造出一个置信区间，用这个区间来表明总体参数可能存在的范围，同时给出这个估计相应的概率保证程度（置信度）。

区间估计的具体步骤：

（1）计算抽样平均误差 $\mu_{\bar{x}}$

（2）给定概率保证程度，查表得概率度 t

（3）计算抽样极限误差

$$\Delta_{\bar{x}} = t\mu_{\bar{x}}$$

（4）估计总体指标区间

$$\bar{x} - \Delta_{\bar{x}} \leqslant \overline{X} \leqslant \bar{x} + \Delta_{\bar{x}}$$

根据样本平均数的分布特征可知：$p(|\bar{x} - \overline{X}| \leqslant \Delta_{\bar{x}}) = F(t) = 1 - \alpha$

$$p(\bar{x} - \Delta_{\bar{x}} \leqslant \overline{X} \leqslant \bar{x} + \Delta_{\bar{x}}) = F(t) = 1 - \alpha$$

在概率保证程度为 $F(t)$，概率度为 t 的情况下，总体平均数的数值将在 $\bar{x} - \Delta_{\bar{x}}$ 和 $\bar{x} + \Delta_{\bar{x}}$ 的范围内，其中，$\bar{x} - \Delta_{\bar{x}}$ 为估计下限，$\bar{x} + \Delta_{\bar{x}}$ 为估计上限。区间 $[\bar{x} - \Delta_{\bar{x}}, \bar{x} + \Delta_{\bar{x}}]$ 称为置信区间，估计可靠性程度 $1 - \alpha$ 称为置信度。

总体成数的区间估计原理与总体平均数相同，即：

$$p(|p - P| \leqslant \Delta_p) = F(t)$$

$$p(p - \Delta_p \leqslant P \leqslant p + \Delta_p) = F(t)$$

在概率保证程度为 $F(t)$，概率度为 t 的情况下，总体成数的数值将在 $p-\Delta_p$ 和 $p+\Delta_p$ 的范围内，其中，$p-\Delta_p$ 为估计下限，$p+\Delta_p$ 为估计上限。区间 $[p-\Delta_p, p+\Delta_p]$ 称为置信区间，估计可靠性程度 $1-\alpha$ 称为置信度。例如：$1-\alpha=0.95$，说明有 95% 的可能总体参数包括在估计区间内，而不包括在这个区间的概率为 $\alpha=5\%$，叫显著性水平。

由上可见，科学的区间估计方法要具备 3 个基本要素：

（1）要有合适的统计量作为估计量：$\bar{x}, p$

（2）要有合理的极限误差：$\Delta_{\bar{x}}, \Delta p$

（3）要有可靠的概率保证程度：$F(t)$

【例 4.7】从某城市的职工中随机抽取 360 名，算得其平均年收入为 68 000 元，标准差为 2 000 元，试以 99.73% 的置信度求该城市职工平均年收入的置信区间。

分析：根据置信区间的方法步骤：

（1）计算抽样平均误差

$n=360, \bar{x}=68\ 000$ 元，$\sigma_{\bar{x}}=S_{\bar{x}}=2\ 000$ 元（大样本情况下）

$$\mu_{\bar{x}}=\frac{\sigma_{\bar{x}}}{\sqrt{n}}=\frac{2\ 000}{\sqrt{360}}=105.37$$

（2）由置信度 99.73%，查表得概率度 $t=3$

（3）计算抽样极限误差

$$\Delta_{\bar{x}}=t\mu_{\bar{x}}=3\times 105.37=316.11$$

（4）估计总体指标区间 $\bar{x}-\Delta_{\bar{x}}\leqslant\bar{X}\leqslant\bar{x}+\Delta_{\bar{x}}$：（67 683 元，68 316 元）

计算结果表明，在 99.73% 的置信度下，该城市职工平均年收入的置信区间为（67 683元，68 316 元）。

【例 4.8】某大学为了解学生的生活费支出情况，随机抽取 400 人，了解到他们每月平均生活费支出 600 元，标准差 400 元。试问能以多大的概率水平保证该校学生生活费用月平均在 560 元到 640 元之间？

分析：根据前面介绍的置信区间的估计步骤，已知

（1）计算抽样平均误差

$n=400$，$\bar{x}=600$ 元，$\sigma_{\bar{x}}=S_x=400$ 元（大样本情况下）

$$\mu_x=\frac{\sigma_{\bar{x}}}{\sqrt{n}}=\frac{400}{\sqrt{400}}=20$$

（2）置信度？

（3）计算抽样极限误差

$$\Delta_{\bar{x}}=t\mu_{\bar{x}}=t20=40 \qquad t=\frac{\Delta_{\bar{x}}}{\mu_{\bar{x}}}=\frac{40}{20}=2$$

（4）估计总体指标区间 $\bar{x}-\Delta_{\bar{x}}\leqslant\bar{X}\leqslant\bar{x}+\Delta_{\bar{x}}$：（560 元，640 元）

由概率度为 2，反推到第二步，查表与此对应的置信度为 95.45%。

小思考

置信区间与精确度之间有什么关系？能不能同时提高估计的置信度和精确度？

三、样本容量的确定

前面已经讲到，样本容量指一个样本所包含的单位数，确定必要的样本单位数也是抽样调查的一个重要问题。样本容量的确定是两难的选择：一方面，样本容量越大，样本代表性就越高，抽样误差就越小，抽样估计的可信度就越高，但抽样调查的费用也越高，而且还会影响抽样调查的时效性；另一方面，样本容量越小，越能显示出抽样调查与估计的优越性，即能减少工作量，节约时间和费用，但抽样误差较大，不能保证抽样的精确度。因此，确定样本容量要考虑：既要满足抽样估计效果的要求，又要考虑时间和费用的节约。

（一）影响样本容量大小的因素

（1）总体各单位标志变异程度，即总体方差的大小。总体标志变异程度越大，要求样本容量要大些，反之，则相反。

（2）抽样极限误差的大小。抽样极限误差越大，要求样本容量越小。

（3）抽样推断的概率保证程度的大小。概率保证程度越大，要求样本容量越大。

（4）抽样方法和抽样方式。一般来说，在其他条件相同时，重复抽样比不重复抽样的样本容量大；分层抽样的样本容量要小于简单随机抽样等。

小思考

样本容量越大，抽样效果越好？

（二）样本容量的确定方法

根据上面确定样本容量的影响因素，可以由抽样极限误差的公式来反映它们之间的联系。因此，将极限误差的公式进行推导便可导出必要样本容量的公式。

1. 平均数的必要样本容量

在重复抽样条件下：

由 $\Delta_{\bar{x}} = t\mu_{\bar{x}} = t\sqrt{\dfrac{\sigma^2}{n}}$ 可得：

$$n = \frac{t^2\sigma^2}{\Delta_{\bar{x}}^{\ 2}}$$

在不重复抽样条件下：

由 $\Delta_{\bar{x}}=t\mu_{\bar{x}}=t\sqrt{\frac{\sigma^2}{n}\left(1-\frac{n}{N}\right)}$ 可得：

$$n=\frac{Nt^2\sigma^2}{N\Delta_{\bar{x}}{}^2+t^2\sigma^2}$$

从上式可以看出，若确定了抽样极限误差、总体标准差以及概率度，就能确定必要样本容量。

【例 4.9】某地区为估计家庭月平均收入，抽取若干家庭作为随机样本。根据以往测定，求得家庭收入的标准差为 960 元。若以 95%的置信度使估计的最大误差为 300 元，则需要抽取多少户家庭？

分析：根据已知条件找所需样本容量的大小，根据不同情况按照公式即可：

已知 $F(t)=95\%$，查表 $t=1.96$，$\Delta_{\bar{x}}=300$，$\sigma_{\bar{x}}=960$

在重复抽样条件下，根据公式：$n=\frac{t^2\sigma^2}{\Delta_{\bar{x}}{}^2}=\frac{1.96^2\times960^2}{300^2}=39.34\approx40$（户）

2. 成数的必要样本容量

在重复抽样条件下：

由 $\Delta_p=t\mu_p=t\sqrt{\frac{p(1-p)}{n}}$ 可得：

$$n=\frac{t^2p(1-p)}{\Delta_p{}^2}$$

在不重复抽样条件下：

由 $\Delta_p=t\mu_p=t\sqrt{\frac{p(1-p)}{n}\left(1-\frac{n}{N}\right)}$ 可得：

$$n=\frac{Nt^2p(1-p)}{N\Delta_p{}^2+t^2p(1-p)}$$

【例 4.10】某大学对一年级 1 000 名新生的会计基础成绩的及格率进行调查，根据以往成绩调查测定及格率为 96%，试确定在 95%的概率保证度下，允许误差不超高 2%时，应抽取多少名学生进行调查？

分析：根据已知条件找所需样本容量的大小，根据不同情况按照公式即可：

已知 $F(t)=95\%$，查表 $t=1.96$，$\Delta_p=2\%$，$p=96\%$，$\sigma_p^2=96\%\times4\%=0.0384$

在重复抽样条件下，根据公式：

$$n=\frac{t^2p(1-p)}{\Delta_p{}^2}=\frac{1.96^2\times0.0384}{0.02^2}=368.8\approx369\text{（名）}$$

任务实施

在学习了参数估计的方法后，现在我们一起来解决前面大学生关于手机月平均消费的问题。

分析：根据表 4—1 的数据，结合参数估计的步骤，可计算得出：

$$\sum y_i = 1\ 931\ (\text{元}),\ \bar{y} = 53.64\ (\text{元}),\ s_{\bar{x}}^2 = 1\ 358.41$$

抽样平均误差：$\mu_{\bar{x}} = \dfrac{\sigma_{\bar{x}}}{\sqrt{n}} = \dfrac{s_{\bar{x}}}{\sqrt{36}} = \dfrac{36.85}{6} = 6.14$

已知置信度为 95%，查表概率度 $t = 1.96$，

所以抽样极限误差：$\Delta_{\bar{x}} = t\mu_{\bar{x}} = 1.96 \times 6.14 = 12.04$

置信区间：$\bar{y} \pm \Delta_{\bar{x}} = 53.64 \pm 12.04$，即 41.6～65.68 元

所以，可以在 95%的概率保证度下估计该校大学生月平均电话消费支出为41.6～65.68 元。

一般情况我们不以某个样本点的值来估计总体参数，而是以一定的概率保证度，让估计值落在某个允许的范围内。

项目小结

抽样推断又叫抽样估计或抽样调查，是按随机原则从全部研究对象中抽取部分单位进行观察，并根据样本的实际数据对总体的数量特征作出具有一定可靠程度的估计和判断的一种统计方法。

本项目以相关概率论统计知识为基础，带领学生一起认识了抽样推断技术，了解了抽样推断的相关概念和抽样推断的组织方式。探讨了抽样推断的相关误差，并认识了相互间的关系和计算方法。在讨论了误差的基础上，对总体参数进行了估计：点估计和区间估计，并对区间估计进行运用。最后讨论了样本容量的确定。

理论巩固

一、名词解释

1. 抽样推断
2. 抽样平均误差
3. 抽样极限误差
4. 样本容量与样本数

二、单项选择题

1. 以（　　）为基础理论的统计调查方法是抽样调查法。

A. 高等代数　　B. 微分几何　　C. 概率论　　D. 博弈论

2. 抽样推断必须遵守的首要原则是（　　）。

A. 大量性原则　　B. 随机原则　　C. 可比性原则　　D. 总体性原则

3. 既可进行点估计又可进行区间估计的是（　　）。

A. 重点调查　　B. 典型调查　　C. 普查　　D. 抽样调查

4. 所谓大样本是样本单位数在（　　）及以上。

A. 50 个　　B. 30 个　　C. 80 个　　D. 100 个

5. 以下正确的是（　　）。

A. 总体指标与样本指标均为随机变量

B. 总体指标与样本指标均为确定值

C. 总体指标是确定值而样本指标是随机变量

D. 总体指标是随机变量而样本指标是确定值

6. 总体成数的方差等于（　　）。

A. $1-P$　　B. P　　C. $P(1-P)$　　D. $\sqrt{P(1-P)}$

7. 样本指标的标准差就是（　　）。

A. 抽样极限误差　　B. 抽样平均误差　　C. 最大误差　　D. 实际误差

8. 重复抽样的抽样平均误差要（　　）不重复抽样的抽样平均误差。

A. 大于　　B. 小于　　C. 等于　　D. 前三项均正确

9. 与抽样极限误差无关的是（　　）。

A. 置信度（或概率度）　　B. 总体差异程度

C. 样本容量　　D. 总体指标

10. 在抽样估计中，样本容量（　　）。

A. 越小越好　　B. 越大越好

C. 有统一的抽样比例　　D. 取决于抽样估计的可靠性要求

三、多项选择题

1. 抽样推断具有的主要特点有（　　）。

A. 以部分单位的数量特征去推断总体的数量特征

B. 抽样时必须遵守随机原则

C. 抽样推断是具有一定概率保证的估计和推断

D. 可以进行解剖麻雀式的分析

E. 抽样推断的误差可以计算并加以控制

2. 代表性误差包括（　　）。

A. 登记性误差　　B. 偏差　　C. 笔误　　D. 随机误差

E. 计算错误

3. 从 2 000 户居民中随机抽取 100 户调查其收入情况，则（　　）。

A. 样本单位数为 100 户　　B. 样本容量为 100 户

C. 样本可能数目为 100 个　　D. 总体单位数为 2 000 户

E. 样本容量为 2 000 户

4. 抽样平均误差（　　）。

A. 即样本指标的标准差　　B. 可以用标准差的定义公式计算

C. 是对实际误差计算的平均数　　D. 是理论上计算的抽样推断的平均误差

E. 只能用推导出的公式进行计算

5. 影响抽样平均误差的因素有（　　）。

A. 置信度　　B. 总体变量的变动程度

C. 样本容量 n　　D. 抽样方法

E. 抽样组织形式

6. 优良估计量的衡量标准是（　　）。

A. 随机性　　B. 无偏性　　C. 可比性　　D. 一致性

E. 有效性

7. 影响抽样极限误差的因素有（　　）。

A. 置信度（或概率度）　　B. 总体差异程度

C. 样本容量　　D. 抽样方法

E. 抽样组织形式

8. 抽样极限误差（　　）抽样平均误差。

A. 必定大于　　B. 可以大于　　C. 可以小于　　D. 必定等于

E. 可以等于

9. 常用的基本抽样组织形式有（　　）。

A. 简单随机抽样　　B. 分层抽样　　C. 等距抽样　　D. 整群抽样

E. 多阶段抽样

10. 影响样本容量 n 的因素有（　　）。

A. 抽样极限误差　　B. 概论保证度　　C. 总体波动程度　　D. 抽样方法

E. 抽样组织形式

四、判断题

1. 抽样推断中最基本的抽样组织方式是简单随机抽样。（　　）

2. 抽样推断必须遵守的首要原则是随机原则。（　　）

3. 抽样调查的误差可以估计但不可以控制。（　　）

4. 重复抽样在各次试验中每个单位被抽中的机会是不均等的。（　　）

5. 在相同的总体单位数和样本容量的情况下，不重复抽样的样本数目比重复抽样的样本数目要多。（　　）

6. 抽样平均误差是可以用标准差的定义公式计算的。（　　）

7. 在其他条件不变的情况下，提高抽样估计的可靠程度，其精确度将随之扩大。（　　）

8. 在重复抽样且其他条件不变的情况下，若样本容量 n 增加一倍，则抽样平均误差也增加一倍。（　　）

9. 偏差是允许的，而随机误差是不允许的。（　　）

10. 点估计和区间估计效果一样。（　　）

技能实训

1. 从某零件厂生产的全部 800 件产品中随机不重复抽取 50 件进行检验，样本平均重量为 382 克，样本合格率为 97%，重量的样本标准差为 3 克。分别求样本平均重量和样本合格率的抽样平均误差。

2. 某灯泡厂新研制一种新型灯泡即将投产，为检验其耐用时数，随机抽取了 100 只进行检验，按规定灯泡使用时数在 950 小时以上为合格品，有关数据如下表：

耐用时数（小时）	灯泡数 f
950 以下	3
950～1 050	40
1 050～1 150	50
1 150 以上	7
合计	100

根据有关要求，对确定概率保证程度为 95%时的该种产品的平均耐用时数和合格率进行估计。

3. 为调查某学院学生的每月购书支出水平，在全院 $N=1\ 750$ 名学生中，用简单随机抽样的方法抽得一个样本。已知样本均值为 56，样本方差为 826，对每个抽中的学生调查其上个月的购书支出金额，如下表：

样本序号	支出额（元）	样本序号	支出额（元）	样本序号	支出额（元）
1	85	11	20	21	49
2	62	12	75	22	45
3	42	13	34	23	95
4	15	14	41	24	36
5	50	15	58	25	25
6	39	16	63	26	45
7	83	17	95	27	128
8	65	18	120	28	45
9	32	19	19	29	29
10	46	20	57	30	84

(1) 在 95%的置信度下，采用不重复的简单随机抽样，估计该校学生该月平均购书支出额；

(2) 在 95%的置信度下，采用重复的简单随机抽样，估计该校学生该月平均购书支出额；

(3) 如果要求相对误差不超过 10%，以 95%的置信度估计该院学生该月购书支出超出 70 元的人数比例，样本量至少应为多少？

项目五

分析时间数列

1. 熟悉时间数列的概念、作用和种类。
2. 理解时间数列的编制原则。
3. 掌握时间数列水平指标和速度指标的计算方法。
4. 能够结合实际，运用时间数列指标进行长期趋势分析和季节变动分析。

重点：1. 时间数列的编制。

2. 时间数列发展水平指标与发展速度指标的计算。

3. 长期趋势分析与预测。

难点：1. 动态水平指标和速度指标的计算。

2. 运用时间数列指标进行长期趋势分析。

【引导案例】

对现象进行静态的分析，计算相关的指标，能分析社会经济现象在固定的时间点上的状态，在此基础上对现象之间的相互关系进行比较分析，但社会经济现象的规模水平、发展速度和结构比例等是不断发展变化的，仅仅进行静态的分析不能满足了解现象发展变化过程和规律的需求，这就需要我们研究另一种统计分析的方法——动态分析法。

下面我们可以通过一个案例引出本项目，某企业中层管理人员收到了一家知名公司发出的职位邀请，该管理人员对此比较感兴趣，但他为了慎重作出选择，需要了解该公司的经营理念、经营状况、发展前景等信息，如何帮助他进行择业的决策呢？这就需要搜集这家公司近五年来经营的一些基本数据，并进行对比分析（见表 5-1)。

表 5—1　　公司 2008—2012 年某些指标的时间数列

年份	2008 年	2009 年	2010 年	2011 年	2012 年
工业产值（万元）	3 000	3 500	4 100	4 950	6 300
年末职工人数（人）	500	520	555	595	650
产值计划完成程度（%）	100	105	120	132	140
职工月平均工资（元）	1 000	1 670	2 150	2 300	3 000
科技开发投资（万元）	5	6	9	12	16

经过对该公司五年数据的比较分析，可以看出这家公司五年来工业产值不断增长，产值的计划完成程度较高，整体经营状况良好，而且该公司职工平均工资 5 年内增长了 2 倍，科技开发投资增加了 11 万元，很显然这是一家成长型的公司，公司的发展前景很不错，该中层管理者可以考虑接受这家公司的职位邀请。

这是一个利用数据进行动态分析并做出决策的案例，该案例从各指标的发展变化过程进行动态研究，并预见公司的发展变化趋势，主要是通过对时间数列分析来实现的。下面就让我们走进时间数列的世界，一起完成相关的各项任务。

认识时间数列

任务引入

华润集团公司是一家家用电器制造企业，该公司需要制定未来的生产经营规划，这就需要该公司统计近几年生产、销售、投资等各环节的数据，结合这些数据来进行公司发展情况的分析，并根据各环节的变化趋势分析，对未来的发展进行科学的规划。表 5—2 是该公司近三年的主要财务数据统计表。

表 5—2　　华润集团公司近三年的主要财务数据统计表　　单位：亿元

年份	销售收入	净利润	总资产	净资产	资产负债率
2010	230	4	230	107	53%
2011	279	3	287	126	56%
2012	314	5	365	134	63%

要对这些数据进行动态分析，首先需要先认识时间数列，它是计算动态分析指标、考察现象发展变化方向和速度、预测现象发展趋势的基础，下面我们将结合实际的案例，深入地了解时间数列，为后续任务的实施打下基础。

知识学习

一、时间数列的概念

时间数列是指社会经济现象在不同时间上的一系列指标值按时间先后顺序加以排列形成的数列。时间数列反映现象在时间上的动态变化情况，通过一定的方法可以计算动态分析指标，分析现象发展变化的方向和速度，预测现象的发展趋势。为了更好地认识时间数列，下面我们通过一个实例来看看。

【例 5.1】根据中国统计年鉴 2012 年的数据，我们可以把全国城镇总人口数和该人口占城乡人口比例这两个指标值，按时间的先后顺序加以排列，编制我国 2007—2011 年的全国城镇总人口数统计表，如表 5—3 所示。

表 5—3　　2007—2011 年全国城镇总人口数

年　份	2007	2008	2009	2010	2011
年末城镇总人口数（万人）	60 633	62 403	64 512	66 978	69 079
占城乡总人口比例	45.89	46.99	48.34	49.95	51.27

分析：表 5—3 显示的是我国 2007—2011 年全国城镇总人口及其占城乡人口比例两项指标值的时间数列，通过对数列的观察，我们可以发现一个完整的时间数列由两个基本要素组成：一个是被研究现象所属时间的数列，另一个是反映客观现象各个具体指标数值的数列。从这两项指标数值的时间数列，我们可以看出，城镇总人口这 5 年呈上升变化趋势，占城乡总人口的比例也呈上升变化趋势。

编制时间数列的主要目的是开展时间数列分析，了解现象在时间轴上的发展变化过程，评价研究对象现在的状况并对未来进行预测和决策。它是统计的重要方法之一，研究时间数列具有重要的作用。

（1）通过编制和分析时间数列，可以反映社会经济现象的发展变化及结果。

（2）通过编制和分析时间数列，可以深入揭示现象发展变化的数量特征。

（3）通过编制和分析时间数列，可以揭示社会经济现象的数量变化规律，并据以进行科学的统计预测。

(4) 通过编制和分析时间数列，可以在不同对象间进行比较分析。

二、时间数列的种类

前面讲过，根据统计指标的表现形式不同，统计指标有总量指标、相对指标和平均指标三种类型。因此，时间数列按其指标性质不同，可以分为总量指标时间数列、相对指标时间数列和平均指标动态时间数列三大类。其中总量指标时间数列也称绝对数时间数列，是基本数列，相对指标时间数列和平均指标时间数列都是在总量指标时间数列的基础上派生出来的。

(一) 总量指标时间数列

总量指标时间数列是把同一现象总量指标在不同时间上的数值按时间的顺序排列形成的绝对数时间数列。总量指标时间数列按指标所反映的社会经济现象所属时间状况不同，又可分为时期数列和时点数列。

1. 时期数列

时期数列是由现象的时期指标值按时间先后顺序排列后形成的数列，其数列指标是反映现象在一段时间数列内发展过程的总量，例如，企业的总产量、总产值、总成本、销售额、净利润等都是时期指标，这些指标按时间顺序所形成的数列就是时期数列。

【例 5.2】华润公司要制定未来的工资成本预算，这需要根据公司过去几年的工资成本数据来进行分析，我们可以把公司工资成本数据按一定的时间顺序排列，编制该公司工资成本的时间数列（见表 5—4），并对该时间数列进行分析。

表 5—4 **企业近五年工资成本** 单位：万元

年份	2008	2009	2010	2011	2012
工资成本	125	132	156	183	202

分析：该公司的工资成本反映的是一年的工资费用总量，是按各月进行累计计算的工资总量指标值。各年的工资成本具有可加性，相加得到的数值表明现象各年的工资成本累计总额。工资成本的数值与时期相对应，如统计时期为月，则得到月工资成本，统计时期为季，则得到季工资成本，统计时期越长，工资成本的数值就越大。因此公司的工资成本是时期指标，把该公司工资成本按年排列形成的数列，就是时期数列。

从上面的案例可以看出时期数列具有如下特点。

(1) 时期数列具有连续统计的特点，由于时期指标是反映现象在一段时间内的发展过程总量，因而必须在这段时间内把现象发生的数量逐一登记，并进行累计得到所需要的指标值。

(2) 时期数列中各个指标数值具有可加性，相加所得数值表明现象在更长一个时期的数值。例如，月度工资成本相加得到季度工资成本，季度工资成本相加得到年度工资成本。

（3）时期数列中各个指标数值的大小与其所包括时期的长短有直接关系，一般指标所属时期越长，指标值越大。

2. 时点数列

时点数列是由现象的时点指标值按时间先后顺序排列后形成的数列，反映现象在某一时点上总量水平的时间数列。例如，职工人数、商品库存数、库存现金数等都是时点指标。

【例 5.3】华润公司的人力资源部要对生产部门的工人人数变动情况进行分析，这需要根据公司过去几年的工人人数数据来进行分析，我们可以把公司生产部门工人人数数据按一定的时间顺序排列，编制该公司生产部门工人人数的时间数列（见表 5—5），并对该时间数列进行分析。

表 5—5　　公司近五年生产部门工人人数表

年份	2008	2009	2010	2011	2012
工人人数（人）	2 150	2 310	2 540	2 670	2 820

分析：该公司的工人人数反映各年年末这一时点上的工人人数总量，工人人数在一年内的各月均可能发生变化，要对这一指标值进行统计，必须统一约定年末这一固定的时间点。各年的工人人数不具有可加性，各年末统计的工人人数总量，是从上年末开始，经过一年的变化后，再统计当年年末的瞬间数值。该指标数值的大小与时间长短没有直接关系，因此公司生产部门的工人人数是时点指标，把该公司生产部门的工人人数按年排列形成如表 5—5 所示的数列，就是时点数列。

从上面的案例分析可以看出，时点数列有如下几个特点。

（1）时点数列中各个指标数值不具有可加性。由于时点数列中每个指标都是某一时间点上瞬间现象的数量，相加后不具有实际经济意义。

（2）时点数列中各个指标数值的大小与其时间隔长短没有直接联系。在时点数列中两个相邻指标在时间上的距离叫做“间隔”，间隔反映的是时点指标发生变化的时间。时点指标是经过间隔期的变化后反映的瞬间量，因而现象时间间隔的长短一般与指标值的大小没有直接关系。

需要注意的是，如果现象本身存在长期变化趋势，即使是时点数列，现象时间间隔的长短与指标值的大小也会有一定的联系，根据长期变化趋势呈现长期增长或长期下降的不同变化。

小思考

时点数列的各指标值大小为什么一般与时间间隔没有直接关系？在什么情况下二者会发生联系？

（3）时点数列中各个指标值不具有连续统计的特点。时点数列是采用时间间断登记的方式获得的，只需要约定统计的时间点，在该时间点上进行指标的数值统计，取得时点资料，不必连续统计。例如，公司资产负债年表中的各项资产额，就是在各年的年末取得的时点资料。

（二）相对指标时间数列

相对指标时间数列是把某一相对指标数值按时间顺序排列后形成的相对数时间数列，它反映社会经济现象之间相互联系的发展过程和趋势，它是由两个总量指标时间数列对比派生的数列。

【例 5.4】华润公司的财务部要根据公司近几年流动资产在总资产中的结构变化情况，分析公司资产的流动性变化趋势，这需要根据公司过去几年流动资产占总资产比重的数据来进行分析，我们可以把公司流动资产占总资产比重的数据按一定的时间顺序排列，编制时间数列（见表 5—6），并对该时间数列进行分析。

表 5—6　　公司近五年流动资产占总资产的比重

年份	2008	2009	2010	2011	2012
流动资产占总资产的比重（%）	31	33	37	42	45

分析：表 5—6 的时间数列，是由流动资产和总资产这两个总量指标对比所形成的流动资产结构比重这一相对指标，按年排列所形成的，这个数列就是一个相对指标时间数列，这个案例中相对比的两个总量指标均为时点指标。

构建相对指标时，相对比的两个总量指标可以是时期指标，也可以是时点指标，这要根据我们希望构建的相对指标的具体情况来定。根据相对比的总量指标性质的不同，我们可以构建如下几种相对数时间数列。

（1）由两个不同时期数列相应数值对比得出的相对数时间数列。

（2）由两个时点数列相应数值对比得到的相对数时间数列。

（3）由一个时点数列和一个时期数列的相应数值对比得来的相对数时间数列。

相对指标数列中，各指标值的计算基础不同，导致相对指标时间数列具有不可相加性。

（三）平均指标时间数列

平均指标时间数列是把某一平均指标值按时间先后顺序排列形成的平均数时间数列，它是用来反映社会经济现象一般水平的发展变动趋势。平均数一般也表现为两个绝对指标之比，因此，平均数时间数列也可以看作是由绝对数时间数列派生出来的。平均指标时间数列中的数值也具有不可相加性。

统计分析中，往往把这三种时间数列结合起来运用，以便对社会经济现象发展过程进行全面分析。

三、时间数列的编制原则

编制时间数列的目的，是通过数列中各个时期指标值的对比，分析社会经济现象的发展变化及其规律。因此，保持时间数列中各指标值的可比性，是编制时间数列的基本原则。

（一）时间长度统一

为了根据数列指标值的变化作出正确判断，准确地反映现象的发展趋势和变化规律，时间数列应保持时间的可比性，时期数列的时期跨度保持一致，时点数列的时点间隔保持一致。

（二）总体范围统一

不同时期的研究对象范围要一致，这样比较才有意义，因为无论是时期指标时间数列还是时点指标时间数列，指标值的大小与现象总体范围有密切关系。例如，重庆列为直辖市使四川省的行政区划发生了变化，研究四川省的人口发展情况，要考虑到这种变动会使人口数发生变化。如果不考虑这种变化，则对比前后的各个指标数值所属的总体空间范围不一致，数值就不能直接进行对比了。此时需要对时间数列按空间范围进行数值调整，使总体范围前后达到一致，然后再作时间数列的分析。

（三）计算口径统一

指标采用的计算方法、使用的计量单位、确定的计算价格不同，就不具有可比性，因此各个指标值的计算口径要保持前后一致。例如，企业发出存货的计价方法有移动平均法、先进先出法、加权平均法等方法，三种方法计算的存货成本存在差异。所以，在编制发出存货成本时间数列时，应注意各期发出存货成本的计算方法要统一。企业研究劳动生产率时，计算劳动生产率的产量可以用实物计量单位，也可以用价值计量单位。如果使用实物计量单位，则各期均应统一使用实物计量单位，确保前后各期的统一；如果使用价值计量单位，就涉及是以历史成本计价还是以公允价值计价，在同一时间数列中，各指标值的计价方法应该保持一致。

（四）经济内容统一

即使经济指标的名称是相同的，其所包含的经济内容也有可能不一样。在实际工作中应注意不同历史时期、不同国家或地区的同一指标经济内容的一致性。例如，我国会计核算中对产品成本的界定，因各时期的要求不同，经济内容就不同，1993 年以前内容界定为完全成本，1993 年以后界定为制造成本。当名称相同但经济内容不同的指标，编制时间数列进行比较时，就需要对这些指标加以区别和调整，这才具有可比性。

保证时间数列中各个时期（时点）指标数值的可比性是认识客观事物发展变化的原则。但是任何事物绝对可比是不存在的，在利用时间数列进行动态分析时，只要能满足统计研究目的的基本要求，就可视为可比。

任务实施

通过任务一的学习，我们对时间数列有了一定的认识，下面结合我们掌握的时间数列的基本知识，来帮华润公司分析一下财务数据统计表中的各时间数列，为华润公司进一步的分析打下基础。

(1) 华润公司的统计表是将各指标值按时间顺序排列而形成的，具有两个要素：一个是研究对象的所属年度，一个是研究对象各年度的具体指标数值，因此构成了五个时间数列。

(2) 华润公司的五个时间数列所属的种类不同，其中销售收入和净利润这两个指标是时期指标，其所构成的时间数列是时期数列，总资产和净资产这两个指标是时点指标，其所构成的时间数列是时点数列，资产负债率是总负债和总资产这两个时点指标相对比形成的相对指标，其所构成的时间数列是相对指标数列。

(3) 各项财务数据的计算以企业准则对会计核算的要求为依据，时间、口径、范围和内容保持一致，使得时间数列的编制符合可比性的原则，能开展后面的分析比较和研究。

分析时间数列的水平

任务引入

华润集团公司决定对公司销售部进行业绩的考核，并根据业绩考核实施绩效工资，公司需要制定出业绩考核的相关指标，故要求财务部对公司近几年产品销售的发展水平进行分析，并提供相关分析计算数据。表 5—7 为华润集团公司近五年的产品销售额。

表 5—7　　华润集团公司近五年产品销售额统计表　　单位：亿元

年份	2008	2009	2010	2011	2012
产品销售额	160	185	230	279	314

在编制表 5—7 时间数列的基础上，财务部需要公司产品销售额的发展情况，揭示销售额发展的规律，基本的方法就是通过对比分析计算产品销售额的动态水平指标，来反映产品销售额在不同时间上的发展水平，这些指标包括发展水平、平均发展水平、增长量、平均增长量。

要解决这项任务，首先需要根据上一项任务学习的知识，判断时间数列的性质，在此基础上，需要根据时间数列中的指标数值来分析计算出公司近五年的平均销售水平和平均销售增长量，作为制定销售业绩考核的标准。而任务中对平均销售水平和平均销售增长量的计算，是本项任务中需要解决的，下面让我们一起来学习分析时间数列的水平，帮助华润公司完成任务。

知识学习

一、发展水平

（一）发展水平的概念

要分析时间数列的水平，我们先要来认识发展水平这个概念，在时间数列中每一项具体指标数值就是发展水平，它又称为发展量，是社会经济现象在各个时期内实际达到的规模或水平。发展水平是计算其他时间数列分析指标的基础，多用 a_i 表示。a_i 可以是绝对数，也可以是相对数或平均数。a_i 在各对应的时间上具体表示为 $a_0,a_1,a_2,\cdots\cdots,a_{n-1},a_n$。

（二）发展水平的分类

（1）根据各发展水平在时间数列中的地位和作用来划分，可分为最初水平、中间水平、最末水平。最初水平就是时间数列中第一项指标值，用 a_0 表示；最末水平就是时间数列中最后一项指标值，用 a_n 表示；除了最初水平和最末水平以外的各项水平称为中间水平。

（2）根据其在动态分析中所起的作用不同来划分，可分为基期水平和报告期水平。基期水平是指作为对比基础时期的发展水平；报告期水平是指在对比两个时期发展水平时，所研究时期的发展水平，也称计算期水平。发展水平的种类不是固定不变的，随着研究目的变化可能发生变化，现在的报告期水平，可能是将来的基期水平，基期和报告期将根据研究的需要而定。一个数列的最末水平，也可能为另一个数列的最初水平。

二、平均发展水平

（一）平均发展水平的概念

平均发展水平是将现象的发展水平在不同时间上的数量差异抽象化得到的平均数，反映现象在一段时期内的一般发展水平，又称为序时平均数或动态平均数，它是将整个时间数列作为一个整体，反映这个整体的一般水平。

小思考

平均发展水平是一个序时平均数，它与前面学习的静态平均数有什么联系和区别？

（二）分析平均发展水平

现象的发展水平具有不同特点，需要用不同的方法计算，发展水平有总量指标、相对指标和平均指标，总量指标又有时期指标和时点指标，所以计算序时平均数的方法也因发展水平的性质不同而有差异，其中总量指标序时平均数是最基本的序时平均数，其他的序时平均数都是在总量指标序时平均数的基础上计算而得的。

1. 根据时期数列计算序时平均数

由于时期数列具有可加性，因此可以采用简单算术平均的方法计算序时平均数，即将时期数列中研究范围内的各项发展水平之和除以时期项数来得到。用公式表示为：

$$\overline{a}=\frac{a_1+a_2+a_3+\cdots+a_{n-1}+a_n}{n}=\frac{\sum a}{n} \tag{5.1}$$

式中，$\overline{a}$ 代表平均发展水平，a_i 代表各期发展水平，n 代表时期项数。

【例 5.5】华润公司 2012 年下半年各月销售收入统计如表 5—8 所示，请计算该公司销售收入的平均发展水平。

表 5—8　　华润公司 2012 下半年各月销售收入统计表　　单位：亿元

月份	7	8	9	10	11	12
销售收入	25	35	20	30	32	31

分析：华润公司销售收入按月排列所形成的时间数列为时期数列，具有可加性，可按公式（5.1）直接计算销售水平的序时平均数。

解：

$$\overline{a}=\frac{a_1+a_2+a_3+\cdots+a_n}{n}=\frac{\sum a}{n}$$

$$=\frac{25+35+20+30+32+31}{6}$$

$$=28.83\text{（亿元）}$$

2. 根据时点数列计算序时平均数

要取得连续时点资料，非常繁杂难以实现，也不符合经济原则。因此在统计实践中，通常把“天”作为最小时间单位，根据每日时点资料编制成时间数列，或只在发生变动时登记变化时点数据，称为连续性时点数列。根据较长时间间隔的时点资料编制成时间数列，称为间断时点数列。不管是连续性时点资料，还是间断性时点资料，都可分为间隔相等和间隔不等两种情况，不同情况的资料计算序时平均数的方法也有所不同。

（1）连续性时点数列求序时平均数。

①间隔相等的连续性时点数列序时平均数的计算。这种数列的特点是相邻两个时点的间隔都是 1 日，即连续每日登记的时点资料。计算序时平均数也使用简单算术平均数的方法，即将各时点的指标数值相加，然后除以时点的个数或日数。公式为：

$$\overline{a}=\frac{a_1+a_2+a_3+\cdots+a_{n-1}+a_n}{n}=\frac{\sum a}{n} \tag{5.2}$$

从公式来看与时期数列的序时平均数表达式相同，但式中各字母所代表的含义不同，$\overline{a}$ 代表序时平均数，a_i 代表各时点数值，n 代表时点个数或日数。

【例 5.6】华润公司销售部每周需要对销售人员的出勤情况进行考核，计算该周平均日出勤人数，2012 年 5 月第一周销售部每日出勤人数统计见表 5—9。

表 5—9　　华润公司销售部 2012 年 5 月第一周出勤人数统计

时间	周一	周二	周三	周四	周五
出勤人数	251	250	248	251	250

分析：华润公司销售部每周按日期统计的出勤人数，统计间隔为 1 日，属于间隔相等的连续性时点数列，因为数据逐日登记，也可采用算术平均数的方法进行计算。

$$\bar{a}=\frac{a_1+a_2+a_3+\cdots+a_n}{n}=\frac{\sum a}{n}$$

$$=\frac{251+250+248+251+250}{5}=250\text{（人）}$$

②间隔不等的连续性时点数列序时平均数的计算。这种数列的特点是相邻两个时点的间隔日数不相等，即没有每日连续登记时点资料，只在现象发生变动时登记时点资料。计算序时平均数时，须以两个时点的间隔日数为权数进行加权平均计算。公式为：

$$\bar{a}=\frac{a_1f_1+a_2f_2+\cdots+a_{n-1}f_{n-1}+a_nf_n}{f_1+f_2+\cdots+f_{n-1}+f_n}=\frac{\sum af}{\sum f} \tag{5.3}$$

式中，$\bar{a}$ 代表序时平均数，a_i 代表各时点指标数值，f 代表时点间隔日数。

【例 5.7】华润公司库房需要掌握产成品的库存数量情况，公司按月进行产成品库存数量的统计，该公司 6 月产成品库存情况如表 5—10 所示，请计算该公司 6 月产成品序时平均库存量。

表 5—10　　华润公司 6 月产成品库存情况统计表　　单位：万件

变动日期	1 日	4 日	16 日	20 日	22 日	25 日	28 日	31 日
库存量	30	35	25	20	18	10	6	4

分析：华润公司产成品库存由于出入库，会发生变化，要进行统计需要确定时间点，因此该数据属于时点指标，该时点指标不是每日发生变动的，所以没有逐日统计，只在发生变化时进行统计，此时所形成的时间数列是间隔不等的连续时点数列，使用加权平均法计算序时平均数。

则该公司 6 月产成品库存量的序时平均数为：

$$\bar{a}=\frac{\sum af}{\sum f}=\frac{30\times3+35\times12+25\times4+20\times2+18\times3+10\times3+6\times3+4\times1}{3+12+4+2+3+3+3+1}$$

$$=24.39\text{(万件)}$$

(2) 间断性时点数列求序时平均数。

①间隔相等的间断性时点数列序时平均数的计算。该数列的特点是按相等的时间间隔进行数据的统计，可以采用简单平均的方法，求得相邻两时点之间的序时平均数，即把相邻两个时点指标数值相加后除以 2。然后，根据这些相邻时点间的序时平均数，使用简单

算术平均法，求得整个数列的序时平均数。

$$\bar{a}=\frac{\frac{a_1+a_2}{2}+\frac{a_2+a_3}{2}+\cdots+\frac{a_{n-2}+a_{n-1}}{2}+\frac{a_{n-1}+a_n}{2}}{n-1}$$

$$=\frac{\frac{a_1}{2}+a_2+\cdots+a_{n-1}+\frac{a_n}{2}}{n-1} \tag{5.4}$$

式中，$\bar{a}$ 代表序时平均数，a_i 代表各时点指标数值，n 代表时点数列项数。

【例 5.8】华润公司财务部要掌握库存现金的平均库存量，进行库存现金的管理，表 5—11 是该公司 2012 年各月末库存现金量的统计表，华润公司上年末的库存现金为 300 万元。请计算华润公司 2012 年全年的库存现金序时平均数。

表 5—11　　华润公司 2012 年各月末库存现金统计表　　单位：万元

时间	1	2	3	4	5	6	7	8	9	10	11	12
现金库存额	700	900	1 000	900	500	800	600	1 000	400	900	800	200

分析：华润公司的库存现金量是时点指标，该指标按月进行统计所形成的时间数列，是间隔相等的间断性时点数列，下面根据华润公司 2012 年的库存现金各月统计数据，计算库存现金的月平均库存量。

$$\bar{a}=\frac{\frac{a_1}{2}+a_2+\cdots+a_{n-1}+\frac{a_n}{2}}{n-1}$$

$$=\frac{\frac{300}{2}+700+900+1000+900+500+800+600+1000+400+900+800+\frac{200}{2}}{13-1}$$

$=729.17$（万元）

②间隔不等的间断性时点数列序时平均数的计算。该数列的特点是时点数据按不相等的时间间隔进行统计。计算其序时平均数需要假定相邻两个时点指标之间变动是均匀的，先用简单平均法求出相邻时点指标的系列序时平均值，然后以间隔时间长度为权数，对这些平均数计算加权算术平均数，求其平均发展水平。

$$\bar{a}=\frac{\sum\bar{a}f}{\sum f}=\frac{\frac{a_1+a_2}{2}f_1+\frac{a_2+a_3}{2}f_2+\cdots+\frac{a_{n-1}+a_n}{2}f_{n-1}}{\sum f} \tag{5.5}$$

式中，$\bar{a}$ 代表序时平均数，a_i 代表各时点指标数值，f 代表各时点间隔时间（即权数）。

【例 5.9】华润公司运输队需要计算 2012 年的月平均耗油量，该公司 2012 年的耗油量统计如表 5—12 所示，请帮助华润公司完成该项任务。

表 5—12　　华润公司运输队 2012 年耗油量统计表　　单位：升

时间	1 月 1 日	3 月 1 日	7 月 1 日	8 月 1 日	10 月 1 日	12 月 31 日
耗油量	5 100	5 600	6 100	5 300	5 400	5 200

分析：华润公司运输队的耗油量是时点指标，该指标按不相等的时间间隔进行数据统

计，该公司各月耗油量的变化比较均匀，下面根据统计表帮助华润公司运输队完成计算月平均耗油量的任务。

$$\bar{a}=\frac{\frac{5\,100+5\,600}{2}\times 2+\frac{5\,600+6\,100}{2}\times 4+\frac{6\,100+5\,300}{2}\times 1+\frac{5\,300+5\,400}{2}\times 2+\frac{5\,400+5\,200}{2}\times 3}{2+4+1+2+3}$$

$$=\frac{66\,400}{12}=5\,533.33\text{（升）}$$

3. 由相对指标或平均指标计算序时平均数

相对指标或平均指标时间数列是由互相联系的两个总量指标时间数列对比计算求得的，是派生数列，计算平均发展水平时，不能根据数列中的各项数据直接计算序时平均数，要根据数列的性质，分别计算分子、分母两个总量指标时间数列的序时平均数，然后加以对比。总量指标时间数列的序时平均数计算是相对指标或平均指标时间数列序时平均数计算的基础。公式表示如下：

$$\bar{c}=\frac{\bar{a}}{\bar{b}} \tag{5.6}$$

式中，等式左边 $\bar{c}$ 代表相对指标或平均指标的序时平均数，右边分子、分母分别代表分子项 $\bar{a}$ 和分母项 $\bar{b}$ 总量指标的序时平均数。在这里 a、b 作为总量指标时间数列（时点或时期）有三种可能：

（1）分子分母都是时期数列计算序时平均数。公式表示如下：

$$\bar{c}=\frac{\bar{a}}{\bar{b}}=\frac{\frac{\sum a}{n}}{\frac{\sum b}{n}}=\frac{\sum a}{\sum b} \tag{5.7}$$

【例 5.10】华润公司根据生产指标计划完成情况对生产环节进行业绩考核，公司一个季度考核一次，表 5—13 是华润公司 2012 年第一季度生产计划完成情况统计表，请计算华润公司第一季度的月平均生产计划完成比。

表 5—13　　　华润公司 2012 年第一季度生产计划完成情况统计表

时 间	1月	2月	3月
实际完成数（件）a	1 245	1 358	1 980
计划数（件）b	1 100	1 250	1 780
计划完成百分比（%）c	113.18	108.64	111.24

分析：计划完成百分比是由实际生产量除以计划生产量得到的，实际生产量和计划生产量均为时期指标，要求计划完成百分比的序时平均数，先要求出实际生产量的序时平均数和计划生产量的序时平均数，再对比求出计划完成比的序时平均数。

$$\bar{c}=\frac{\bar{a}}{\bar{b}}=\frac{(1\,245+1\,358+1\,980)\div 3}{(1\,100+1\,250+1\,780)\div 3}=110.97\%$$

（2）分子分母都是时点数列计算序时平均数。公式表示如下：

$$\overline{c}=\frac{\overline{a}}{\overline{b}}=\frac{\left(\frac{a_1}{2}+a_2+\cdots+a_{n-1}+\frac{a_n}{2}\right)\Big/(n-1)}{\left(\frac{b_1}{2}+b_2+\cdots+b_{n-1}+\frac{b_n}{2}\right)\Big/(n-1)} \tag{5.8}$$

【例 5.11】华润公司需要了解生产环节熟练工人的结构情况，公司按季度进行统计分析，表 5—14 是 2012 年公司第三季度熟练工人占工人总数的结构百分比统计表。请计算华润公司该季度的熟练工人结构百分比序时平均数。

表 5—14　　华润公司 2012 年第三季度熟练工人结构百分比统计表

时间	6 月 30 日	7 月 31 日	8 月 31 日	9 月 30 日
熟练工人数	650	675	698	712
工人总数	815	830	834	854
熟练工人占工人总数的百分比（%）	79.75	81.33	83.69	83.37

分析：华润公司的熟练工人占工人总数的结构百分比，是由熟练工人数除以工人总数求得的，这两个总量指标均为时点指标，要计算结构百分比的序时平均数，要先按时点指标的序时平均数计算方法，分别计算熟练工人的序时平均数和工人总数的序时平均数，再对比求出结构百分比的序时平均数。

$$\overline{c}=\frac{\overline{a}}{\overline{b}}=\frac{\left(\frac{650}{2}+675+698+\frac{712}{2}\right)\div 3}{\left(\frac{815}{2}+830+834+\frac{854}{2}\right)\div 3}=82.21\%$$

（3）分子分母分别是时期数列和时点数列计算序时平均数。公式表示如下：

$$\overline{c}=\frac{\overline{a}}{\overline{b}}=\frac{(a_1+a_2+\ldots+a_{n-1}+a_n)/n}{\left(\frac{b_1}{2}+b_2+\cdots+b_{n-1}+\frac{b_n}{2}\right)\Big/n} \tag{5.9}$$

【例 5.12】库存商品的周转速度是企业经营能力分析的一项重要指标，华润公司每个季度都要对公司的库存商品周转速度进行分析，表 5—15 是该公司 2012 年第一季度相关数据的统计表。请计算华润公司该季度平均商品流转次数。

表 5—15　　华润公司 2012 第一季度商品销售额和库存额统计表

时间	1 月	2 月	3 月	4 月
商品销售额（万元）	90	160	250	
月初商品库存额（万元）	45	55	65	75

分析：库存商品周转速度指标可以用库存商品周转次数来反映，该指标是用商品的销售额除以库存商品的平均库存额求得的，其中销售额是时期指标，商品库存额是时点指标。要求出平均商品流转次数，分析库存商品的平均流转速度水平，应分别按分子数列和分母数列求出序时平均数，再对比求出库存商品平均周转次数。

$$\overline{c}=\frac{(90+160+250)\div 3}{\left(\frac{45}{2}+55+65+\frac{75}{2}\right)\div 3}=2.78\,(次)$$

三、增长水平

增长水平也称增长量，它是报告期发展水平与基期发展水平之差，用来说明某种社会现象在一定时期内所增长的绝对数量。计算公式如下：

增长水平＝报告期水平－基期水平

确定增长水平时，基期水平可以是某一固定水平，也可以是报告期的前一期，报告期水平与固定基期水平相减所确定的增长水平，称为累计增长水平，说明现象在某一时期内的总增长水平；报告期水平与报告期前一期水平相减所确定的增长水平，称为逐期增长水平，说明现象逐期增长的数量。

（一）逐期增长水平

逐期增长水平可表示如下：

$$a_1-a_0,a_2-a_1,a_{n-1}-a_{n-2},a_n-a_{n-1}$$

（二）累计增长水平

累计增长水平可表示如下：

$$a_1-a_0,a_2-a_0,\cdots,a_n-a_0$$

在增长水平的计算中，由于报告期水平可以大于基期水平，也可以等于或小于基期水平，所以增长水平可以是正值，也可以是零或负值，它们分别表示正增长、零增长或负增长。

（三）两种增长水平的联系

逐期增长水平和累计增长水平，是分别根据不同的基期计算的，但它们之间存在一定的联系，这种联系可用公式表示为：

1. 累计增长水平等于相应时期逐期增长水平之和

$$(a_1-a_0)+(a_2-a_1)+\cdots+(a_{n-1}-a_{n-2})+(a_n-a_{n-1})=a_n-a_0 \qquad (5.10)$$

2. 相邻两期累计增长水平之差等于相应时期的逐期增长水平

$$(a_n-a_0)-(a_{n-1}-a_0)=a_n-a_{n-1} \qquad (5.11)$$

【例 5.13】华润公司近六年的产值统计如表 5—16 所示，华润公司希望分析近六年公司生产的发展情况，了解产品生产的增长变化，请帮助华润公司计算产值的增长水平，完成该项任务。

表 5—16　　华润公司近六年的产值统计表　　单位：亿元

时间	2007	2008	2009	2010	2011	2012
产值	125	134	149	165	182	210

分析：要分析华润公司产值的增长情况，可以通过计算该公司的产值逐期增长水平和累计增长水平两个指标，该两项指标计算见表 5—17。

表 5—17　　华润公司产值增长水平计算表　　单位：亿元

时间		2007	2008	2009	2010	2011	2012
产值		125	134	149	165	182	210
增长量	逐期	—	9	15	16	17	28
	累计	—	9	24	40	57	85

（四）年距增长水平

此外，在日常实际统计工作中，为了消除季节变动带来的影响，也经常计算本期发展水平较上年同期发展水平的增长数量，这一指标称为年距增长水平，即

年距增长水平＝本期发展水平－上年同期发展水平

小思考

现象的逐期增长水平和累计增长水平之间有什么样的联系？

四、平均增长水平

平均增长水平也称平均增长量，是对各逐期增长水平简单平均的结果，说明社会经济现象在一定时期内平均每期增长的数量，也属于序时（动态）平均数范畴。即平均增长水平是逐期增长水平的序时平均数，它既可以用逐期增长水平之和除以逐期增长水平的项数求得，也可以用全期累计增长水平除以时间数列中发展水平的项数减 1 求得。计算公式如下：

$$平均增长水平=\frac{逐期增长水平之和}{逐期增长水平个数}=\frac{累计增长水平}{时间数列项数-1}$$

【例 5.14】根据表 5—17 的数据计算华润公司产值的平均增长水平。

分析：华润公司近六年的产值平均增长水平可以使用两种方法进行计算，一种是使用逐期增长水平之和计算，另一种是使用累计增长水平计算。下面分别用两种方法帮助华润公司计算产值平均增长水平。

$$\overline{a}=\frac{逐期增水平之和}{逐期增长水平个数}=\frac{9+15+16+17+28}{5}=17(亿元)$$

$$或\ \overline{a}=\frac{累计增长水平}{时间数列项数-1}=\frac{85}{6-1}=17(亿元)$$

由此可知，华润公司产值平均每年增长 17 亿元。

任务实施

通过任务二的学习，我们学习了各种指标构成的时间数列发展水平指标的计算方法，下面我们使用这些技能，帮助华润公司完成近五年的销售额时间数列发展水平分析，通过

相关指标计算，对该公司的销售部业绩进行考核。

华润公司的销售额是时期指标，统计表中将该指标按年进行统计，形成的时间数列是时期指标时间数列，从销售额各年的发展水平来看，公司的销售部销售业绩呈增长的变化，销售额逐年增长。

1. 华润公司销售额平均发展水平计算

销售额形成的时间数列是时期指标时间数列，计算序时平均水平采用简单算术平均法进行计算。

$$\overline{a}=\frac{a_1+a_2+\cdots+a_{n-1}+a_n}{n}$$

$$=\frac{160+185+230+279+314}{5}$$

$$=233.6\text{（亿元）}$$

该公司近五年的年平均销售额为233.6亿元。

2. 华润公司销售额的增长水平计算

如表5-18所示。

表5—18　华润公司销售额增长水平计算表　　单位：亿元

时间		2007	2008	2009	2010	2011	2012
销售额		141	160	185	230	279	314
增长量	逐期	—	19	25	45	49	35
	累计	—	19	44	89	138	173

3. 华润公司销售额的平均增长水平计算

$$\overline{a}=\frac{\text{逐期增长水平之和}}{\text{逐期增长水平个数}}=\frac{19+25+45+49+35}{5}=34.6\text{(亿元)}$$

$$\text{或}\ \overline{a}=\frac{\text{累计增长水平}}{\text{时间数列项数}-1}=\frac{173}{6-1}=34.6\text{(亿元)}$$

分析时间数列的速度

任务引入

通过任务二的学习，华润集团公司解决了对销售额时间数列的发展水平分析任务，从销售额指标的绝对数变化能分析出销售额增长或减少的发展变化水平。如果华润公司希望进一步分析销售额在不同时间上的动态情况，确定指标发展及增长的快慢及幅度，则需要根据销售额的发展水平和增长水平来计算反映销售额时间数列速度的相关指标。

要解决这项任务，首先需要根据上一项任务学习的知识，根据时间数列中的指标数值来分析计算出公司近五年的平均销售水平和平均销售增长量，在此基础上，计算公司销售额的发展速度、增长速度、平均发展速度和平均增长速度。下面让我们一起来学习分析时间数列的速度，帮助华润公司完成任务。

知识学习

一、时间数列的发展速度

发展速度是指某种社会经济现象报告期水平与基期水平之比，属于动态相对数，反映某种现象的发展方向和速度。发展速度是反映社会经济现象发展快慢的相对指标。用两个不同时期的发展水平相对比而求得，一般用百分比来表示。计算公式如下：

$$发展速度=\frac{报告期发展水平}{基期发展水平}$$

发展速度一般用百分比表示，大于 1 表示发展方向为上升，小于 1 表示发展方向为下降。如发展速度很大时也可以用倍数表示，例如，国家政府工作报告中提到的国民生产总值“翻两番”，就是以倍数关系表示国民生产总值的发展速度。

由于对比基期的选择不同，发展速度又可分为定基发展速度和环比发展速度。

（一）定基发展速度

定基发展速度是时间数列中各报告期发展水平与某一固定基期发展水平（固定基期一般是最初水平 a_0，有时可以是某一特殊水平）之比，反映现象在一个较长时期内的总发展变动程度。因此，定基发展速度又称为总发展速度。其计算公式如下：

$$定期发展速度=\frac{报告期发展水平}{固定基期发展水平}$$

用符号表示为：$\frac{a_1}{a_0},\frac{a_2}{a_0},\cdots,\frac{a_{n-1}}{a_0},\frac{a_n}{a_0}$

（二）环比发展速度

环比发展速度是时间数列中报告期发展水平与前一期发展水平之比。反映现象逐期发展变动的程度，表示现象的短期变动。如果计算的单位时间为一年，这个指标也可叫做年速度。其计算公式为：

$$环比发展速度=\frac{报告期发展水平}{报告期前一期发展水平}$$

用符号表示为：$\frac{a_1}{a_0},\frac{a_2}{a_1},\cdots,\frac{a_{n-1}}{a_{n-2}},\frac{a_n}{a_{n-1}}$

（三）定期发展速度与环比发展速度二者的联系

定期发展速度与环比发展速度二者存在数量关系，可以相互推算。

1. 环比发展速度的连乘积等于相应时期的定基发展速度

该数量关系可用公式表示如下：

$$\frac{a_1}{a_0}\times\frac{a_2}{a_1}\times\cdots\frac{a_{n-1}}{a_{n-2}}\times\frac{a_n}{a_{n-1}}=\frac{a_n}{a_0} \tag{5.12}$$

2. 相邻两个时期的定基发展速度之比等于相应时期的环比发展速度

该数量关系可用公式表示如下：

$$\frac{a_n}{a_0}\div\frac{a_{n-1}}{a_0}=\frac{a_n}{a_{n-1}} \tag{5.13}$$

【例 5.15】华润公司欲分析 A 类产品产量的发展速度，表 5—19 是该公司近六年的 A 类产品产量统计表，请分析该公司 A 类产品产量发展程度。

表 5—19　　华润公司 A 类产品产量统计表

年份	2007	2008	2009	2010	2011	2012
A 类产品产量（万台）	310	360	420	460	510	600

分析：将 A 类产品的产量按年排列形成时期序时数列，用产量指标时间数列可以计算发展水平和增长水平指标，来分析该类产品的发展绝对量，在此基础上要分析该类产品的产量发展方向和程度，需要计算发展速度指标。该指标根据对基期数据选择的不同，可以计算两种发展速度，华润公司 A 类产品产量发展速度指标计算如表 5—20 所示。

表 5—20　　华润公司 A 类产品产量发展速度计算表

年份	2007	2008	2009	2010	2011	2012
A 类产品产量（万台）	310	360	420	460	510	600
定基发展速度（%）	—	116.13	135.48	148.39	164.52	193.55
环比发展速度（%）	—	116.13	116.67	109.52	110.87	117.65

从表中可以看出，华润公司以 2007 年作为基年比较，各年的产量呈上升变化且上升得越来越快，以报告期前一期数据作为基期数据比较，总体呈上升的变化，但从各年的分析可以看出，发展的速度会有上下的波动。

（四）年距发展速度

在实际统计工作中，对于具有季节性变化的社会经济现象，为了消除季节性变动的影响，以便正确反映研究对象的实际发展速度，通常计算年距发展速度，用来说明本年报告期发展水平与去年同期发展水平对比的发展速度。其计算公式为：

$$年距发展速度=\frac{本年某月（季）发展水平}{去年同月（季）发展水平}$$

二、时间数列的增长速度

增长速度又称为增减速度，是报告期增长量与基期发展水平之比，是表明社会经济现象增长程度的相对指标。其计算公式为：

$$增长速度=\frac{增长水平}{基期发展水平}=\frac{报告期发展水平-基期发展水平}{基期发展水平}$$
$$=发展速度-1$$

增长速度一般用百分数表示。当发展速度大于1时，增长速度为正值，表示现象增加的程度；当发展速度小于1时，增长速度为负值，表示现象减少的程度。由于基期选择的不同，增长速度分为环比增长速度和定基增长速度。

（一）定基增长速度

定基增长速度是报告期的累计增长水平与某一固定基期发展水平（通常为最初水平）之比，表明某种现象在一段时期内总的增长速度。其计算公式为：

$$定基增长速度=\frac{累计增长水平}{某一固定基期的发展水平}$$
$$=\frac{报告期发展水平-某一固定基期的发展水平}{某一固定基期的发展水平}$$
$$=定基发展速度-1$$

（二）环比增长速度

环比增长速度是将基期定为报告期的前一期，用报告期的逐期增长量与报告期前一期的发展水平对比而得，反映现象的逐期增长程度。

$$环比增长速度=\frac{逐期增长水平}{报告期前一期的发展水平}$$
$$=\frac{报告期发展水平-报告期前一期的发展水平}{报告期前一期的发展水平}$$
$$=环比发展速度-1$$

【例5.16】仍以华润公司A类产品产量的统计数据为例，帮助该公司分析A类产品产量增长程度。

分析：要分析A类产品产量增长程度，需要计算增长速度指标，该指标根据对基期数据选择的不同，可以计算两种增长速度，华润公司A类产品产量增长速度指标计算如表5—21所示。

表5—21　　华润公司A类产品产量增长速度计算表

年份	2007	2008	2009	2010	2011	2012
A类产品产量（万台）	310	360	420	460	510	600
定基增长速度（%）	—	16.13	35.48	48.39	64.52	93.55
环比增长速度（%）	—	16.13	16.67	9.52	10.87	17.65

从表中可以看出，华润公司定基增长速度逐年增长，环比增长速度有增有减。

值得注意的是，定基增长速度和环比增长速度之间没有量的直接乘除关系，也就是说，环比增长速度的连乘积不等于定基增长速度。如需推算，必须将增长速度转化为发展速度，利用发展速度的关系互相推算，再转化为增长速度。

（三）年距增长速度

在实际统计工作中，为了消除季节变动的影响，也常计算年距增长速度，用来说明年距增长水平与去年同期发展水平对比达到的相对增长程度。

$$年距增长速度=\frac{年距增长水平}{去年同期发展水平}$$

（四）增长1%的绝对量

应用速度指标分析动态数列时，需要把速度指标、水平指标结合起来全面分析问题，深入分析速度指标和增长水平的关系，进一步反映增长速度的实际效果，这就需要计算环比增长速度每增加一个百分点所增加的绝对量，通常称为增长1%的绝对量。其计算公式为：

$$增长1\%的绝对量=\frac{逐期增长量}{环比增长速度\times 100}=\frac{前一期水平}{100}$$

例如，华润公司上年的销售额为1 050万元，今年要增加5%，今年的销售额目标是1 102.5万元，所对应的增长1%绝对量就是10.5万元。

三、平均发展速度与平均增长速度

社会经济现象在不同时期的发展速度和增长速度是变化的，为了说明社会经济现象在一段较长时期内的一般发展程度和增长程度，需要将现象在这个时期内的速度差异加以抽象，计算平均速度指标。平均速度指标有平均发展速度和平均增长速度两种。

（一）平均发展速度

平均发展速度是某种社会经济现象系列环比发展速度的序时平均数，说明在发展期内平均发展变化的程度。平均发展速度的计算方法有两种，一种是几何平均法，另一种是方程法。

1. 几何平均法

由于社会经济现象发展的总速度不等于各年发展速度之和，而等于各年环比发展速度的连乘积，所以平均发展速度不能用算术平均法计算，而要用几何平均法计算，这种方法也称为水平法。其计算公式为：

$$\bar{x}=\sqrt[n]{x_1x_2\cdots x_{n-1}x_n}=\sqrt[n]{\prod x} \tag{5.14}$$

式中，$\bar{x}$表示平均发展速度，x表示各年环比发展速度，n表示环比发展速度的项数，$\prod$为连乘符号。

由于时间数列中定基发展速度等于各环比发展速度的连乘积，因此可以用时间数列最后一年的发展水平同基期水平对比（定基发展速度）来计算平均每年增长（或下降）速度。计算平均发展速度的公式又可以表示为：

$$\bar{x}=\sqrt[n]{\frac{a_1}{a_0}\cdot\frac{a_2}{a_1}\cdot\cdots\cdot\frac{a_{n-1}}{a_{n-2}}\cdot\frac{a_n}{a_{n-1}}}=\sqrt[n]{\frac{a_n}{a_0}} \tag{5.15}$$

定基发展速度即为现象一段时期的总速度。如果用 R 表示现象发展的总速度，则平均发展速度的公式还可以表示为：

$$\bar{x} = \sqrt[n]{R} \tag{5.16}$$

以上计算平均发展速度三个公式的选择，主要取决于所掌握的资料，下面分别举例说明。

【例 5.17】已知华润公司 B 商品零售总额 2008—2012 年各年的环比发展速度分别为：114.2%，117.7%，121.4%，129.6%，135.3%，求年平均发展速度。

分析：根据所掌握的资料，华润公司 B 商品零售总额的环比发展速度为已知条件，则可以选择公式（5.14）计算 B 商品零售总额的平均发展速度。

$$\begin{aligned}\bar{x} &= \sqrt[n]{x_1 x_2 \cdots x_{n-1} x_n} = \sqrt[n]{\prod x} \\ &= \sqrt[5]{114.2\% \times 117.7\% \times 121.4\% \times 129.6\% \times 135.3\%} \\ &= 123.40\%\end{aligned}$$

【例 5.18】如果已知华润公司 B 商品零售额 2007 年为 1 250 亿元，2012 年为 3 577 亿元，求年平均发展速度。

分析：根据所掌握的资料，华润公司基年的 B 商品零售总额和最后一年的 B 商品零售总额为已知条件，则可以选择公式（5.15）计算 B 商品零售总额的平均发展速度。

$$\bar{x} = \sqrt[5]{\frac{3\ 577}{1\ 250}} = 123.40\%$$

【例 5.19】如果已知华润公司 B 商品零售额 2007—2012 年的总发展速度是 286.16%，求年平均发展速度。

分析：根据所掌握的资料，华润公司 B 商品零售总额 2007—2012 年的总发展速度为已知条件，则可以选择公式（5.16）计算 B 商品零售总额的平均发展速度。

$$\bar{x} = \sqrt[n]{R} = \sqrt[5]{286.16\%} = 123.40\%$$

需要注意的是，从理论上讲，用水平法计算的平均发展速度，是对一定发展阶段各期环比发展速度的平均，应受各个时期发展水平的影响，而通过对计算公式的观察，它只突出了最初水平和最末水平的影响，所以该指标并不能全面地反映现象在整个发展阶段各期发展快慢的差别。因此，在运用这一指标时，应注意最初水平与最末水平是否受特殊因素影响，并联系各期环比发展速度加以分析。

2. 方程法

方程法也称累计法，是以时间数列内各年发展水平的总和同基期水平对比来计算平均每年增长（或下降）速度，用方程法计算的平均发展速度，主要是用来反映各年累计发展水平的变化程度。利用一元高次方程计算平均发展速度的方法，计算公式为：

$$\bar{x} + \bar{x}^2 + \cdots + \bar{x}^{(n-1)} + \bar{x}^n = \frac{\sum a}{a_0} \tag{5.17}$$

解出这个高次方程的正根，就是所求的平均发展速度。在实际中，计算比较麻烦，一般根据事先编好的《平均发展速度表》来查表计算。方程法计算平均发展速度有条件限制，这种方法是用发展水平的总和来计算的，反映累计发展水平的变化程度，这就要求发展水平要具有可加性，即该方法只能针对时期序时数列求平均发展速度。

小思考

水平法和方程法求平均发展速度各有什么特点？

（二）平均增长速度

平均增长速度又称平均增减速度，是环比增长速度的动态平均数，说明现象在较长时期内平均每期增长或降低的速度，它不能根据各个环比增长速度直接求得，而是先计算平均发展速度，再根据平均发展速度计算平均增长速度。其计算公式为：

平均增长速度＝平均发展速度－1（或 100%）

任务实施

通过任务三的学习，我们掌握了在时间数列发展水平分析的基础上，进一步分析指标量在不同时间上的动态情况，确定指标发展及增长的快慢及幅度的方法。下面我们运用学习的方法来帮助华润公司进行销售额时间数列的速度分析，计算出公司销售额的发展速度、增长速度、平均发展速度和平均增长速度等速度分析指标。

1. 华润公司销售额的发展速度指标

如表 5—22 所示。

表 5—22　　**华润公司销售额发展速度计算表**　　单位：亿元

时间		2007	2008	2009	2010	2011	2012
销售额		141	160	185	230	279	314
发展速度（%）	环比	—	113.48	115.63	124.32	121.30	112.54
	定基	—	113.48	131.21	163.12	197.87	222.70

从计算表的速度指标分析，华润公司销售额以期初水平为基期的定基环比速度指标呈上升变化，反映出华润公司相对于 2007 年来说，销售额呈上涨趋势，且上涨的幅度越来越大；以报告期前一期的水平为基期的环比发展速度反映出公司的销售额与前一年比较在上涨，而且上涨的速度越来越快，但从 2011 年开始，上涨的速度开始减缓。

2. 华润公司销售额的增长速度指标

如表 5—23 所示。

表 5—23　　**华润公司销售额增长速度计算表**　　单位：亿元

时间		2007	2008	2009	2010	2011	2012
销售额		141	160	185	230	279	314
增长速度（%）	环比	—	13.48	15.63	24.32	21.30	12.54
	定基	—	13.48	31.21	63.12	97.87	122.70

增长速度由发展速度减1来求得，从华润公司销售额增长速度指标来看，销售额以不断增长的涨幅向上增长，至2011年涨幅开始回落。

3. 华润公司销售额的平均发展速度指标

$$\bar{x}=\sqrt[n]{x_1x_2\cdots x_{n-1}x_n}=\sqrt[n]{\prod x}$$

$$=\sqrt[5]{113.48\%\times 115.63\%\times 124.32\%\times 121.30\%\times 112.54\%}$$

$$=117.37\%$$

华润公司的销售额每年以117.37%的平均速度发展逐年增加。

4. 华润公司销售额的平均增长速度指标

平均增长速度＝平均发展速度－1

＝117.37%－1

＝17.37%

华润公司的销售额每年以17.37%的平均增长速度逐年递增。

任务四 分析时间数列的长期趋势和季节变动

任务引入

华润集团公司通过对销售额时间数列的水平和速度分析，可以反映出该指标的发展变化过程，如果能运用一定方法进一步找出销售额发展变化的规律，就能够对公司销售额的未来发展趋势进行预测，为生产决策提供依据。要帮助华润公司完成这项任务，需要对动态数列的影响因素进行测定，分析对象发展变化的原因及其发展规律。这项任务的完成需要进行现象长期趋势的测定和季节变动分析，下面让我们一起来完成任务的学习。

知识学习

一、影响时间数列的四个因素

客观事物随着时间推移而发展变化，是受多种因素共同影响的结果，起决定性作用的各种因素使现象沿一定的方向规律变动，偶然或短期因素使现象不规则地变动。例如，从微观的角度来看，一个企业的发展可能受到人力资源、生产资源和资本状况等长期因素的影响，同时也可能受到自然灾害、外部环境变化等非长期因素的影响。为了更好地揭示时间数列变动的规律性，可以对影响时间数列发展水平变化的因素进行归纳，分为长期趋势、季节变动、循环变动和不规则变动四类。

（一）长期趋势

长期趋势是指现象在一段较长的时期内，由于普遍的、持续的、决定性的基本因素作用，使发展水平沿着一个方向，逐渐向上、向下变动或基本持平的发展变化总趋势。认识和掌握事物的长期趋势，可以把握事物发展变化的数量规律和基本特点。

（二）季节变动

季节变动是指现象受季节更替的影响而发生的周期性规律变动，其变动特点是，在一年或更短的时间内随着时序的更换，使现象呈现周期重复的变化。引起季节变动的因素既有自然因素，又有社会、政治、经济因素。例如，服装需求随季节的规律变化，旅游随季节发生的淡旺季变化。

（三）循环变动

循环变动是指现象发生周期比较长的涨落起伏相间的变动。例如，经济从长期的发展来看，呈现繁荣、衰退、萧条、复苏交替循环变动。

（四）不规则变动

不规则变动是指现象除了受以上各种变动的影响以外，还受偶然或突发性因素影响，引起的非周期性、非趋势性随机变动。

小思考

循环变动和长期趋势变动的主要差异是什么？和季节变动的主要差异是什么？

二、分析时间数列的长期趋势

进行长期趋势分析能够认识现象随时间发展变化的趋势和规律性，并对现象未来的发展趋势做出预测，是时间数列分析的一项重要工作。

影响时间数列升降变动的因素是多方面的，除了长期因素，也会有短期因素形成的波动，偶发因素引起不规则变动，或受季节因素影响使数列发生季节变动，这些变动往往交织在一起共同发生作用，因此进行时间数列长期趋势测定时，需要把长期变动以外的其他变动影响消除，把数列的波动修匀，这样才能体现出趋势的状态和走向。时间数列的长期趋势是就一个较长的时期而言的，一般来说，分析长期趋势所选的时期越长越好。

时间数列趋势的分析方法很多，最常用的有间距扩大法、移动平均法和趋势模型法。

（一）间距扩大法

间距扩大法是测定长期趋势最原始、最简单的方法。对于间隔较短的时间数列，受偶然和季节性因素影响，变化趋势不易显现出来，如果将原来时间数列中较小时距单位的若干个数据加以合并，得到较大时距单位的数据，就可以消除偶然和季节性因素的影响，反映现象发展的长期趋势。

【例 5.20】华润公司欲分析 2012 年 A 类产品产量的变化趋势，表 5—24 是该公司各月 A 类产品的产量数据，请帮助华润公司完成该项任务。

表 5—24　　华润公司 2012 年 A 类产品产量资料

月份	1	2	3	4	5	6	7	8	9	10	11	12
A 类产品产量（万件）	330	300	392	360	380	420	380	440	490	480	430	510

分析：该公司的产量时序间隔较短，受偶然和季节性因素影响，直接从该公司各月的产品产量数据分析，各月的产量有升有降，趋势变化不是很明显，运用间距扩大法将以月为时距的时间数列合并为以季为时距的时间数列，如表 5—25 所示，通过扩大间距后的新时间数列中，可以明显地看出 A 类产品的产量呈现出逐期增长的趋势。

表 5—25　　间距扩大法分析华润公司 A 类产品产量的长期趋势

销售额	一季	二季	三季	四季
季度总产量（万件）	1 022	1 160	1 310	1 420
平均月产量（万件）	340	386	436	473

间距扩大法的优点是简便直观。但是它的缺点也很突出，扩大间距后形成的新时间数列包含的数据减少，信息量大量流失，不便于做进一步分析。

（二）移动平均法

移动平均法是消除时间数列现象波动的重要方法，这种方法从时间数列的第一项开始，按一定项数求序时平均数，并逐项移动依次计算，形成一个由移动平均数构成的新时间数列，能修匀原数列中某些不规则变动，使数列中的数据变动更平滑，显现出时间数列的长期趋势。

使用移动平均法时，要注意修匀的效果受移动平均项数影响。移动平均项数越多，修匀的效果就越大，所得出的移动平均数列项数也就越少；反之，移动项数越少，修匀的效果就越小，所得出的移动平均数列项数也就越多。一般来说，如果时间数列水平波动存在自然周期，以周期数作为移动平均数的项数，或为它的整倍数较合理。如果没有自然周期，宜采用奇数项较简便，只需一次平均即可，如果用偶数项移动平均，需要再做一次两项移动平均的校正。

移动平均法的具体步骤如下：

（1）选定合理的时距项数 N，扩大原时间数列的时间间隔。

（2）采用逐项移动的方法对原数列逐次移动 N 项计算一系列序时平均数。

【例 5.21】仍用表 5—24 华润公司的 A 类产品产量资料来说明移动平均法的应用，分别选用 $N=3$ 和 $N=4$ 来分析产量的长期趋势。

分析：选用 $N=3$，即项数为 3 项地移动求出产量的序时平均数，构建新的数列，消除不规则变动的影响。选用 $N=4$，即项数为 4 项地移动求出产量的序时平均数数列，对该数列进行一次 2 项移动平均的校正，就可消除相关影响，分析产量的趋势变化。如表 5—26 所示。

表 5—26　　华润公司 2012 年 A 类产品产量移动平均计算表　　单位：万件

月份	A 类产品产量	3 项移动	4 项移动	2 项移正
1	330			
2	300	340		
			345	
3	392	350		351
			358	
4	360	377		373
			388	
5	380	386		386
			385	
6	420	393		395
			405	
7	380	413		418
			432	
8	440	436		439
			447	
9	490	470		453
			460	
10	480	466		468
			477	
11	430	473		
12	510			

在 3 项移动中，

$$第一个移动平均数=\frac{330+300+392}{3}=340$$

$$第二个移动平均数=\frac{300+392+360}{3}=350$$

……其余类推。

4 项移动与 3 项移动有所不同，4 项移动要求移动两次，第一次移动与 3 项移动的计算方法相同。

$$第一个移动平均数=\frac{330+300+392+360}{4}=345$$

$$第二个移动平均数=\frac{300+392+360+380}{4}=358$$

……其余类推。

然后再对以上求得的趋势值进行 2 项平均得到长期趋势值。

$$移正的第一个平均数=\frac{345+358}{2}=351$$

$$移正的第二个平均数=\frac{358+388}{2}=373$$

……其余类推。

从例 5.18 中我们可以看出，移动平均法具有以下特点：

(1) 时距项数 N 越大，对时间数列的修匀效果越强，3 项移动平均后的数列波动明显消除,但是仍存在一些小波动，4 项移动平均进一步消除了波动，时间数列呈现出持续上升的长期趋势。

(2) 移动平均时距项数 N 为奇数时，只需要一次移动平均；当移动平均时距项数 N 为偶数时，需要进行一次相邻两项平均值的移正平均。

(3) N 的选择要考虑周期性波动的周期长短，平均时距 N 应和周期长度一致。当时间数列包含季节变动时，移动平均时距项数 N 应与季节变动长度一致。

(4) 移动平均以后，其数列的项数较原数列减少。当原数列的项数为 N 时，移动 n 项，那么，移动后新数列项数为 $N-(n-1)=N-n+1$ 项，比原数列项数减少 $(n-1)$ 项。

(5) 虽然移动项数越多，修匀效果更强。但是移动项数越大，失去的信息就越多。由此，移动平均项数不宜过大。

(三) 趋势模型法

时间数列的长期趋势可以分为线性趋势和非线性趋势，我们重点介绍线性趋势的模型法，直线趋势模型方法常用最小平方法。

以时间因素作为自变量 (t)，把数列水平作为因变量 (y)，配合的直线趋势方程为：

$$\hat{y}=a+bt \tag{5.18}$$

式中，$\hat{y}$ 表示时间数列的趋势值，t 表示时间变量，a 表示趋势线在 Y 轴上的截距，b 表示趋势线的斜率，表示时间 t 变动一个单位时趋势值 $\hat{y}$ 的平均变动数量。

参数 a、b 的求法用最小平方法。

$$\begin{aligned} b &= \frac{n\sum ty-\sum t\sum y}{n\sum t^2-\left(\sum t\right)^2} \\ a &= \frac{\sum y}{n}-b\frac{\sum t}{n} \end{aligned} \tag{5.19}$$

在上式中，当 $\sum t=0$ 时，求解参数的方程可简化为：

$$a=\frac{\sum y}{n};\ b=\frac{\sum ty}{\sum t^2}$$

最小平方法的基本原理是：对原时间数列配合一条趋势线，使之满足两个条件：一是实际值 (y) 与趋势线上相对应的估计值 ($\hat{y}$) 的离差平方和为最小值，即 $\sum(y-\hat{y})^2=$ 最小值；二是实际值与趋势线上相对应的估计值的离差总和为 0，即 $\sum(y-\hat{y})=0$。

根据按此原理配合的趋势线计算原时间数列各期的估计值，就形成一条由各期估计值组成的新时间数列，此数列消除了原数列中短期偶然因素的影响，从而体现出现象发展的长期趋势。

【例 5.22】仍用表 5—24 华润公司的 A 类产品产量资料，用最小二乘法确定直线趋势方程，计算出参数 a 和 b，预测 2013 年 1 月的产品产量趋势值。

相关参数及计算如表 5—27 所示。

表 5—27　　华润公司 2012 年 A 类产品产量趋势直线方程参数计算表

月份	产品产量 y（万件）	时间 t	t^2	ty	时间 t	t^2	ty
1	330	1	1	330	−11	121	−3 630
2	300	2	4	600	−9	81	−2 700
3	392	3	9	1 176	−7	49	−2 744
4	360	4	16	1 440	−5	25	−1 800
5	380	5	25	1 900	−3	9	−1 140
6	420	6	36	2 520	−1	1	−420
7	380	7	49	2 660	1	1	380
8	440	8	64	3 520	3	9	1 320
9	490	9	81	4 410	5	25	2 450
10	480	10	100	4 800	7	49	3 360
11	430	11	121	4 730	9	81	3 870
12	510	12	144	6 120	11	121	5 610
$\sum$	4 912	78	650	34 206	0	572	4 556

分析：时间因素的设定可以使参数的计算更为简便，下面我们分别就两种时间设定来计算趋势方程的参数，并进行产量的预测。

第一种时间设定下的参数计算：

将表 5—27 中的数据代入参数 a 和 b 的计算公式，可得：

$$b=\frac{n\sum ty-\sum t\sum y}{n\sum t^2-\left(\sum t\right)^2}=\frac{12\times 34\ 206-78\times 4\ 912}{12\times 650-78^2}=15.93$$

$$a=\frac{\sum y}{n}-b\frac{\sum t}{n}=\frac{4\ 912}{12}-15.93\times\frac{78}{12}=305.79$$

则趋势方程如下：

$$\hat{y}=305.79+15.93x$$

要预测 2013 年 1 月的产量，则将 $t=13$ 代入趋势方程中计算，2013 年 1 月产量估计达到 512.88 万件。

第二种时间设定下的参数计算：

将表 5—27 中的数据代入参数 a 和 b 的计算公式，可得：

$$b=\frac{\sum ty}{\sum t^2}=\frac{4\ 556}{572}=7.97$$

$$a=\frac{\sum y}{n}=\frac{4\ 912}{12}=409.33$$

则趋势方程如下：

$$\hat{y}=409.33+7.97x$$

要预测 2013 年 1 月的产量，则将 $t=13$ 代入趋势方程中计算，2013 年 1 月产量估计达到 512.94 万件。

三、分析时间数列的季节变动

季节变动是指经济现象受自然条件或社会条件影响，出现的具有一定规律的周期性变化。认识和掌握这种变动规律对实际工作有重要意义。首先，掌握了季节变动的规律性，有利于指导工作。研究社会经济现象季节变动的主要目的，在于考察在一定历史条件下已经形成的季节变动的规律性，掌握其变动的幅度，有助于制定计划、合理组织、有效实施。其次，可根据季节变动规律性进行经济预测。季节变动的规律性强，可据此进行短期预测，得到比较准确的结果；同时，利用季节变动规律配合长期趋势进行长期预测，也可以大大提高预测的准确性。

测定季节变动的主要方法是计算季节指数（季节比率），来反映季节变动的程度。季节指数通常使用按月（季）平均法计算。这种方法不考虑现象长期趋势的影响，以历年的各月（季）平均数同全时期月（季）平均数相比求得。这种方法适合于不含长期趋势的季节变动分析。计算步骤如下：

（1）分别计算各年同月（季）平均数；

（2）计算出各年所有月（季）的总平均数；

（3）将各年同月（季）平均数与总平均数进行对比，求得季节指数。

如果某月（季）的季节指数大于100%，则该月（季）为旺季；如果小于100%，则为淡季。季节指数的计算公式为：

$$季节指数=\frac{各年同月（季）平均数}{总的月（季）平均数}\times 100\%$$

【例5.23】华润公司2009—2012年各月B类产品销售量如表5—28所示，计算各月的季节指数。

表5—28　　华润公司2009—2012年的各月B类产品销售是统计表　　单位：万件

年份 月份	2009	2010	2011	2012	四年同月平均数	每月季节指数（%）	调整季节指数（%）
1	80	150	240	280	187.5	165.2	165.21
2	60	90	150	140	110.0	96.9	96.91
3	20	40	60	80	50.0	44.1	44.10
4	10	25	40	30	26.25	23.2	23.20
5	6	10	20	12	12.0	10.6	10.60
6	4	8	11	9	8.0	7.0	7.00
7	8	12	32	37	22.25	19.6	19.60
8	12	20	40	48	30	26.4	26.4
9	20	35	70	83	52	45.8	45.80
10	50	85	150	140	106.25	93.7	93.71
11	210	340	420	470	360	317.2	317.23
12	250	350	480	510	397.5	350.2	350.23
合计	730	1 165	1 713	1 839	1 361.75	1 199.9	1 200.00

分析：

(1) 计算各月同月（季）的算术平均数。

$$1\text{月的平均值}=\frac{80+150+240+280}{4}=187.5$$

$$2\text{月的平均值}=\frac{60+90+150+140}{4}=110.0$$

……

以此类推，计算到12月份。

(2) 计算总的月（季）平均数。

$$\text{总的月平均数}=\frac{1\,361.75}{12}=113.5$$

或全部48个月的总销售量除以48，同样得到总平均数113.5千克。

(3) 计算每月（季）的季节指数。

$$1\text{月季节指数}=\frac{187.5}{113.5}\times 100\%=165.2\%$$

$$2\text{月季节指数}=\frac{110}{113.5}\times 100\%=96.9\%$$

以此类推，计算到12月份。

(4) 调整各月（季）季节指数。

从理论上讲，1—12月季节指数之和应等于1 200%（季资料为400%），但是由于计算中的四舍五入而使得季节指数或大于、或小于1 200%。对此，应计算调整系列，予以调整。

$$\text{调整系数}=\frac{\text{理论季节指数之和}}{\text{实际季节指数之和}}$$

将调整系数分别与表5—28第（7）栏中1—12月季节指数相乘，即得调整后的季节指数。

$$1\text{月份调整后季节指数}=\frac{1\,200}{1\,199.9}\times 165.2=165.21$$

$$2\text{月份调整后季节指数}=\frac{1\,200}{1\,199.9}\times 96.9=96.91$$

以此类推，计算到12月份。

从计算结果可以看出，显然冬季11月、12月和1月、2月的销售量很大，是销售的旺季，而夏季的销售量很小，是销售的淡季。

任务实施

通过任务四的学习，掌握了分析时间数列趋势变动和季节变动规律的方法，下面我们运用学习的直线趋势预测法来帮助华润公司进行销售额时间数列的趋势变动分析，并对未来销售额的变动进行预测。

(1) 计算直线趋势方程的参数 a 和 b。

相关参数及计算如表 5—29 所示。

表 5—29　　华润公司销售额直线趋势方程参数计算表

年份	销售额（亿元）	时间 t	t^2	ty
2008	160	−2	4	−320
2009	185	−1	1	−185
2010	230	0	0	0
2011	279	1	1	279
2012	314	2	4	628
合计	1 168	0	10	402

将表 5—29 的数据代入计算参数 a 和 b 的公式，则：

$$b=\frac{\sum ty}{\sum t^2}=\frac{402}{10}=40.2$$

$$a=\frac{\sum y}{n}=\frac{1\ 168}{5}=233.6$$

(2) 建立销售额的趋势方程如下：

$$\hat{y}=233.6+40.2x$$

(3) 用趋势方程来预测华润公司 2013 年的销售额。

将 $t=3$ 代入趋势方程中，可计算出华润公司 2013 年销售额预测值：

$$\begin{aligned}\hat{y}&=233.6+40.2x\\&=233.6+40.2\times 3\\&=354.2(\text{亿元})\end{aligned}$$

项目小结

本项目在认识时间数列的基础上，通过对时间数列水平和速度的分析，以任务为驱动，引导学生计算水平和速度分析的各项指标，在教学中侧重于学生运用方法来解决实际问题，最后在时间数列水平和速度分析的基础上，进行了时间数列趋势分析和季节分析的学习，并结合数列的趋势模型，来预测现象未来的变化。

理论巩固

一、思考题

1. 什么是时间数列？它有哪些种类？
2. 怎样结合实际的指标数值来区分时期数列和时点数列？
3. 时间数列的构成要素和编制原则是什么？
4. 时间数列序时平均数的种类有哪些？如何计算？

5. 时间数列的速度分析指标种类有哪些？如何计算？

6. 影响时间数列的因素有哪些？

二、单项选择题

1. 时间数列的两个基本要素是（　　）。

A. 现象所属的时间及指标数值　　B. 现象所属的时间及现象出现的次数

C. 现象的指标数值和现象出现的次数　　D. 现象所属时间及现象的种类

2. 根据间隔相等的间断性时点数列计算序时平均数应采用（　　）。

A. 几何平均法　　B. 加权算术平均法

C. 简单算术平均法　　D. 首尾折半法

3. 已知明华公司1月、2月、3月、4月月初的职工人数分别为400人、403人、397人和402人，则该企业第一季度的月平均职工人数为（　　）人。

A. 400.67　　B. 400　　C. 400.33　　D. 400.5

4. 说明现象在较长时期发展总速度的指标是（　　）。

A. 平均增长速度　　B. 环比发展速度　　C. 环比增长速度　　D. 定基发展速度

5. 增长量与基期水平对比形成的指标，就是（　　）。

A. 发展速度　　B. 平均速度　　C. 增长水平　　D. 增长速度

6. 已知各期的环比增长速度分别为4%、6%、9%、11%，则相应的定基发展速度为（　　）。

A. 104%×106%×109%×111%－100%

B. 104%×106%×109%×111%

C. 4%×6%×9%×11%

D. 4%×6%×9%×11%＋100%

7. 时间数列中，各指标数值具有可加性的是（　　）。

A. 时点数列　　B. 平均数数列　　C. 相对数数列　　D. 时期数列

8. 已知信业公司的总产值2012年比2011年的发展速度为115%，2013年比2011年的发展速度为124%，则2013年比2012的发展速度为（　　）。

A. 142.6%　　B. 10%　　C. 107.83%　　D. 239%

9. 平均发展速度是（　　）。

A. 定基发展速度的算术平均数　　B. 环比发展速度的算术平均数

C. 环比发展速度连乘积的几何平均数　　D. 增长速度加上100%

10. 增长1%的绝对值是（　　）。

A. 水平指标　　B. 速度指标

C. 速度与水平相结合的指标　　D. 以上三种均可

11. 若各年环比增长速度保持不变，则各年增长量（　　）。

A. 逐年增加　　B. 逐年减少　　C. 保持不变　　D. 无法做结论

12. 定基发展速度等于相应的各个环比发展速度（　）。

A. 相乘　B. 相除　C. 相减　D. 相加

13. 已知一时间数列有20年的数据，采用移动平均法分析其长期趋势，若采用5年移动平均，修匀的时间数列有（　）年的数据。

A. 15　B. 20　C. 16　D. 14

14. 如某指标每年的逐期增长量相等，则各年的环比增长速度是（　）。

A. 逐年增加　B. 逐年减少　C. 保持不变　D. 无法做结论

15. 用最小平方法拟合的直线趋势方程，如果参数 b 为负数，则时间数列表现为（　）。

A. 上升趋势　B. 下降趋势

C. 不发生变化　D. 以上三种情况均有可能

三、多项选择题

1. 下面各项是时期数列的是（　）。

A. 公司的产品销售额　B. 公司的各年利润额

C. 公司的资产总额　D. 公司的库存现金额

2. 编制时间数列的原则有（　）。

A. 时间长度一致　B. 总体范围一致　C. 经济内容一致　D. 计算口径一致

3. 下面现象能用方程法计算平均发展速度的是（　）。

A. 基本建设投资额　B. 库存商品数量

C. 居民消费支出状况　D. 产品产量

4. 累计增长量与逐期增长量相比较，（　）。

A. 前者基期水平不变，后者基期水平总在变动

B. 二者存在关系式：累计增长量等于相应时期逐期增长量之和

C. 相邻的两个逐期增长量之差等于相应的累积增长量

D. 根据这两个增长量都可以计算较长时期内的平均每期增长量

5. 计算平均发展速度的方法有（　）。

A. 算术平均法　B. 几何平均法　C. 方程式法　D. 调和平均法

6. 下列相对数时间数列中，属于两个时期指标对比构成的相对数时间数列的是（　）。

A. 投资利润率指标　B. 生产成本计划完成程度指标

C. 熟练工人占职工总人数的结构指标　D. 劳动生产率指标

7. 平均增长量用（　）计算。

A. 逐期增长量　B. 累计增长量　C. 基期发展水平　D. 报告期发展水平

8. 增长1%的绝对值（　）。

A. 等于前期水平除以100　B. 等于逐期增长量除以环比增长速度

C. 等于逐期增长量除以环比发展速度　D. 表示增加一个百分比所增加的绝对量

9. 公司历年的在职职工人数不是（　　）。

A. 时期数列　　B. 时点数列　　C. 平均数数列　　D. 相对数数列

10. 环比增长速度的计算正确的是（　　）。

A. 逐期增长量除以前一期水平　　B. 累计增长量除以前一期水平

C. 定基发展速度−1　　D. 环比发展速度−1

四、判断题

1. 在各时间数列中，指标值的大小都受指标所反映的时期长短的影响。（　　）

2. 发展水平就是时间数列中的每一项具体指标数值，它只能表现为绝对数。（　　）

3. 定基发展速度等于相应各个环比发展速度的连乘积，所以定基增长速度也等于相应各个环比增长速度的连乘积。（　　）

4. 将天华公司的固定资产原值按年排列所形成的时间数列是时点数列。（　　）

5. 若逐期增长量每年相等，则其各年的环比发展速度是年年下降的。（　　）

6. 定基发展速度和环比发展速度之间的关系是两个相邻时期的定基发展速度之比等于相应的环比发展速度。（　　）

7. 平均增长量等于各逐期增长量之和除以时间数列的项数。（　　）

8. 平均增长速度是根据平均发展速度来计算的，等于平均发展速度−1。（　　）

9. 序时平均数和一般的平均数都是将各个变量值的差异抽象化，因此完全相同。（　　）

10. 若环比增长速度每年相等，则其逐期增长量每年相等。（　　）

技能实训

1. 下表是庆华地区以年为时间要素构建的各指标时间数列。

时　间（年）	2008	2009	2010	2011	2012
工业总产值（万元）	220	260	285	310	463
年末从业人员（万人）	8.5	9.7	10.4	13.2	16.1
男女性别比例（%）	103	105	106	106	108
工人平均工资（元）	860	930	980	1 040	1 180

根据时间数列的特点，分析庆华地区各指标时间的类型。

2. 2012年泰利公司采用随机调查的方式，获取了不同时间的职工人数，如下表所示。

调查时间	1月1日	4月1日	8月1日	12月31日
职工人数	1 123	1 141	1 158	1 232

请计算泰利公司2012年的平均职工人数。

3. 2012年泰利公司上半年各月末银行存款余额资料如下表所示，请帮助泰利公司分析银行存款的平均余额，了解企业的资金状况，为投资决策提供相关信息。

月份	上年12月	1	2	3	4	5	6
月末银行存款余额（万元）	3 540	3 640	3 700	3 510	3 670	3 720	3 860

4. 泰利公司希望对2012年第三季度公司生产工人结构的合理性进行分析，下表是该公司统计的第三季度职工总人数和生产工人数，请计算相关的指标，帮助泰利公司进行分析。

月份	3	4	5	6
月末职工总数	1 230	1 340	1 420	1 480
月末生产工人数	910	925	934	1 010
生产工人数占职工总数的比重（%）	73.98	69.03	65.77	68.24

5. 泰利公司需要对产品的销售情况进行分析，下表是该公司近六年的产品销售额统计表，请帮助该公司进行销售的发展水平、发展速度和趋势分析。

年份		2007	2008	2009	2010	2011	2012
产品销售额（万元）		4 100	6 340	9 420	12 130	15 320	19 410
增长量	逐期						
	累计						
发展速度	定基						
	环比						
增长速度	定基						
	环比						
增长1%的绝对值							

（1）请进行该公司销售额的水平分析，计算逐期增长量和累计增长量。

（2）请进行该公司销售额的速度分析，计算发展速度和增长速度指标。

（3）请计算平均增长量、平均发展速度和平均增长速度。

（4）请建立公司销售额的直线趋势方程，对该公司2013年的销售额进行预测。

项目六

分析相关与回归

1. 掌握相关关系的概念和种类，了解相关关系与函数关系的联系。

2. 掌握相关关系的定性和定量分析方法。

3. 掌握一元回归分析方法。

4. 能判断变量之间的相关关系，并用图表显示。

5. 能依据实际资料对相关关系进行定性和定量分析，编制图表，计算相关系数，测定两个变量之间关系的密切程度。

6. 能建立一元线性回归方程进行分析和预测。

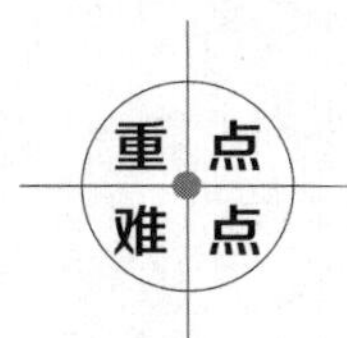

重点：1. 相关关系的定性和定量分析方法。

2. 一元回归分析方法。

难点：1. 线性相关系数的计算和判定。

2. 一元回归方程的建立和显著性检验。

【引导案例】

19世纪末高尔顿（Sir Francis Galton）在研究智力进化问题时提出了统计学上的“相关”和“回归”概念，在他对于儿童身高与父母身高线性关系例外现象的研究中，首次使用了回归一词，此后“线性回归”的术语被沿用下来，用来作为依据某一变量预测另一变量的方法名称，即回归分析。回归分析多应用于具有相关关系的数据分析，是统计学上一种常用的数据分析方法，广泛应用于自然科学和经济等领域。

下面是一个回归分析在经济领域的具体应用案例。2008年的金融危机使深圳物流业受到很大的影响，深圳许多物流企业货运量出现了下降20%～30%的情况。为了保证物流服务供给与需求之间的相对平衡，需要根据现有经济发展情况对未来深圳物流需求量进行分析预测，为深圳的物流供给提供数量依据，促进深圳物流业的有序发展。

研究表明，区域经济发展与现代物流发展呈正向变动关系，因此在研究深圳物流需求时，通过物流总量与经济总量的相关关系，选取深圳货物周转量作为衡量社会物流需求的指标，深圳国内生产总值作为衡量社会经济总量的指标，从深圳市统计年鉴获取1998—2007年的相关数据进行研究（见表6—1），对数据进行散点图分析显示（见图6—1），物流总量随社会经济总量的增加而上升，它们之间的相关变动关系可用一条近似的直线表示。

表6—1　　货物周转量与GDP数据表

年份	xGDP（亿元）	y货物周转量（亿吨公里）
1998	1 289.02	212.76
1999	1 436.03	197.45
2000	1 665.46	205.94
2001	1 954.65	204.43
2002	2 256.82	260.65
2003	2 860.51	370.27
2004	3 422.8	492.11
2005	4 926.9	604.61
2006	5 684.39	757.19
2007	6 765.41	852.27

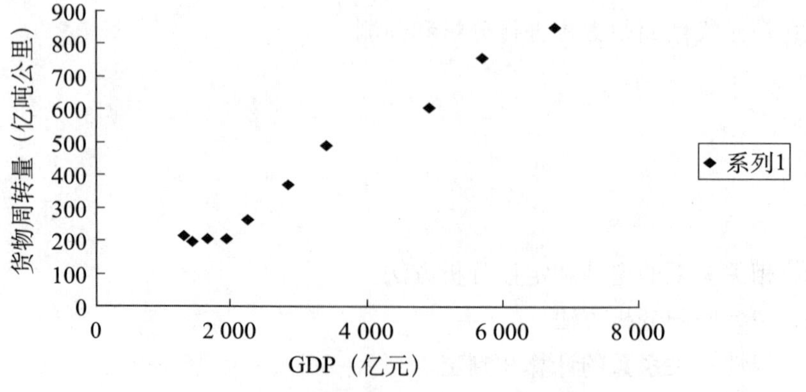

图6—1　货物周转量与GDP关系研究散点图

运用回归分析的方法，可以建立一个方程式，它能反映出宏观经济总量对物流总量的影响。

$$y=5.791+0.127x$$

式中，y——货物周转量

x——国内生产总值

这是一个回归分析在经济领域应用的典型案例，通过模型进行相关预测，可以分析出受外围经济局势的影响，宏观经济问题变化对深圳物流需求的影响，分析出深圳物流需求的变化，及时作出发展的决策调整。

认识相关与回归

任务引入

康城公司是某市一家著名的电炉生产企业，该公司的营销主管想研究公司商品销售额同广告费支出之间的关系，因此公司选取了近5年的商品销售额和广告费支出数据，如表6—2所示。

表6—2 商品销售额和广告费用支出关系表

年份	广告费支出（万元）x	商品销售额（万元）y
2007	21	320
2008	33	470
2009	42	580
2010	55	720
2012	64	860
合计	215	2 950

该公司的营销主管需要知道广告费用支出对商品的销售额影响程度有多大，在此基础上进一步来确认商品销售额及广告费支出这两个变量之间的数量关系。这一任务解决问题的过程就是相关和回归分析的运用。

在各领域应用相关和回归分析的基础，依赖于对相关数据之间依存关系的判定，因此在进行相关和回归分析前，我们必须掌握识别相关关系的基础知识，能准确地判定数据之间的依存关系。让我们一起先来认识什么是相关和回归。

知识学习

一、相关关系概述

（一）相关关系的概念

客观世界中的现象之间存在普遍的联系，这种联系表现为现象间相互依存和相互制约的关系，如企业的市场份额受产品的质量、价格、消费者的需求等多方面的影响，反过来市场份额的变化又直接影响到产品的质量和价格。研究现象之间的数量依存关系，找出它们之间的规律性非常重要。现象之间的这种依存关系可以分为两类：一类是确定性的函数关系，一类是不确定性的相关关系。

1. 函数关系

【例 6.1】康城公司 2012 年的产品销售数量为 300 件，产品的销售单价为 15 万元/件，该公司 2012 年的产品销售额是多少？

分析：在这个案例中，根据康城公司产品销售数量和销售单价，通过简单的计算就可得出该公司 2012 年全年的销售额为 300×15＝4 500 万元。从计算中不难看出，公司的销售额随销售数量的变化而变化，在单价不变的情况下，销售数量增加，则销售额也增加，数量减少，则销售额也减少，二者同向变化。

该例子中，销售额与销售量这两个变量之间存在确定的数量依存关系，销售量发生一定量的变化，销售额有一个确定的变化值，而用函数表达式可以表示这种数量关系，因此人们把这种现象变量之间的确定依存关系称为函数关系。

2. 相关关系

【例 6.2】小麦等农作物的亩产量与每亩土地的施肥量之间存在相互依存的关系，在合理范围内，随着每亩土地施肥量的增加，农作物产量也会增加，农作物的产量与施肥量具有正向变化关系。

分析：上面这个例子中的变量反映的也是现象之间的依存关系，当施肥量这一变量发生变化时，农作物产量这一变量也会随之发生变化，但这种变化的数量关系不是完全确定的。在一定的范围内，随着每亩土地的施肥量增加，每亩农田的作物产量也会增加，但施肥量相同的每亩土地不一定有相同的作物产量。其他如产品的成本与生产数量、家庭的收入与支出等关系都是如此：产品成本这一变量会随着产品生产数量的增加而增加，但并不是相同生产数量的产品成本一定相等；家庭支出这一变量会随家庭收入增加而增加，但并不是相同的家庭收入一定有相同的家庭支出。

这种现象之间客观存在的非确定性数量依存关系就是相关关系。

3. 函数关系与相关关系的联系

函数关系与相关关系均反映的是客观现象之间的数量依存关系，在函数关系中，建立关系的两个变量一定具有相关关系且有确定的数量关系，不具有相关关系的变量是不能建立函数关系的，函数关系是相关关系的特例。相关关系也是一种数量依存关系，但在相关关系中由于受其他现象的影响，不能确定现象变量之间相互影响的准确数值，只可以对其规律性进行分析总结，通过模型拟合函数表达式来进行反映。

（二）相关关系的种类

为了更好地认识相关关系，需要对相关关系的变化进行分析，而相关关系变量之间的数量变化表现出一定的波动性，且表现形式多种多样，这就需要我们从不同的角度对相关关系进行分类。

1. 按变量之间的相关程度分类

【例 6.3】康城公司 2012 年的产品销售数量为 300 件，产品的销售单价为 15 万元/件，则 2012 年该公司的销售额为 4 500 万元，思考如该公司 2013 年的产品销售单价不发生变化，该公司 2013 年的销售额由什么决定？

分析：上面的例子，反映出在销售单价不变的情况下，产品销售额与产品销售数量之间的关系，在商品单价不变的情况下，商品的销售额完全由商品的销售量来确定，这种变量间的关系是完全相关的一种关系。

实际中，变量之间的密切程度并不是完全一样的，我们按变量之间相关密切程度可以将相关关系分为完全相关、不完全相关、不相关三类。有些变量之间非常密切，某变量的值完全由另一变量的变化来确定，如上例中的关系，即完全相关，表现为函数关系；而有些变量之间互不影响，其数量变化各自独立，一个变量值的变化完全不受另一变量值变化的影响，即不相关；有些变量则介于前两种之间，变量间存在变化关系，但一个变量并不是由另一变量变化来完全决定的，即不完全相关。例如，人的视力与体重就是不相关的，二者相互不发生影响，独立发生变化；前面提过的单位面积农作物产量与施肥量之间的关系则介于完全相关和完全不相关之间，统计中的相关分析主要研究对象为不完全相关。

2. 按变量之间的相关方向分类

【例 6.4】康城公司 2012 年机器折旧等固定成本为 1 500 万元，产品的产量为 330 件，思考在固定成本不变的情况下，随着 2013 年产品产量的变化，单位固定成本的变化方向。

分析：例子中单位固定成本与产品产量的变化呈反向变化，随着产量的增加，单位固定成本呈下降趋势。

从例子中可以看出相关变量的相关变化呈现方向性，有时同向变化，有时反向变化，按变量间相关变化的方向可以将相关关系分为正相关和负相关两类。正相关是指一个变量值增加或减少，相对应的另一变量值同方向增加或减少，在坐标图中两变量的变化方向一致。例如，机器效率与产品生产数量，一定范围内的销售成本与销售量，家庭收入增长与教育支出等。负相关是指一个变量值增加或减少，相对应的另一变量值反方向减少或增加，在坐标图中两变量的变化方向相反，例如，随着销售成本的下降，企业的利润呈上升趋势等。

3. 按变量之间的相关形式分类

【例 6.5】康城公司 2012 年机器折旧等固定成本为 1 500 万元，产品的产量为 330 件，目前生产能力已经达到饱和，该公司 2013 年的产品产量增加，超过了公司的生产能力，在这样的情况下，随着 2013 年产品产量的增加，单位固定成本的变化方向是怎样的呢？

分析：在生产能力未达到饱和的情况下，随着产量的增加，单位固定成本下降，此时变量关系表现为反向同比例线性变化，但当生产能力已不能满足正常生产时，随着产量的增加，单位固定成本反而可能上升，且不再是线性变化。

从中可以看出，变量之间的相关表现形式是不同的，按变量之间的相关表现形式可以将相关关系分为线性相关和非线性相关两类。线性相关是指两变量的变化关系在直角坐标系的散点分布趋向于直线形式，即案例分析中生产能力未达到饱和时，单位固定成本与产品产量之间的关系。而非线性相关是指两变量的变化关系在直角坐标系的散点分布趋向于某种曲线形式，即案例分析中，生产能力不能满足生产需要时，单位固定成本与产品产量之间的关系。

4. 按相关关系涉及的变量多少分类

相关关系涉及的变量可以是一对一的两个变量，也可以是多个变量，按相关关系涉及的变量多少分类，可以将相关关系分为一元相关和多元相关两类。一元相关是指两个变量之间的相关关系，如商品销售费用支出与商品销量之间的相关关系等，这种关系又被称为单相关。多元相关是指多个变量之间的相互关系，即一个变量与其他两个或两个以上的变量之间的复杂依存关系，如产品单位成本与劳动生产率水平、原材料消耗、固定资产折旧之间的相关关系等，这种关系又称为复相关。

为了更为直观地表现上述的这些相关关系，我们可以用散点图来进行各种相关关系的展示，如图 6—2 至图 6—7 所示。

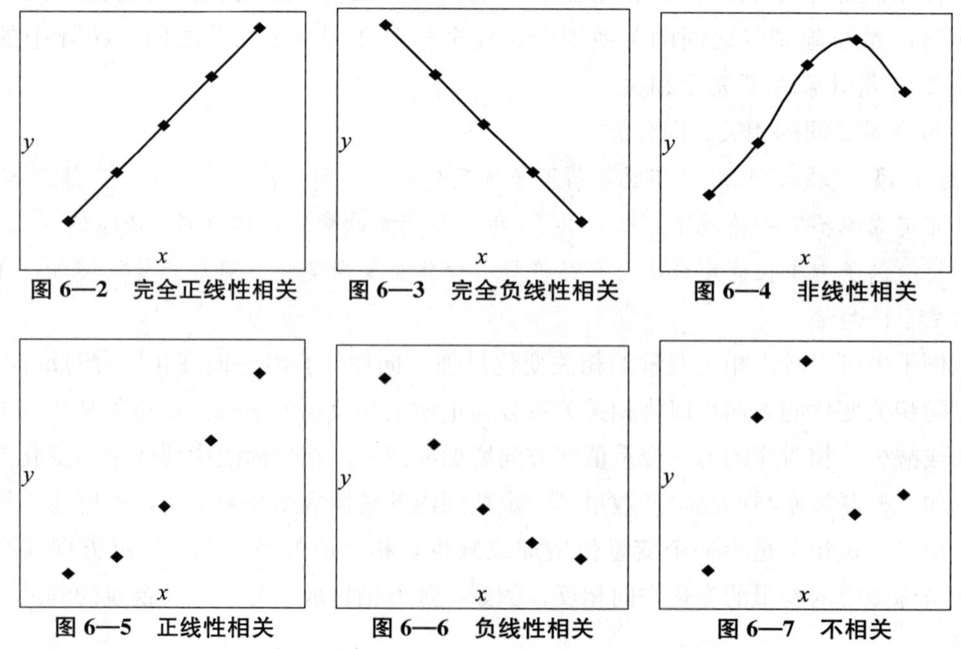

图 6—2　完全正线性相关　图 6—3　完全负线性相关　图 6—4　非线性相关

图 6—5　正线性相关　图 6—6　负线性相关　图 6—7　不相关

二、相关分析与回归分析

通过对相关关系的认识，我们知道现象之间客观存在非确定性的数量关系，这种相关关系是复杂的，运用专门的方法来进行各变量之间相关关系的变化方向、密切程度及具体关系形式的分析，能研究各种现象之间相互作用、制约及变化的规律。分析相关关系的方法主要有两种：相关分析和回归分析。

（一）相关分析

【例 6.6】康城公司准备编制工资预算，经分析发现该公司的工资总额与公司产品的产值存在相关关系，怎样来确定工资总额和产品产值之间的变化方向和密切程度？这就需要获取该公司各年工资总额和产品产值的数据，并运用统计分析方法来进行研究。

这种研究各现象变量之间相关关系变化方向及密切程度的统计研究分析方法被称为相关分析，相关分析的出发点是进行定性分析，判断现象间是否存在相关关系，在此基础上需要进一步进行定量分析，来判定相关关系的变化形式和密切程度。相关分析被广泛应用于社会、经济、自然分析领域，例如，产业分布与城市经济发展、劳动生产效率与工业产值、化肥施用量和有效灌溉面积与粮食产量等的研究。相关分析的内容包括以下三个方面。

（1）判断现象之间是否具有相关关系。

（2）判断现象之间相关关系的变化方向。

（3）测定现象相关关系的密切程度。

小思考

变量需要具备什么样的条件，才能进行现象之间的相关分析？

（二）回归分析

相关分析能通过对变量之间的关系进行定性和定量分析，反映变量之间相关关系的变化方向和密切程度，但因为研究的都是随机变量，并不能反映变量间的具体数量关系形式，即不能准确地从一个变量的数量变化去推断另一个变量的具体数量变化，而在一定条件下，需要反映或预测相关变量的准确数量关系和数值。为了解决相关分析不能处理的问题，在相关分析的基础上，可以通过对相关关系模型化，利用观测的数据资料构建合适的数学模型，来近似地推算变量间的数量关系，并对其结果进行检验，这种分析方法称为回归分析。

回归分析实际上是将关系密切的相关变量间不确定的关系数量化，采用的方法是利用采集的变量数据计算出回归方程，用直线或曲线来反映现象之间的一般数量关系，根据自变量数值推算因变量的估计值，并对因变量估计值的可靠程度进行判定。回归分析具有如下的特点。

1. 两变量存在因果关系，必须确定自变量和因变量

在进行回归分析时，要区分自变量和因变量，自变量是影响因素，因变量是被影响因素，二者的关系不能调换。通过互为因果关系的变量可以拟合两个完全不同的回归方程模型：一个是以 x 为自变量、y 为因变量、y 依 x 的回归方程；一个是以 y 为自变量、x 为因变量、x 依 y 的回归方程。

2. 自变量与因变量的性质明确

在回归分析中，回归方程要求，自变量是确定的数值，而因变量是随自变量变化而变化的随机变量。例如在研究父母身高与子女身高的关系中，父母的身高是确定的，子女的身高不完全确定，是随机变量，并受父母身高的影响。

3. 回归变量间是具体的数量关系

通过自变量与因变量的观察数据建立的回归方程，反映的是两个变量之间的具体数量关系，而不是抽象的关系。即给定一个自变量的数值，能准确地推测出一个因变量的数值。

（三）相关分析与回归分析的联系与区别

相关分析与回归分析都是分析相关关系的统计研究方法，它们既密切联系，又各有特点。

1. 相关分析与回归分析的联系

相关分析和回归分析均通过对现象之间相关关系的研究，探求现象之间的联系和规律。相关分析揭示变量间关系的变化方向和密切程度，回归分析揭示变量间关系的具体数量形态。相关分析是回归分析的前提和基础，只有找到了相关关系，并进行了相关关系变化方向和密切程度的分析，才能就现象之间的密切关系拟合回归方程模型，进行变量之间的回归分析和预测；没有进行相关关系的判断分析，就进行回归分析是没有实际意义的，而回归分析是相关分析的深入和继续。

2. 相关分析与回归分析的区别

（1）研究变量之间的性质不同。

相关关系所研究变量之间表现为对等关系，变量均为随机变量，不必区分自变量和因变量，变量的位置变动不会影响相关系数的确定。而回归分析所研究的变量之间不是对等关系，而是因果关系，需要区分自变量和因变量，且自变量的数值定义为给定值，因变量的数值由自变量的数值来推测，即自变量是可以控制的变量，因变量是随机变量。

（2）研究变量之间的问题不同。

相关分析主要进行现象间是否存在相关关系的定性判定，并通过相关图表来反映，确定相关关系的相关方向和密切程度，并通过相关系数来表示，但相关分析不能确定变量之间确定的数量关系，无法根据一个变量的变化值具体去推断另一个变量的变化值。回归分析在高度相关关系的基础上，通过建立变量间的回归方程，借助于函数关系来对变量进行定量的分析，能表明变量之间具体的变动关系，通过自变量的值具体去推断因变量的值。

小思考

在进行了现象相关分析和回归分析时，怎样结合实际案例来分析变量关系存在的不同？

任务实施

通过对相关和回归的认识，下面结合任务引入中康城公司销售额和广告费用支出间的关系案例，让我们一起来分析康城公司这两个变量间的关系。

从康城公司五年的销售额和广告费用支出数据，结合相关和回归的基础知识分析，康城公司广告费支出和商品销售额之间存在相关关系，该公司近五年随着广告费用支出的增加，商品销售额也在增加，两个变量间的相关关系表现为正相关。但要具体地分析广告费用支出对商品销售额的影响程度有多大，二者是否存在直接的因果关系，还需要在了解相关和回归的基础知识后进一步来学习。

任务二 测定相关关系

任务引入

前述【例 6.6】康城公司希望深入进行工资总额和公司产品产值的相关分析，不仅通过数据的变化来判断两个变量之间的关系，而且能使用一定的方法来分析变量间的相关变化方向和相关密切程度，以利于该公司进一步的数量分析和预测。表 6—3 是从公司内部取得的近 5 年公司产品产值和工资总额的数据，如何利用数据运用专门的方法来进行变量关系的分析，是任务二需要解决的问题。

表 6—3　康城公司近 5 年工资总额及产品产值数据表　单位：万元

序号	年份	产品产值	工资总额
1	2008	171.2	39.1
2	2009	240.8	45.8
3	2010	284.6	59.2
4	2011	321.5	64.9
5	2012	409.7	75.4

下面让我们一起来学习怎样进行变量相关关系的测定，帮助康城公司顺利完成相关分析的任务。

知识学习

一、相关关系的定性分析

进行相关分析，就是判断现象之间是否存在相关关系，在此基础上进一步分析相关关系的变化方向和变化形式，进行这种判断所使用的分析方法，称为相关关系的定性分析。这种分析首先要由研究人员根据自己在工作中的经验，初步判定变量之间是否存在相关关系，然后通过大量的数据资料，运用相关图表进一步判断变量之间依存关系的变化方向和变化形式，为进行相关关系密切程度的定量相关分析奠定基础，下面我们一起来学习怎样使用相关表和相关图来定性分析相关关系。

（一）相关表

在进行相关关系的定性分析时，常常将获取的变量间的原始数据对应排列，这种建立变量数据对应关系形成的统计表称为相关表。前述任务引入中的表 6—3 就是一个相关表，是将康城公司的产品产值和工资总额，按年份这一变量标志的先后顺序并行排列在一张表上，通过对表格中数据的观察，可以直观地看出随产品产值增加，康城公司工资总额不断增加，两者存在一定的正相关关系。

【例 6.7】康城公司为了分析某种产品产量与单位成本之间的相关关系，将生产过程中搜集到的产品产量和单位成本资料数据，编制成如表 6—4 所示的相关表。

表 6—4　　康城公司产品产量与产品单位成本相关表

年份	产量（件）	单位成本（元/件）
2008	21 000	95
2009	23 000	93
2010	25 000	91
2011	31 000	86
2012	34 000	82

分析：通过对产品产量与单位成本关系的经验认识，可以判断产品产量和单位成本间存在相关关系，而对表 6—4 中数据的直观观察，可以进一步确定随着该种产品产量的增加，产品的单位成本在不断下降，这两个变量之间存在一定的负相关关系。

【例 6.8】金华地区开展城市收入与消费水平关系的相关研究，需要确定两者之间是否存在相关关系，从该地区的统计年鉴中获取了近 10 年的城市居民年人均收入和年人均消费支出的数据，编制成如表 6—5 所示的相关表。

表 6—5　　金华地区城市居民年人均收入与年人均消费支出相关表

年份	年人均收入（元）	年人均消费支出（元）
2003	5 848	5 396
2004	6 276	5 581
2005	7 283	6 378
2006	8 072	7 136
2007	9 256	8 153
2008	10 352	8 623
2009	11 548	9 486
2010	15 841	11 876
2011	17 025	13 264
2012	17 521	14 487

分析：根据统计研究经验，居民年人均收入与年人均消费支出存在相关关系，而从表6—5中可以直观地看出，随着金华地区年人均收入的增加，年人均消费支出也逐年增加，可以判断这两个变量之间存在一定的正相关关系。

根据相关工作领域的经验，可以对相关变量是否存在相关关系进行判定，而相关表中的数据是变量关系变化的实际资料，是判别相关关系的基础，如相关表中的两个变量呈现一定的规律性变化，则表明现象之间存在相关关系，并能分析出相关关系的变化方向。

（二）相关图

变量数据之间的关系还可以借助于坐标图来直观地反映，将相关表中的变量观测值在平面直角坐标系中用坐标点描绘出来，以表明相关点的分布状况，这种表现相关关系的散点图称为相关图。根据前例表 6—4、表 6—5 中的数据资料可以绘制相关图，如图 6—8、图 6—9 所示。

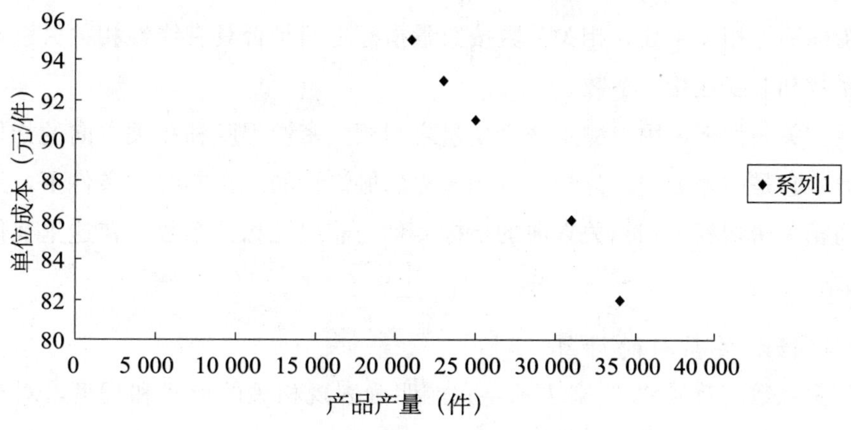

图 6—8　产品产量与产品单位成本相关图

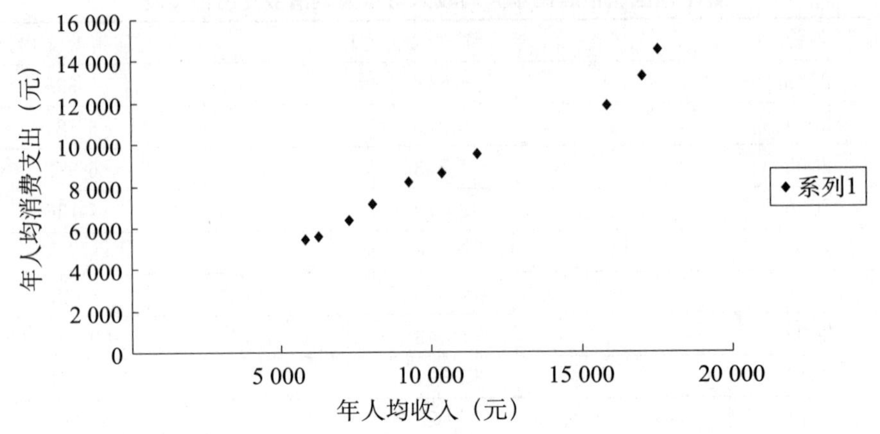

图 6—9　金华地区年人均收入与年人均消费支出相关图

从图 6—8 可以直观地看出，在坐标轴中产品产量与产品单位成本相交形成的点大致成一条斜向右下的直线，说明产品产量与产品单位成本之间相关密切，且随着产品产量的增加产品单位成本反向变化，可以判断这两个变量呈线性负相关。从图 6—9 可以看出，在坐标轴中年人均收入与年人均消费支出相交形成的点大致成一条斜向右上的直线，说明金华地区的年人均消费支出与年人均收入之间相关密切，且随着年人均收入的增加年人均消费支出正向变化，可以判断这两个变量呈线性正相关。如果在坐标轴中的相关点分布没有规律，则表明变量之间无相关关系或存在很低的相关关系。

二、相关关系的定量分析

相关表和相关图可以直观地反映相关关系，并能反映出相关变量的变化方向，但不能准确地说明两变量之间相关的程度到底有多大。为了准确地测定变量之间的相关程度，需要建立一个可以测算的数量指标，这一指标能反映变量之间相关关系的密切程度，我们把这一统计指标称为相关系数。相关系数按数量指标之间是否具有线性相关关系，可以分为线性相关系数和非线性相关系数。

在线性相关条件下，用以测定两个变量之间相关密切程度和相关方向的指标，称为线性相关系数，它是由著名的统计学家卡尔·皮尔逊设计的。在非线性条件下，用以测定两个变量之间相关密切程度和相关方向的指标，称为非线性相关系数。在这里我们只介绍线性相关系数。

（一）线性相关系数的计算

线性相关系数用符号“r”来表示，它能明确表现相关的形式和程度，对于判断变量之间相关关系密切程度有重要的作用。线性相关系数的计算方法很多，最常用的一种方法是积差法，定义公式为：

$$r=\frac{\sigma_{xy}^{2}}{\sigma_{x}\sigma_{y}}=\frac{\frac{1}{n}\sum(x-\overline{x})(y-\overline{y})}{\sqrt{\frac{1}{n}\sum(x-\overline{x})^{2}}\cdot\sqrt{\frac{1}{n}(y-\overline{y})^{2}}} \tag{6.1}$$

公式（6.1）中，n 表示资料项数；x 与 y 分别为两变量数列的标志值；$\overline{x}$ 与 $\overline{y}$ 分别为变量数列 x 与 y 的算术平均数；σ_x 为 x 变量数列的标准差；σ_y 为 y 变量数列的标准差；$\sigma_{xy}{}^2$ 为 x 与 y 两个变量数列的协方差。根据定义公式计算两变量的相关系数 r 比较烦琐，在实际应用中，经过推算可得以下简捷公式：

$$r=\frac{n\sum xy-\sum x\sum y}{\sqrt{n\sum x^{2}-\left(\sum x\right)^{2}}\cdot\sqrt{n\sum y^{2}-\left(\sum y\right)^{2}}} \tag{6.2}$$

此公式可以不用计算两个变量数列的平均值与标准差，直接根据相关关系表中的两变量数列的原始资料计算出相关系数，再根据相关系数 r 的数值来判断出两变量之间的相关程度与相关方向。

下面举例说明相关系数的计算。

【例 6.9】根据表 6—4 的数据，我们已经知道康城公司产品产量与单位产品成本存在线性负相关关系，下面通过计算这两个变量的相关关系来进一步确定两变量相关的密切程度。

解：根据表中所列示的资料，代入下式：

$$\begin{aligned}r&=\frac{n\sum xy-\sum x\sum y}{\sqrt{n\sum x^{2}-\left(\sum x\right)^{2}}\cdot\sqrt{n\sum y^{2}-\left(\sum y\right)^{2}}}\\&=\frac{5\times 11\ 863\ 000-134\ 000\times 447}{\sqrt{5\times 3\ 712\ 000\ 000-134\ 000^{2}}\sqrt{5\times 40\ 075-447^{2}}}\\&=-0.997\ 1\end{aligned}$$

计算结果为负数，表明单位生产成本与产品产量之间的变化方向是相反的，呈负相关关系，系数的绝对值接近于1，表明单位生产成本与产品产量之间高度相关，这两个变量之间呈高度的负相关关系。

【例 6.10】根据表 6—5 的数据，我们已经知道了金华地区年人均收入与年人均消费支出之间存在线性正相关关系，下面我们通过计算这两个变量的相关关系来进一步确定，两变量相关的密切程度。

解：根据表中所列示的资料，代入下式：

$$\begin{aligned}r&=\frac{n\sum xy-\sum x\sum y}{\sqrt{n\sum x^{2}-\left(\sum x\right)^{2}}\cdot\sqrt{n\sum y^{2}-\left(\sum y\right)^{2}}}\\&=\frac{10\times 1\ 112\ 682\ 765-109\ 022\times 90\ 380}{\sqrt{10\times 1\ 365\ 753\ 644-109\ 022^{2}}\cdot\sqrt{10\times 909\ 523\ 732-90\ 380^{2}}}\end{aligned}$$

$=0.9938$

计算结果为正数表明年人均消费支出与年人均收入之间的变化方向是相同的，呈正相关关系，系数绝对值接近于1，表明二者之间相关程度非常高，这两个变量之间呈高度的正相关关系。

（二）线性相关关系的判定

从 r 的实例计算中可以看出，相关系数的符号表明变量之间变化的方向，相关系数的数值为－1～1，其绝对值的区间为0～1，在该区间范围内的变化可以反映出变量之间相关程度的高低，因此可以总结出相关系数的如下性质：

（1）r 的绝对值反映相关的强度，绝对值越接近于1，表明相关关系越强；越接近于0，表明相关关系越弱。

（2）r 的计算结果有正负，$r>0$ 表明现象呈正相关，$r<0$ 表明现象呈负相关。

（3）$r=+1$ 或 -1，表明两现象完全线性相关，也就是存在线性函数关系。

（4）$r=0$，表明两现象无直线相关关系。

（5）两变量为对等关系，不区分自变量和因变量，其相关系数只有一个。

任务实施

在学习了相关关系测定方法的知识后，下面让我们一起来运用定性和定量的方法对产品产值和工资总额这两个现象进行相关分析。

（1）首先根据康城公司两个变量的数据，可以在坐标轴中制作相关图（见图6—10），通过相关图进行数据变量的相关关系定性分析。

（2）从相关图中可以看出工资总额和产品产值呈线性正相关变化，为了准确地用量化数据反映出这两个变量相关的密切程度，下面我们按前面所讲授的线性相关系数计算方法，来计算这两个变量的相关系数。

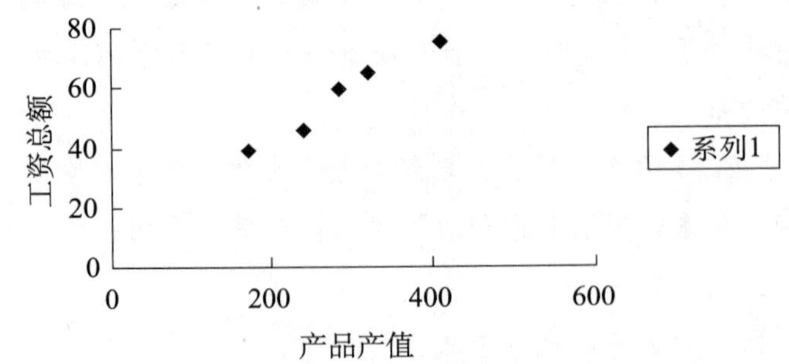

图6—10　康城公司工资总额与产品产值相关图

$$r=\frac{n\sum xy-\sum x\sum y}{\sqrt{n\sum x^2-\left(\sum x\right)^2}\cdot\sqrt{n\sum y^2-\left(\sum y\right)^2}}$$

$$=\frac{5\times 86\ 327.61-1\ 427.8\times 284.4}{\sqrt{5\times 439\ 507.58-1\ 427.8^2}\cdot\sqrt{5\times 17\ 028.26-284.4^2}}$$

$$=0.983\ 0$$

计算出的相关系数大于0，说明这两个变量呈正相关关系，相关系数接近于1说明这两个变量相关程度强，综合分析康城公司产品产值与工资总额之间存在高度正相关关系。

小思考

在相关系数的分析中，通过什么来反映变量之间变化的方向？

建立回归方程

任务引入

通过对康城公司工资总额与产品产值的相关分析，我们知道了这两个变量之间存在高度正相关关系，但如果康城公司希望能建立工资总额与产品产值间的数量模型，以期通过对未来公司产品产值的预测，来推断未来工资总额的变化数值，帮助公司做好未来的劳资预算，有规划地管理劳动报酬费用项目，我们要怎么来帮助康城公司达成目标呢？

这个问题的解决需要运用回归分析的知识，在两变量间的相关关系基础上，将不确定的变量关系通过函数形式表达出来，并运用观察数据确定出回归方程的参数，以便进行估计和预测。下面让我们一起来学习相关变量的回归分析，帮助康城公司完成任务。

知识学习

一、回归分析

通过前面的学习我们已经对回归分析有了一定的认识，知道回归分析是以相关分析为基础，研究具有相关关系的两个或两个以上的变量之间的数量变动关系的统计方法。这种分析方法通过建立变量间的回归方程模型来进行研究，为了更好地进行建模分析，在学习回归分析的具体运用前，我们先来了解一些与回归分析相关的基本理论。

（一）回归分析的基本概念

1. 自变量与因变量

在相关分析中，具有相关关系的两个变量是对等的，不用区分，均为随机变量。而在回归分析中变量是不对等的关系，必须根据研究的目的、变量的地位和作用不同，分别确定其中的自变量和因变量。因变量是随机变量，是待推测的变量，用 y 表示；自变量是非随机变量，是作为推测依据的变量，用 x 表示。

【例 6.11】康城公司需要了解公司的研发支出与产品销售量之间的关系，希望建立这两个变量之间的数量关系，了解产品销售量如何根据研发支出的变化而变化。

分析：康城公司希望进行的分析就是回归分析，在该分析中，两个变量是不对等的关系，存在因果关系。康城公司分析的目标是通过建立两个变量的数量关系，推测出随着研发支出的增加，公司产品销售量的变化情况，以此来进行研发支出投入的决策。

在研究研发支出与产品销售量关系的分析中，研发支出为自变量，产品销售量为因变量，可以通过给定的研发支出的数值进行点估计，去推测该研发支出对应的产品销售量数值。

2. 回归方程与回归模型

在回归分析中反映自变量和因变量之间联系的数学表达式叫做回归方程，回归方程的表现形式有很多种，某一类回归方程的总称为回归模型。

（二）回归分析的种类

回归分析是研究自变量与因变量之间因果关系的分析方法，可以按不同的标准对回归分析进行分类。

1. 按回归分析中研究变量的多少分类

回归分析中涉及变量的数量是不一定的，可以为一个也可以为多个，按数量的多少，将回归分析分为一元回归和多元回归两类。只有一个自变量和一个因变量的回归分析称为一元回归。涉及两个或两个以上自变量和一个因变量的回归分析称为多元回归。

2. 按回归分析中变量的表现形式不同分类

从相关分析的散点图可以直观地看出，变量之间的相关关系在直角坐标系中的表现形式是不同的，有一些变量的散点图接近一条直线，而另一些变量的散点图接近于一条曲线。

按相关关系表现形式的不同，可以将回归分析分为线性回归分析和非线性回归分析。如果通过相关分析的观察，两变量间呈直线趋势，则变量间的表达式可以拟合为直线方程，这种分析称为线性回归分析；如果通过相关分析的观察，两变量间呈曲线趋势，则变量间的表达式可以拟合为曲线方程，这种分析称为非线性回归分析。

（三）回归分析的作用

1. 测定相关关系的密切程度

回归分析是根据相关关系拟合的数量表达式，通过分析判定所建立的回归方程中各变量间的相关密切程度。相关程度越强，表明回归方程的预测值与实际值的偏差越小，方程的拟合效果越好。相关程度越弱，表明回归方程的预测值与实际值的偏差越大，所拟合的方程就失去了意义。

2. 利用回归模型进行预测

如果相关程度很强，回归模型拟合度很高，就可以用它来作因变量的预测，根据自变量的取值来对因变量进行点估计或区间估计，确定因变量的预测值或预测区间。

小思考

各变量间相关关系的强弱对回归方程的预测效果有什么样的影响？

二、一元线性回归分析

（一）一元线性回归模型的确定

通过相关分析，可以了解变量之间的相关密切程度和方向，当两个变量之间相关程度很高时，通过对散点图的观察，可以判定出是否存在显著的直线相关关系，如散点图接近于一条直线，则变量可以拟合简单线性回归方程。

具体来说，设有两个变量 x 和 y，变量 y 的取值随变量 x 取值的变化而变化，我们称 y 为因变量，x 为自变量；反之变量 x 取值随变量 y 取值的变化而变化，我们称 x 为因变量，y 为自变量。对于具有线性相关关系的两个变量，可以用一条直线方程来表示它们之间的关系，即：

y 依 x 变化的回归方程：$\hat{y}=a+bx$

x 依 y 变化的回归方程：$\hat{x}=a+by$

上面两个方程完全不同，这里我们只讨论 y 依 x 变化的一元线性回归方程，x 依 y 变化的一元线性回归方程可以按照同样的方法建立。

1. 参数的含义及确定

在 y 依 x 的回归方程 $\hat{y}=a+bx$ 中，$\hat{y}$ 表示因变量 y 的估计值，y 与 x 的相关程度越高，则 $\hat{y}$ 作为估计值越接于实际值 y。式中的两个参数 a 和 b，a 是拟合直线在 y 轴上的截距，b 是拟合直线的斜率，也叫回归系数，指当自变量 x 每增加一个单位时，因变量 y 随之变动的平均值。回归系数 b 的前面有符号“＋”和“－”，“＋”表示两变量间的变动方向相同，即为正相关，“－”表示两变量间的变动方向相反，即为负相关。a 和 b

是简单直线回归方程的待定参数，要确定简单回归直线方程就首先要确定回归参数 a 与 b。

经验证明，应用最小二乘法原理确定两个待定参数的值，配合直线模型，可以使因变量 y 的实际值与估计值的离差平方和最小，即 $\sum(y-\hat{y})^2=\min$，此时进行推断的误差最小，所以采用最小二乘法确定的 a 和 b 拟合的回归直线模型最有代表性。

根据最小二乘法原理，可以应用下列标准方程组，来求解 a 和 b 值：

$$\begin{cases}\sum y = na + b\sum x \\ \sum xy = a\sum x + b\sum x^2\end{cases} \tag{6.3}$$

解联立方程式得出：

$$\begin{cases}a = \dfrac{\sum y}{n} - b\dfrac{\sum x}{n} = \bar{y} - b\bar{x} \\ b = \dfrac{n\sum xy - \sum x\sum y}{n\sum x^2 - \left(\sum x\right)^2}\end{cases} \tag{6.4}$$

【例 6.12】根据表 6—4 的资料分析，康城公司产品产量与产品单位成本之间存在高度的线性负相关关系。

要求：建立产品产量与产品单位成本的回归方程。

解：假设产品产量为自变量 x，产品单位成本为因变量 y，则有：

$\hat{y}=a+bx$

相关数据及计算如表 6—6 所示。

表 6—6　　康城公司产品产量与产品单位成本回归方程计算表

年份	产品产量 x（件）	产品单位成本 y（元/件）	xy	x^2
2008	21 000	95	1 995 000	441 000 000
2009	23 000	93	2 139 000	529 000 000
2010	25 000	91	2 275 000	625 000 000
2011	31 000	86	2 666 000	961 000 000
2012	34 000	82	2 788 000	1 156 000 000
合计	134 000	447	11 863 000	3 712 000 000

$$\begin{cases}b = \dfrac{5\times 11\ 863\ 000 - 134\ 000\times 447}{5\times 3\ 712\ 000\ 000 - 134\ 000^2} = -0.000\ 97 \\ a = \dfrac{447-(-0.000\ 97\times 1340\ 00)}{5} = 115.396\end{cases}$$

回归方程为：$\hat{y}=115.396-0.000\ 97x$

分析：回归系数为 $b=-0.000\ 97$，系数前的负号表示产品单位成本随产品产量呈反向变化，产品产量每增加一件，产品单位成本平均减少 0.000 97 元，a 表示产品产量为零时，产品单位成本的平均估计值为 115.4 元。

小思考

在拟合直线回归方程时，为什么利用最小二乘法确定参数 a 和 b 构建的方程最有代表性？

2. 显著性检验

利用最小二乘法确定参数 a 和 b 拟合的简单直线回归方程，是在"离差平方和最小"的条件下拟合出来的，在直角坐标图上表现为反映变量之间一般关系的平均趋势直线，根据平均趋势直线的走势可以判断出变量的变化方向。各因变量的实际观测点在平均趋势直线的周围分布，如果实际值都离趋势直线很近，比较集中地分布在直线的周围，则回归直线的代表性就高，估计值与实际值之间误差就很小，反之实际值都离趋势直线很远，比较分散地分布在直线两侧，则回归直线的代表性就低，估计值与实际值的偏差就大。

为了确定回归直线能否准确地描述两个变量之间的数量依存关系，在分析中需要对建立的回归直线方程进行显著性检验，通过确定估计标准误差来判断回归直线方程的代表性。估计标准误差越小，相关点观测值就越接近回归直线，回归方程的代表性就越高；估计标准误差越大，相关点观测值就越远离回归直线，回归方程的代表性就越低。估计标准误差（S_{yx}）是一个标志变异指标，是根据估计值 $\hat{y}$ 与实际值 y 的离差来计算的，其计算公式为：

$$S_{yx}=\sqrt{\frac{\sum(y-\hat{y})^2}{n-2}} \tag{6.5}$$

公式中，S_{yx} 表示估计标准误差，y 为因变量的实际值，$\hat{y}$ 为因变量的估计值，n 表示回归分析中相关点的个数，$n-2$ 表示自由度。

根据估计标准误差，结合回归方程 $\hat{y}=a+bx$ 代入式中可得：

$$S_{yx}=\sqrt{\frac{\sum(y-\hat{y})^2}{n-2}}=\sqrt{\frac{\sum y^2-a\sum y-b\sum xy}{n-2}}$$

【例 6.13】结合【例 6.12】可知，$n=5$，$\sum y^2=40\ 075$，$\sum xy=11\ 863\ 000$，$\sum y=447$，$a=115.396$，$b=-0.000\ 97$，根据公式可计算出康城公司产品单位成本与产品产量回归方程的估计标准误差。

$$\text{解：}S_{yx}=\sqrt{\frac{\sum(y-\hat{y})^2}{n-2}}=\sqrt{\frac{\sum y^2-a\sum y-b\sum xy}{n-2}}$$

$$=\sqrt{\frac{40\ 075-115.396\times 447-(-0.000\ 97\times 11\ 863\ 000)}{5-2}}$$

$$=\sqrt{0.098}$$

≈ 0.3130（元）

分析：计算求出直线回归方程的估计标准差较小，说明实际观测值离平均趋势直线较近，康城公司产品产量与产品单位成本变量的回归方程代表性强。

小思考

对拟合的直线回归方程进行显著性检验的目的是什么？

（二）一元线性回归预测

拟合直线方程的目的，就是能结合给定自变量 x 的值去推测相关的因变量值，即进行统计预测，统计预测的方法有点估计和区间估计两种。

1. 点估计

利用已确定且显著性高的回归方程，对给定的某一个特定自变量 x 值去推测因变量 y 值的预测方法称为点估计。在【例 6.12】康城公司产品单位成本与产品产量的分析中，估计方程为 $\hat{y}=115.396-0.00097x$，提供了产品单位成本与产品产量之间关系的一种估计，我们可以通过预测某一特定的 x 值对应地算出 y 的值。例如：假定 2013 年康城公司产品产量是 36 000 件，运用回归方程，可以得到：

$$\hat{y}=115.396-0.00097\times 36000=80.476\text{（元/件）}$$

因此，当产品产量为 36 000 件时，康城公司的产品单位成本的点估计值为 80.476 元/件。

2. 区间估计

不管拟合的直线方程显著性水平有多高，进行简单直线回归点估计的预测结果往往与实际结果有偏差，因此可以通过区间预测来估计因变量值的可能范围，这种预测因变量可能范围的估计方法就称为区间估计。回归直线的置信区间与统计抽样中置信区间的确定方法相同，即：（$\hat{y}-tS_{yx}$，$\hat{y}+tS_{yx}$），当给定可控变量 x 就能确定因变量的数值，配合一定的概率度，可以保证各个因变量值落入这个置信区间。

任务实施

在学习了一元线性回归分析的方法后，现在我们一起来帮助康城公司建立工资总额与产品产值间的数量模型，拟合直线回归方程，根据历史数据计算出回归方程的参数，通过对未来公司产品产值的预测，来推断未来工资总额的变化数值，帮助公司做好未来的劳资预算，有规划地管理劳动报酬费用项目。

（1）确定康城公司该回归分析的自变量和因变量：设公司产品产值为自变量 x，公司的工资总额为因变量 y。

（2）建立回归方程：$\hat{y}=a+bx$

(3) 利用表 6—3 中的资料计算参数 a 和 b，相关数据及计算如表 6—7 所示。

表 6—7　　康城公司产品产值与工资总额回归方程计算表　　单位：万元

年份	产品产值 x	工资总额 y	xy	x^2	y^2
2008	171.2	39.1	6 693.92	29 309.44	1 528.81
2009	240.8	45.8	11 028.64	57 984.64	2 097.64
2010	284.6	59.2	16 848.32	80 997.16	3 504.64
2011	321.5	64.9	20 865.35	103 362.25	4 212.01
2012	409.7	75.4	30 891.38	167 854.09	5 685.16
合计	1 427.8	284.4	86 327.61	439 507.58	17 028.26

$$b=\frac{5\times 86\ 327.61-1427.8\times 284.4}{5\times 439\ 507.58-1\ 427.8^2}\approx 0.160\ 9$$

$$a=\frac{284.4-0.160\ 9\times 1\ 427.8}{5}\approx 10.93$$

$$\hat{y}=10.93+0.160\ 9x$$

(4) 取得企业的产品产值预测数值，可以根据方程预测出公司未来的工资总额支出数值。

(5) 对拟合的直线方程进行显著性检验。

$$S_{yx}=\sqrt{\frac{\sum y^2-a\sum y-b\sum xy}{n-2}}$$

$$=\sqrt{\frac{17\ 028.26-10.93\times 284.4-0.160\ 9\times 86\ 327.61}{5-2}}$$

$$\approx 3.144\ 1(\text{万元})$$

对拟合的直线方程进行显著性检验，估计值与实际值的误差在 3 万元左右，存在一定的误差，这可能与影响工资总额的因素不是只有产品产值有关，其他一些因素也会影响公司的工资总额，比如地区的工资水平上涨等因素。

小知识

回归分析的理论与方法给出了分析各种领域变量关系的基本框架，在统计学、生物统计学、心理学、社会学、商业和工程等领域都有很多应用。但在具体的运用中应注意如下一些问题：

(1) 回归分析和预测要有实际的意义，要根据问题的现实背景来分析，并结合实际修正回归模型。

(2) 使用回归方法时，即使经过了统计检验相关关系的回归式，也只能说明研究变量存在相关关系，而不能断定变量间的因果关系。

(3) 回归模型中的自变量选择十分重要，不能遗漏重要的解释变量，且自变量间不能有近似的线性关系，否则会导致模型不能正确反映实际及估计量的不稳定。

项目小结

本项目以相关关系的分析为基础，带领学生一起认识了相关关系，探讨了相关分析和回归分析的含义和联系。并以相关关系为基础，阐述了相关关系的相关方向及相关密切程度的定性和定量分析。最后讨论了回归分析的种类，及如何运用最小二乘法构建直线回归方程，并通过估计标准误差对方程的显著性进行检验，运用通过检验的方程对因变量进行点估计和区间估计。

理论巩固

一、思考题

1. 相关关系的概念及种类是什么？
2. 相关分析与回归分析的概念及关系是什么？
3. 相关分析的内容及回归分析的特点是什么？
4. 怎样结合相关系数的性质来判定变量间存在的线性相关关系？
5. 回归分析中自变量和因变量的关系是什么？
6. 一元线性回归方程中参数 a 和 b 的含义是什么？

二、单项选择题

1. 下面几种现象间的依存关系，属于函数关系的是（　　）。

A. 居民收入与居民消费支出的关系　　B. 劳动生产率与产品产量的关系
C. 产品销售额与销售单价之间的关系　　D. 出生率与人均 GDP 的关系

2. 研究确定现象间相关关系密切程度的主要方法是（　　）。

A. 根据经验对现象作出判断　　B. 计算相关系数
C. 编制相关表　　D. 制作相关图

3. 相关系数 r 的取值范围（　　）。

A. （0，1）　　B. （−1，0）　　C. （1，∞）　　D. （−1，1）

4. 某企业产品的单位成本（元）与产品产量（百件）的回归方程为 $y=85-1.25x$，意味着产品产量每增加 100 件，则单位成本平均（　　）。

A. 上升 85 元　　B. 下降 85 元　　C. 上升 1.25 元　　D. 下降 1.25 元

5. 相关系数为−0.954，说明两变量间的相关程度是（　　）。

A. 高度正相关　　B. 高度负相关　　C. 低度正相关　　D. 低度负相关

6. 在回归直线方程中，参数 b 大于零，则两变量之间的相关系数为（　　）。

A. $r<-1$　　B. $r>1$　　C. $0<r<1$　　D. $-1<r<0$

7. 进行相关分析，要求相关的两个变量（　　）。

A. 都是随机变量　　B. 都不是随机变量
C. 一个是随机变量，另一个不是随机变量　　D. 随机或不随机都可以

8. 下列不属于相关现象的是（　　）。

A. 流通费用水平与利润率　　B. 居民收入与储蓄存款

C. 洗衣机产量与电视机销量　　D. 某种商品的销售额与销售数量

9. 当相关系数 $r=0$ 时，表明（　　）。

A. 现象之间完全无关　　B. 相关程度较小

C. 现象之间完全相关　　D. 相关程度较高

10. 下列关系中属于负相关的有（　　）。

A. 总成本与生产工人的工资　　B. 合理范围内的施肥量与农产量

C. 家庭收入与家庭消费支出　　D. 产量与单位产品成本

11. 回归估计标准差 S_{yx} 的值越小，则回归直线（　　）。

A. 拟合程度越低　　B. 拟合程度越高

C. 拟合程度有可能高有可能低　　D. 用回归方程进行预测越不准确

12. 已知 x 与 y 之间存在负相关关系，下列回归方程肯定错误的是（　　）。

A. $\hat{y}=60-0.65x$　　B. $\hat{y}=350-1.82x$　　C. $\hat{y}=136+0.65x$　　D. $\hat{y}=85-0.23x$

13. 对具有因果关系的现象进行回归分析时（　　）。

A. 只能将原因作为自变量　　B. 只能将结果作为自变量

C. 二者均可作为自变量　　D. 没有必要区分自变量

14. 对于有线性相关关系的两个变量建立的直线回归方程 $\hat{y}=a+bx$ 中，回归系数 b（　　）。

A. 只能是负数　　B. 只能是正数

C. 可以为 0　　D. 可为正，也可为负

15. 回归分析中，两个变量的关系是不对等的，从而变量 x 对变量 y 的回归分析，同变量 y 对变量 x 的回归分析（　　）。

A. 是同一问题　　B. 有联系但不一样　　C. 完全不同　　D. 一定相同

三、多项选择题

1. 下列属于正相关的现象有（　　）。

A. 家庭收入与消费支出的关系　　B. 产品产量与劳动生产率的关系

C. 广告费支出与商品销售额的关系　　D. 机械化程度与农业人口的关系

2. 对于一元线性回归分析来说（　　）。

A. 两个变量之间关系不对等，必须明确哪个是自变量，哪个是因变量

B. 回归方程根据自变量的给定值来估计和预测因变量的平均可能值

C. 可能存在 y 依 x 和 x 依 y 的两个回归方程

D. 回归系数的符号只能为正

3. 产品的总成本与产品的单位成本，在一定条件下存在相关关系，这种相关关系属于（　　）。

A. 正相关　　B. 单相关　　C. 负相关　　D. 复相关

4. 相关系数与回归系数的关系是（　　）。

A. 回归系数大于零则相关系数大于零

B. 回归系数小于零则相关系数小于零

C. 回归系数大于零则相关系数小于零

D. 回归系数小于零则相关系数大于零

5. 如果两个变量之间完全相关，则以下结论中正确的是（　　）。

A. 相关系数 r 的绝对值等于1

B. 相关系数 r 的值等于0

C. 回归系数 b 大于0

D. 回归估计标准差 S_{yx} 等于零

6. 根据某样本资料拟合产量（万件）与单位产品成本（百元）之间的回归方程为 $\hat{y}=421-8x$，这意味着（　　）。

A. 产量与单位成本之间是负相关

B. 产量与单位成本之间是正相关

C. 产量每增加1万件，单位成本平均增加800元

D. 产量每增加1万件，单位成本平均减少800元

7. 在回归分析中，就两个相关变量 x 和 y 而言，y 依 x 的回归方程和 x 依 y 的回归方程是不同的，主要表现在（　　）。

A. 方程中参数的数值不同

B. 估计标准误差的数值不同

C. 方程中参数估计的方法不同

D. 方程中参数表示的实际意义不同

8. 判断现象之间有无相关关系的方法有（　　）。

A. 对客观现象进行经验判断

B. 计算相关系数

C. 绘制相关图

D. 编制相关表

9. 相关分析的内容包括（　　）。

A. 进行统计预测和推断

B. 拟合相关关系的方程式

C. 测定相关关系的密切程度

D. 判断相关关系的形式和相关方向

10. 拟合直线回归方程必须满足的条件是（　　）。

A. 相关系数 r 必须等于0

B. y 与 x 必须反方向变化

C. 现象间存在较密切的直线相关关系

D. 现象间确实存在数量上的相互依存关系

四、判断题

1. 相关关系和函数关系都属于不完全确定性的依存关系。（　　）

2. 如果两个变量的变动方向不一致，一个变量上升另一个变量则下降，则二者是负相关关系。（　　）

3. 假定两变量 x、y 的相关系数是 $+0.7$，另外两变量 a、b 的相关系数为 -0.9，则 x 与 y 的相关密切程度高。（　　）

4. 当直线相关系数 $r=1$ 时，说明变量之间完全不存在相关关系。（　　）

5. 回归系数 b 的符号与相关系数 r 的符号，可以相同也可以不相同。（　　）

6. 相关系数 r 越小，则估计标准误差 S_{xy} 值越小，从而直线回归方程的精确性越高。(　　)

7. 进行回归分析需要对回归直线方程的显著性进行检验，以确定估计值对实际值的代表。(　　)

8. 在相关关系分析中，两个变量是不对等的，需要区分因变量和自变量。(　　)

9. 负相关是指两个变量之间的变动方向都是下降的。(　　)

10. 回归分析中的自变量为随机变量，因变量为非随机变量。(　　)

技能实训

1. 随机抽取 10 家汽车客运公司，对其近一年的汽车班次准点率和顾客投诉次数进行调查，所得数据如下表所示：

汽车班次准点率（%）	顾客投诉次数
83.9	21
78.6	62
79.2	69
75.3	74
73.1	85
71.2	70
70.8	109
90.4	16
65.3	123
74.5	83

(1) 绘制相关图，说明汽车班次准点率与顾客投诉次数之间的关系。

(2) 计算相关系数。

(3) 以汽车班次准点率为自变量，顾客投诉次数为因变量，构建回归方程。

2. 某地区 2003—2012 年人均收入和人均消费水平资料如下表所示：

年份	人均收入（万元）	人均消费水平（万元）
2003	0.85	0.35
2004	0.92	0.37
2005	0.95	0.40
2006	0.99	0.41
2007	1.10	0.43
2008	1.24	0.47
2009	1.31	0.52
2010	1.42	0.61
2011	1.58	0.69
2012	1.63	0.87

(1) 根据以上简单相关表的资料绘制相关散点图。

(2) 计算人均收入与人均消费支出水平的相关系数。

(3) 根据相关系数判断相关关系的表现形式和方向。

3. 新超公司产品研发费用支出与公司利润总额连续六年的统计资料如下表所示：

年份	产品研发费用支出（10万元）	利润总额（10万元）
2007	7	40
2008	12	48
2009	5	35
2010	6	38
2011	4	30
2012	2	23

(1) 计算新超公司产品研发费用支出与公司利润总额之间的相关系数。

(2) 确定利润总额与产品研发费用支出的直线回归方程。

(3) 当产品研发费用支出为130万元时，利润总额估计为多少？

(4) 计算估计标准误差。

项目七

编制统计指数

1. 理解统计指数的概念和意义。
2. 掌握综合统计指数的编制方法。
3. 掌握指数因素分析法。
4. 能够编制平均法总指数。
5. 能够应用统计指数，特别是与经济方面相关的指数应用。

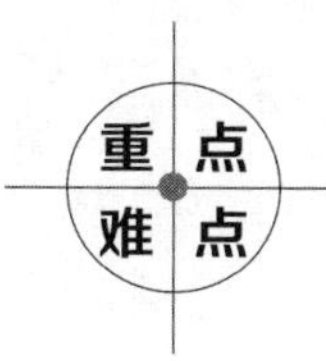

重点：1. 综合总指数的编制，包括数量指标综合指数的编制和质量指标综合指数的编制。

2. 指数因素分析法。

3. 平均法总指数的编制。

难点：1. 数量指标综合指数的编制和质量指标综合指数的编制。

2. 加权调和平均法总指数和加权算术平均法总指数。

【引导案例】

统计指数分析法是统计分析中一种重要的方法之一，它可以对简单的社会经济现象变动进行分析，还可以对一些社会经济指标的变动进行因素分析，以找到经济运行中的问题，改进运行机制，提高效率。下面通过具体数据，说明统计指数分析法在社会经济中的应用。

某制造加工企业专门生产零部件，其生产种类有4种，分别是零件1、零件2、零件3和零件4，该企业4种产品2013年和2012年的商品销售量和销售价格情况如表7—1所示。

表7—1　　企业2012年与2013年产品销售量和销售价格

类别	销售价格（元）		销售额（万元）			销售量（万个）	
	2012年	2013年	2012年	2013年	q_1p_0	2012年	2013年
	p_0	p_1	$s_0=q_0p_0$	$s_1=q_1p_1$		q_0	q_1
零件1	1 230	1 110	99.63	98.124	108.732	0.081	0.088 4
零件2	1 078	898	83.976 2	75.611 6	90.767 6	0.077 9	0.084 2
零件3	880	780	73.304	69.342	78.232	0.083 3	0.088 9
零件4	782	778	25.102 2	32.676	32.844	0.032 1	0.042
总计	2 300	2 174	282.012 4	275.753 6	310.575 6	0.274 3	0.303 5

从相对数来分析：

零部件销售额指数 $=(\sum s_1)/(\sum s_0)=275.753\,6/282.012\,4=0.977\,807$，表明报告期销售额比基期减少2.2%。

从绝对数来分析：

销售额绝对值比基期减少282.012 4－275.753 6=6.258 8（万元）。

可以看到2013年销售量（报告期）的总数比基期增加292个，而销售总额却减少6.258 8万元，其中的原因是什么呢？

首先，分析4种零部件销售量的变动影响。由于指数法采用了测定某一个因素的影响时其他因素不变的方法，来分析销售价格的变动影响。分析销售价格的变动影响，应将销售量固定在报告期：

从相对数来看：

$$(\sum q_1p_1)/(q_1p_0)=275.753\,6/310.575\,6=0.888$$

从绝对数来看：

$$\sum q_1p_1-\sum q_1p_0=275.753\,6-310.575\,6=-34.822\text{（万元）}$$

这说明各个零件价格的变动使销售额减少11.2%，减少34.822万元。

其次，分析销售量的变动的影响，应将销售价格固定在基期：

从相对数来看：

$$(\sum q_1p_0)/(\sum q_0p_0)=310.575\,6/282.012\,4=1.101$$

从绝对数来看：

$$\sum q_1 p_0 - \sum q_0 p_0 = 310.5756 - 282.0124 = 28.5632\text{（万元）}$$

这说明由于销售量的变动使销售总额增加10.1%，增加28.5632万元。

由于以上两因素共同变动的结果，使销售额减少2.2%，绝对值减少6.2588万元。它们之间的关系式如下：

即：

$$(\sum q_1 p_1)/(\sum q_0 p_0) = (\sum q_1 p_0)/(\sum q_0 p_0) \times (\sum q_1 p_1)/(\sum q_1 p_0)$$
$$= 1.101 \times 0.888 = 0.978 = 97.8\%$$

从绝对值来分析：

$$\sum q_1 p_1 - \sum q_0 p_0 = (\sum q_1 p_1 - \sum q_1 p_0) + (\sum q_1 p_0 - \sum q_1 p_0)$$
$$= 28.5632 - 34.822 = -6.2588\text{（万元）}$$

这就是说，由于销售量上升与销售价格下降这两个因素的变动影响，使得报告期的销售额减少2.2%，绝对值减少6.2588万元；反过来说，报告期销售额减少2.2%，是由于报告期销售价格下降11.2%和报告期销售量上升10.1%的共同结果。从绝对值而言，报告期减少6.2588万元，是由于销售价格下降使得销售额减少34.822万元，而销售量的上升使得销售额增加28.5632万元，二者抵消结果，销售额减少6.2588万元。

这是一个统计指数分析的案例，可以看出，利用指数体系中的因素分析法不仅可从变动程度方面分析各因素的变动，而且还可以从实际效率方面分析总增减量中各个因素的作用。

认识统计指数

任务引入

指数的编制是从物价的变动产生的。18世纪中期，由于金银大量流入欧洲，欧洲的物价飞涨，引起社会不安，于是产生了反映物价变动的要求，这就是物价指数产生的根源。有些指数，如消费品价格指数、生活费用价格指数，同人们的日常生活休戚相关；有些指数，如生产资料价格指数、股票价格指数等，则直接影响人们的投资活动，成为社会经济的“晴雨表”。

指数作为一种对比性的统计指标具有相对数的形式，通常表现为百分数。它表明：若把作为对比基准的水平（基数）视为100，则所要考察的现象水平相当于基数的多少。比如，已知某年全国的零售物价指数为105%，这就表示：若将基期年份（通常为上年）的一般价格水平看成是100%，则当年全国的价格水平就相当于基年的105%，或者说，当年的价格上涨了5%。为了更好地了解指数，下面我们进入统计指数的系统学习。

知识学习

一、统计指数的概念

统计指数从物价指数产生开始，随着历史的推移，被应用到社会经济各个领域。统计指数是研究社会经济现象数量方面时间变动状况和空间对比关系的综合性分析方法。

统计指数有广义和狭义之别。广义的统计指数是指同类社会经济现象数量对比的相对数，比如动态相对数、比较相对数和计划完成情况相对数，都属于广义统计指数的范畴。狭义的统计指数是指用来综合反映所研究复杂社会经济现象总体数量时间变动和空间对比状况的一种特种相对数，它用来说明不能直接相加或对比的复杂社会经济现象总体数量变化的相对数，比如生产成本变动的相对数。统计指数分析法中的统计指数概念是指狭义指数，而不是指广义指数。

小思考

通常说的股票价格指数是狭义指数还是广义指数？

二、统计指数的分类

根据统计指数分析现象的不同，可将其分为不同的种类。

（一）个体指数、组（类）指数和总指数

根据对象的范围不同，指数可以分为个体指数、组（类）指数和总指数。个体指数是反映单个现象或单个事物变动的相对数，比如某商场日销售量指数或价格指数，均称为个体指数。总指数是综合反映整个经济现象总体变动情况的相对数，如工业产品产量总指数。组指数是介于个体指数和总指数之间的指数，是综合反映某类经济现象的相对数，比如反映生活消费品价格变动的指数、食品衣着类价格指数等。指数方法论中的重点分析对象是总指数。

（二）数量指标指数和质量指标指数

根据对象的特征不同，指数可以分为数量指标指数和质量指标指数。数量指标指数是反映所研究现象的数量规模变动情况的相对数，如产品产量指数、物品销售量指数等。质量指标指数是反映所研究现象的质量水平变动情况的相对数，如价格变动的指数、产品成本指数等。

（三）综合指数、平均指标指数和平均指标对比指数

根据指数的表现形式不同，指数可以分为综合指数、平均指标指数和平均指标对比指数。综合指数是通过两个有联系的总量指标的对比计算的相对数。平均指标指数是用加权平均的方法计算出来的指数，分算术平均指数和调和平均指数。平均指标对比指数则是两个联系的加权算术平均指标对比计算出来的总指数。

三、统计指数的作用

（一）综合反映事物变动的方向和程度

反映事物变动的方向和程度是统计指数的主要作用。统计指数的计算结果是用百分比表示的。这个百分比大于或小于 100％，分别表示是增加还是减少，比 100％ 大多少或小多少，就表示升降变动的程度。例如生产成本价格指数 96％，说明生产商成本价格有所回落，即从方向上来讲，降低了，从程度上来说，降低了 4％。

（二）分析经济现象总体变动中各个因素的变动

总体的变动是由各种因素综合影响的结果，多个因素的变动速度和变动方向综合影响导致总体的变动。

例如物品总成本是单位成本和物品产量的乘积，而物品总成本的变动是单位成本变动和物品产量变动综合作用的结果。如某工厂 2013 年商品总成本为 2012 年总成本的 118％，说明 2013 年该工厂商品总成本的增长幅度为 18％。这个变动是单位成本和物品产量两个因素共同作用的结果，借助于统计指数法，可以深入分析和测定这两个因素速度和方向上的变动对总成本变动的影响。

（三）分析总体现象平均水平的变动中各个因素变动的影响

总体现象水平是多个因素综合作用的结果。总体现象平均水平的变动同样也受到各个因素变动的影响。例如，某地区人民平均收入的变动，既受到各收入层次的人民收入的影响，也受到各收入层次人口数结构变动的影响。借助于统计指数法，就能对全体人口平均收入的变动进行分析，同时分析各收入层次人民收入的变动及各个收入层次人口数结构变动对全体人口平均收入变动的影响。

（四）分析现象总体的长时期变动发展趋势

指数反映总体现象的变动方向和程度，将不同时间的指标值按时间的先后顺序组合即可编织成连续的指数数列，借助于指数数列，可以推测总体现象在长期的变化速度和方向的趋势。

任务实施

通过对统计指数的认识，我们系统了解了统计指数的基本概念，它是研究社会经济现象数量方面时间变动状况和空间对比关系的综合性分析方法，并且统计指数还有狭义和广义之分。统计指数可以分为个体指数、组（类）指数和总指数，数量指标指数和质量指标

指数，综合指数、平均指标指数和平均指标对比指数。除此，我们还了解到统计指数的作用，它可以综合反映事物变动的方向和程度，分析经济现象总体变动中各个因素变动，分析总体现象平均水平的变动中各个因素变动的影响，最后，它还可以分析现象总体的长时期变动发展趋势。

任务二 编制综合总指数

任务引入

某超级市场有三种商品，其价格和销售量如表 7—2 所示：

表 7—2　　某超级市场三种商品销售情况表

商品	单位	单价（元）		销售量	
		基期	报告期	基期	报告期
A	包	10	12	90	89
B	个	18	20	45	60
C	台	40	45	100	123

问题：计算三种商品销售量的总变动。

三种商品销售量的总体变动＝（89＋60＋123）/（90＋45＋100）＝115.74%，即三种商品销售量报告期比基期上涨了 15.74%。销售量的简单相加能否正确反映三种商品销售量的总变动？当然不能，综合指数才能反映商品销售量的总变动。下面，我们进入综合指数的学习。

知识学习

一、综合指数概述

（一）综合指数的含义

综合指数是总指数的一种表现形式，反映复杂总体的综合变动情况。它是由两个综合的总量指标对比形成的总指数。总量指标由两个或两个以上因素指标构成，且因素指标的关联形式是乘积式。在这两个总量指标对比形成综合指数的过程中，将总量指标中的一个或多个因素指标加以固定，以观察特定因素指标变动对综合指数的影响。例如，p 表示物品生产的单位成本，q 表示物品产量，“1”表示报告期，“0”表示基期，则总量指标中的两个因素指标分别是物品生产的单位成本（p）和物品产量（q），$\sum qp$ 表示总指数，利用公式$\frac{\sum q_1 p_0}{\sum q_0 p_0}$得到综合指数（物品生产产量总指数），而$\frac{\sum q_1 p_1}{\sum q_1 p_0}$也是综合指数（物品生产单位成本总指数）。

（二）同度量因素和指数化因素

构成综合指数的总指数由两个或两个以上因素指标构成，在这些因素指标中，被固定的因素指标称为同度量因素，要反映的因素指标称为指数化因素。例如，物品生产产量总指数（$\frac{\sum q_1 p_0}{\sum q_0 p_0}$）中，物品生产的单位成本（$p$）和物品产量（$q$）是构成总指数的两个因素，综合指数产量总指数的被固定的因素指标是物品生产的基期单位成本（p_0），因此p是同度量因素；产量总指数要反映的是产量的变动对于总成本的影响，因此要反映的因素指标是物品产量（q），q是指数化因素。可见，同度量因素是指将不能直接相加现象转化为能够直接相加现象的桥梁因素，指数化因素则指要研究的不能直接相加的现象本身。

二、综合指数编制的一般方法

（一）综合指数编制的特点

编制综合指数是将不同度量单位的多物品所组成的复杂现象综合起来，以测定出复杂现象的动态变化。综合指数的编制总的来说是先综合后对比。

第一，引进同度量因素对复杂总体进行综合。同度量因素的引入，解决了总体在研究指标上不能直接相加的问题，使其可以计算出总体的综合总量。除此之外，同度量因素在指数化分析中还起到了权数作用，同度量因素数值较小的指数化因素指标的变动在总指数中起的作用就较小，反之，起到的作用就较大。

第二，将同度量因素固定，消除同度量因素变动的影响。同度量因素被固定，两个不同时期总指数的对比才反映了研究对象，即指数化指标变动对总量指标变动的影响。

综合指数包括数量指标指数和质量指标指数。数量指标指数是指指数化因素是代表数量的因素，如销售量、产量等，质量指标指数是指指数化因素是代表质量的因素，如销售价格、单位成本等，所以根据不同的因素可以得到不同的综合指数结果。但我们还可以采用其他一些编制综合指数的方法，如拉氏指数、派氏指数等。

（二）综合指数编制的注意要点

综合指数是总指数的基本形式。在编制综合指数时，关键是在现象联系中寻找同度量因素，使得指数化因素能够得到综合以反映所研究总体的某种现象的变动情况。因此在编制过程中要注意以下两点：

第一，如何选择同度量因素更为合理。

第二，把同度量因素固定在哪个时期更为恰当。

由于指数化因素的单位或者性质不同，因而不能直接相加，但是同度量因素的引入和应用使得指数化因素得以综合起来。比如，要分析多个商品的价格变动情况，因为各个商品销售单价不能相加得到总价格，因此用同度量因素将单价过渡为销售额，这时同度量因素选用销售量合理。又如，要考察商品销售数量的变动情况，由于商品性质单位不同，不能将商品数量直接相加，因此这里选用同度量因素——各个商品单价，将商品数量过渡为销售额就可以将所有商品销售量综合起来加以分析。

综合指数是分析指数化因素变动的影响情况。因此要将非指数化因素，也就是这里的同度量因素固定在某一时期不变。各个不同时期的同度量因素不同，有基期的、报告期的，也有实际的、计划的。选择固定哪一个时期的同度量因素也是综合指数编制过程中的一个要点。

编制综合指数时，固定哪一期同度量因素要根据编制指数的具体任务而定，以经济内容为基础，根据实践中的应用情况，确定统计指数同度量因素所属哪个时期的一般原则是：编制数量指标指数时，以基期的质量指标作为同度量因素，说明在质量指标保持不变时，数量指标的动态变化；编制质量指标指数时，以报告期的数量指标作为同度量因素，说明在数量指标保持不变时，质量指标的动态变化。值得注意的是，在计算一种综合指数时，分子分母的同度量因素必须是一致的。

三、数量指标综合指数

（一）数量指标综合指数的概念

数量指标综合指数是说明总体规模变动情况的相对指标指数，它是反映现象的规模、水平发展变化的指数。比如产品产量指数，它说明总产值中产量变动的影响情况；又比如商品销售量指数，它说明商品销售额中商品销售量变动的影响情况。除此之外，常见的数量指标综合指数还有工业产品生产量指数、股票交易量指数、农业产品生产量指数和职工人数指数等。

（二）数量指标综合指数的编制

常用的数量指标综合指数很多，下面以产品产量指数为例来说明数量指标综合指数的编制。

【例 7.1】某公司有四个工厂，一工厂生产零部件 A（个），二工厂生产配件 B（个），三工厂生产机械机器（台），四工厂生产化工材料（吨），这四个工厂生产的 4 种产品的产量和单位成本资料如表 7—3 所示。

表 7—3　　某公司生产四种产品的产量和单位成本

产品种类	单位	产量		单位成本/元	
		基期	报告期	基期	报告期
		q_0	q_1	p_0	p_1
A 产品	个	1 020	1 250	90	88
B 产品	个	1 200	1 500	705	699
C 产品	台	4 050	3 998	2 200	2 360
D 产品	吨	3 200	3 440	236	188

上表中 q_0，q_1，p_0 和 p_1 分别表示基期产量、报告期产量、基期单位成本和报告期单位成本。将产品报告期产量除以基期产量可以得到四种产品的产量个体指数 $k_q=\frac{q_1}{q_0}$。

$$k_{qA}=\frac{q_{1A}}{q_{0A}}=\frac{1\ 250}{1\ 020}=123\%$$

$$k_{qB}=\frac{q_{1B}}{q_{0B}}=\frac{1\ 500}{1\ 200}=125\%$$

$$k_{qC}=\frac{q_{1C}}{q_{0C}}=\frac{3\ 998}{4\ 050}=99\%$$

$$k_{qD}=\frac{q_{1D}}{q_{0D}}=\frac{3\ 440}{3\ 200}=108\%$$

从计算结果中看到，A 产品产量比基期增加了 23%，B 产品产量比基期增加了 25%，C 产品产量比基期减少了 1%，而 D 产品产量比基期增加了 8%。四种产品有四种产量变化情况，但是如果该公司要研究所有产品的的综合变动情况，为产品生产成本控制提供综合的信息，那么就需要计算产品产量综合指数。

前面讲到，编制综合指数应注意两点。首先，确定同度量因素。产量指标综合指数中的指数化因素是产量，由于各个产品的性质单位不同，不能直接相加，因此，选定同度量因素单位成本使得产量指标转化为总成本可以进行直接相加，得到产品产量综合指数 $\overline{k}_q=\frac{\sum q_1 p}{\sum q_0 p}$。这里，指数化因素产量指标是数量指标，同度量因素单位成本指标是质量指标。通常情况下，指数化因素是数量指标时，同度量因素是质量指标。

在编制综合指数时，还应注意第二个问题，即固定哪个时期的同度量因素。现在，产品单位成本有基期和报告期两个，固定哪个时期的单位成本作为同度量因素呢？编制产品产量综合指数不仅要研究产品产量综合变动，而且还要研究由于产品产量变动所带来的实际经济效果。固定哪一期的单位成本作为同度量因素所带来的实际经济效果更有意义就选择哪一期的单位成本作为同度量因素。按照指数的编制理论，产品单位成本这个同度量因素固定在基期时所带来的实际经济效果更有意义。

下面以表 7—4 为例加以说明。

表 7—4　　某公司生产四种产品的产量指数和单位成本指数计算

产品种类	单位	产量		单位成本/元		总成本/元			
		基期	报告期	基期	报告期	基期实际	报告期实际	假定	假定
		q_0	q_1	p_0	p_1	q_0p_0	q_1p_1	q_1p_0	q_0p_1
A 产品	个	1 020	1 250	90	88	91 800	110 000	112 500	89 760
B 产品	个	1 200	1 500	705	699	846 000	1 048 500	1 057 500	838 800
C 产品	台	4 050	3 998	2 200	2 360	8 910 000	9 435 280	8 795 600	9 558 000
D 产品	吨	3 200	3 440	236	188	755 200	646 720	811 840	601 600
合计	—	—	—	—	—	10 603 000	11 240 500	10 777 440	11 088 160

如果以基期产品单位成本作为同度量因素，则产品产量综合指数为：

$$\overline{k_q}=\frac{\sum q_1p_0}{\sum q_0p_0}=\frac{10\ 777\ 440}{10\ 603\ 000}=101.645\%$$

$$\sum q_1p_0-\sum q_0p_0=174\ 440(\text{元})$$

可以看出，四种产品产量报告期比基期平均增加了1.645%，$\sum q_1p_0$是报告期产量按基期产品单位成本计算而得出的产品总成本，$\sum q_0p_0$是基期的实际总成本，$\overline{k_p}=\frac{\sum q_1p_0}{\sum q_0p_0}=$101.645%表明按基期产品单位成本计算，由于报告期产品产量的增加而使得总成本增长了1.645%。$\sum q_1p_0-\sum q_0p_0=174\ 440$（元）表明按基期产品单位成本计算，由于报告期产品产量的增加而使得总成本增长了174 440元。

如果以报告期产品单位成本作为同度量因素，则产品产量综合指数为：

$$\overline{k_q}=\frac{\sum q_1p_1}{\sum q_0p_1}=\frac{11\ 240\ 500}{11\ 088\ 160}=101.37\%$$

$$\sum q_1p_1-\sum q_0p_1=152\ 340(\text{元})$$

可以看出，四种产品产量报告期比基期平均增加了1.37%，$\sum q_1p_1$是报告期实际总成本，$\sum q_0p_1$是基期产量按报告期产品单位成本计算而得出的产品总成本。$\overline{k_p}=\frac{\sum q_1p_1}{\sum q_0p_1}$表明假定产品在基期不生产，按报告期产品单位成本计算，由于报告期产品产量的增加而使得总成本增长了1.37%。$\sum q_1p_1-\sum q_0p_1=152\ 340$（元）表明假定产品在基期不生产，由于报告期产品产量的增加而使得总成本增长了152 340元。但基期产品已经生产，所以以报告期产品单位成本为同度量因素计算的产品产量总指数没有实际意义。

综合上述，得到结论，产品产量综合指数的同度量因素应选用基期的产品单位成本，即$\overline{k_q}=\frac{\sum q_1p_0}{\sum q_0p_0}$。

四、质量指标综合指数

（一）质量指标综合指数的概念

质量指标综合指数是反映社会经济现象相对水平或平均水平的统计指标的指数。比如产品单位成本指数，它说明总产值中单位成本变动的影响情况；商品销售价格指数，它说明销售额中商品价格变动的影响情况。除此之外，常见的质量指标综合指数还有劳动生产率指数等。

（二）质量指标综合指数的编制

常用的质量指标综合指数很多，下面以产品单位成本指数为例来说明质量指标综合指数的编制。

以【例 7.1】加以说明（见表 7—3）。表中 q_0，q_1，p_0 和 p_1 分别表示基期产量、报告期产量、基期单位成本和报告期单位成本。将产品报告期单位成本除以基期单位成本可以得到四种产品的单位成本个体指数 $k_p=\frac{p_1}{p_0}$。

$$k_{qA}=\frac{p_{1A}}{p_{0A}}=\frac{88}{90}=98\%$$

$$k_{pB}=\frac{p_{1B}}{p_{0B}}=\frac{699}{705}=99\%$$

$$k_{pC}=\frac{p_{1C}}{p_{0C}}=\frac{2\ 360}{2\ 200}=107\%$$

$$k_{pD}=\frac{p_{1D}}{p_{0D}}=\frac{188}{236}=80\%$$

从计算结果中看到，A 产品单位成本比基期减少了 2%，B 产品单位成本比基期减少了 1%，C 产品单位成本比基期增加了 7%，D 产品单位成本比基期减少了 20%。四种产品有四种单位成本变化情况，但是如果该公司要研究所有产品的的综合变动情况，为产品生产成本控制提供综合的信息，就需要计算产品单位成本综合指数。

用综合指数编制商品产品单位成本总指数同样要解决两个问题。

第一，确定同度量因素。单位成本指标综合指数中的指数化因素是单位成本，由于各个产品的性质不同，不能直接将单位成本相加，因此，选定同度量因素产量使得单位成本指标转化为总成本可以进行直接相加，得到产品单位成本综合指数 $\overline{k_p}=\frac{\sum qp_1}{\sum qp_0}$。这里，指数化因素产量指标是单位成本指标，同度量因素产量指标是数量指标。通常情况下，指数化因素是质量指标时，同度量因素是数量指标。

在编制综合指数时，同样应注意第二个问题，即固定哪个时期的同度量因素。现在，产品产量有基期和报告期两个，固定哪个时期的产量作为同度量因素呢？和编制产品产量综合指数一样，编制产品单位成本综合指数不仅要研究产品单位成本综合变动，而且还要研究由于产品单位成本变动所带来的实际经济效果。固定哪一期的产量作为同度量因素所带来的实际经济效果更有意义，就选择哪一期的产量作为同度量因素。按照指数的编制理论，产品产量这个同度量因素固定报告期时所带来的实际经济效果更有意义。

和数量指标综合指数论证一样，我们以表 7—4 为例加以说明。

由表中可知，如果以报告期产量作为同度量因素，则产品单位成本综合指数为：

$$\overline{k_q}=\frac{\sum q_1p_1}{\sum q_1p_0}=\frac{11\ 240\ 500}{10\ 777\ 440}=104.296\ 6\%$$

$$\sum q_1p_1-\sum q_1p_0=463\ 060(\text{元})$$

可以看出，四种产品单位成本报告期比基期平均增加了4.296 6%，$\sum q_1p_1$ 是报告期实际总成本，$\sum q_1p_0$ 是基期单位成本按报告期产品产量计算而得出的产品总成本。$\overline{k_p}=\dfrac{\sum q_1p_1}{\sum q_1p_0}=104.296\ 6\%$表明按报告期产品产量计算，由于产品单位成本的上升而使总成本增长了4.296 6%。$\sum q_1p_1-\sum q_1p_0=463\ 060$（元）表明按报告期产品产量计算，由于产品单位成本的上升而使总成本增加了463 060元。

如果以基期产品产量作为同度量因素，则产品单位成本综合指数为：

$$\overline{k_p}=\frac{\sum q_0p_1}{\sum q_0p_0}=\frac{11\ 088\ 160}{10\ 603\ 000}=104.58\%$$

$$\sum q_0p_1-\sum q_0p_0=485\ 160(\text{元})$$

可以看出，四种产品单位成本报告期比基期平均增加了4.58%，$\sum q_0p_1$ 是报告期单位成本按基期产品产量计算而得出的产品总成本，$\sum q_0p_0$ 是基期的实际总成本，$\overline{k_p}=\dfrac{\sum q_0p_1}{\sum q_0p_0}=104.58\%$表明假设报告期单位成本上升，从而使得总成本比基期总成本增加4.58%。$\sum q_0p_1-\sum q_0p_0=485\ 160$（元）表明假设报告期单位成本上升，从而使得总成本比基期总成本增加485 160元。而基期产品已经生产，所以以基期产品产量为同度量因素计算的产品单位成本总指数没有实际意义。

综合上述，得到结论，产品单位成本综合指数的同度量因素应选用报告期的产品产量，即$\overline{k_p}=\dfrac{\sum q_1p_1}{\sum q_1p_0}$。

小思考

数量指标和质量指标的根本区别在哪里？除了书上已经列举出来的指标，现实生活中还有哪些指标是数量指标？哪些指标是质量指标？

任务实施

在学习了综合指数概念、综合指数编制的一般方法、数量指标综合指数和质量指标综合指数之后，现在我们一起来解决任务引入中的问题：计算三种商品销售量的总变动。

以表7—5为例加以说明。

表 7—5　　某超级市场三种商品的销售量指数计算

产品种类	单位	销售量		单价/元		销售额/元	
		基期	报告期	基期	报告期	基期实际	假定
		q_0	q_1	p_0	p_1	q_0p_0	q_1p_0
A	包	90	89	10	12	900	890
B	个	45	60	18	20	810	1 080
C	台	100	123	40	45	4 000	4 920
合计	—	—	—	—	—	5 710	6 890

如果以基期产品单位成本作为同度量因素，则产品产量综合指数为：

$$\overline{k_q}=\frac{\sum q_1p_0}{\sum q_0p_0}=\frac{6\ 890}{5\ 710}=120.67\%$$

$$\sum q_1p_0-\sum q_0p_0=1\ 180(\text{元})$$

可以看出，三种商品销售量报告期比基期平均增加了 20.67%，$\sum q_1p_0$ 是报告期销售量按基期单价计算而得出的商品销售额，$\sum q_0p_0$ 是基期的实际销售额，$\overline{k_p}=\frac{\sum q_1p_0}{\sum q_0p_0}=$ 120.67%表明三种商品销售量的总变动，使得销售额比基期增加 20.67%，从绝对数来看，$\sum q_1p_0-\sum q_0p_0=1\ 180$（元）表明三种商品销售量的总变动，使得销售额比基期增加 1 180元。

任务三

开展因素分析

任务引入

某企业工人资料如表 7—6 所示。

表 7—6　　某企业用工情况表

工种	月工资水平（元）		工人人数（人）	
	基期	报告期	基期	报告期
技术工	880	920	245	250
辅助工	750	750	120	200
合计	—	—	365	450

问题：计算某企业人力总成本的变动，月工资水平和工人人数对总成本的变动的影响情况。

人力总成本的总体变动百分比＝（920×250＋750×200）/（880×245＋750×120）＝124.35％，人力总成本的绝对值＝（920×250＋750×200）－（880×245＋750×120）＝74 400（元）。即人力总成本报告期比基期上涨了 24.35％，绝对值上涨了 74 400 元。

在这人力总成本的变动中，有多少变动是受月工资水平变动的影响？又有多少变动是受工人人数变动的影响？指数因素分析可以帮助我们解决这一问题，下面我们进入指数因素分析的学习。

知识学习

一、统计指数体系

（一）指数体系的概念

指数体系是指若干个在经济上、数量上有对等关系的若干指数构成的整体。如产品生产市场的产品产量指数、产品单位成本指数和产品总成本指数构成一个有机整体。其中，产品总成本指数等于产品产量指数乘以产品单位成本指数，满足指数体系要求的对等关系，因此，产品产量指数、产品单位成本指数和产品总成本指数构成一个指数体系。

在指数体系中，将被影响现象的指数称为总变动指数，如上例中的产品总成本指数；将影响因素的指数称为因素指数，如上例中的产品单位成本指数和产品产量指数。

小思考

你还能列举出其他常见的统计指数体系吗？

（二）指数体系的特点

要构成一个指数体系，必须具备以下三个特点：

第一，一个指数体系必须具备三个或三个以上的指数。

第二，体系中的单个指数在数量上能相互推算。例如，已知产品总成本指数、产品产量指数，则可推算出产品单位成本指数。

第三，现象总变动差额等于各个因素变动差额的和。

（三）指数体系的表现形式

应用指数体系可以从相对数和绝对数两个方面来分析各个因素之间的相互影响；可以进行指数之间的相互推算；可以对未来现象进行预测。

接【例 7.1】，分析指数体系中的相对数体系和绝对数体系。

1. 相对数体系

产品单位成本指数 $\frac{\sum q_1 p_1}{\sum q_1 p_0}=104.29$

产品产量指数 $\frac{\sum q_1 p_0}{\sum q_0 p_0}=101.6$

总成本指数 $\frac{\sum q_1 p_1}{\sum q_0 p_0}=106$

$$\frac{\sum q_1 p_1}{\sum q_0 p_0}=\frac{\sum q_1 p_1}{\sum q_1 p_0}\cdot\frac{\sum q_1 p_0}{\sum q_0 p_0}$$

总成本指数＝产品产量指数×产品单位成本指数。除了产品生产市场指数体系，其他指数也满足这样的关系，比如：销售额指数＝销售量指数×销售价格指数；增加值指数＝员工人数指数×劳动生产率指数×增加值率指数；销售利润指数＝销售量指数×销售价格指数×销售利润率指数。

2. 绝对数体系

$$\sum q_1 p_1-\sum q_1 p_0=463\ 060(\text{元})$$

$$\sum q_1 p_0-\sum q_0 p_0=174\ 440(\text{元})$$

$$\sum q_1 p_1-\sum q_0 p_0=637\ 500(\text{元})$$

$$\sum q_1 p_1-\sum q_0 p_0=\left(\sum q_1 p_1-\sum q_1 p_0\right)+\left(\sum q_1 p_0-\sum q_0 p_0\right)$$

由此可见，总变动指数等于各因素指数的连乘积，总变动指数分子与分母的差等于各个因素指数分子与分母差的和。

（四）指数体系的作用

指数体系在社会经济分析中主要有以下三方面的作用：

第一，指数体系是因素分析的根据。指数体系可以帮助分析经济现象总变动中各因素变动的影响方向和程度，帮助找到总变动的原因。

第二，利用各指数之间的联系进行指数间的相互推算。由相对数体系可知，总变动指数等于各个因素指数的乘积，因此，由已知的指数可以推算出未知的指数，如已知产品总成本指数和产品单位成本指数，要求产品产量指数，只需用产品总成本指数除以产品单位成本指数即可求得。

第三，指数体系是确定同度量因素时期的根据之一。指数体系要求各个指数之间在数量上要保持一定的联系。如果编制产品产量指数时用基期单位成本作为同度量因素，那么编制产品单位成本指数时就必须用报告期的产品产量作为同度量因素；如果编制产品产量指数用报告期单位成本作为同度量因素，那么编制产品单位成本指数时就必须用基期的产品产量作为同度量因素。

二、指数因素分析法

（一）指数因素分析法概述

指数因素分析法，又称因素分析法，是利用统计指数体系分析现象总变动中各个因素影响方向和程度的一种统计分析方法。指数因素分析法能够使研究者把一组反映事物性质、状态、特点等的变量简化为少数几个能够反映出事物内在联系的、固有的、决定事物本质特征的因素。指数因素分析法的依据是指数体系。分析的对象是被影响现象的量等于各个影响因素量的连乘积的现象。分析的目的是从相对数和绝对数两个方面测定各个因素的变动对现象影响的方向和程度。

指数因素分析按分析对象数量不同可分为两因素分析和多因素分析。

（二）两因素分析

两因素分析指分析对象中包括两个影响因素。常见的商品销售额指数、销售量指数和商品销售价格指数之间形成的指数体系，以及产品总成本指数、产品产量指数和产品单位成本指数之间形成的指数体系，均是两因素分析。在总量指标两因素分析的过程包括：

第一，计算现象总变动指数；

第二，计算各个因素的变动指数；

第三，根据指数体系，对现象进行因素分析。

【例 7.2】某商场四种产品的出售情况如表 7—7 所示：

表 7—7　某商场四种产品的销售量和价格情况表

商品种类	单位	销售量		销售价格/元	
		基期	报告期	基期	报告期
		q_0	q_1	p_0	p_1
甲商品	件	220	208	26	30
乙商品	个	595	630	70	88
丙商品	千克	55	52	220	215
丁商品	盒	380	395	667	680

将商场四种产品的销售量和价格进行指数计算，见表 7—8。

表 7—8　某商场四种商品的销售量和价格指数计算

商品种类	单位	销售量		销售价格/元		销售额/元			
		基期	报告期	基期	报告期	基期实际	报告期实际	假定	假定
		q_0	q_1	p_0	p_1	q_0p_0	q_1p_1	q_1p_0	q_0p_1
甲商品	件	220	208	26	30	5 720	6 240	5 408	6 600
乙商品	个	595	630	70	88	41 650	55 440	44 100	52 360
丙商品	千克	55	52	220	215	12 100	11 180	11 440	11 825
丁商品	盒	380	395	667	680	253 460	268 600	263 465	258 400
合计	—	—	—	—	—	312 930	341 460	324 413	329 185

根据上述资料，对【例 7.2】进行两因素分析。

第一，总销售额变动。

$$\overline{k_{qp}}=\frac{\sum q_1 p_1}{\sum q_0 p_0}=\frac{341\ 460}{312\ 930}=109.12\%$$

$$\sum q_1 p_1-\sum q_0 p_0=28\ 530(\text{元})$$

第二，各个因素变动。

(1) 销售量变动的影响：

$$\overline{k_q}=\frac{\sum q_1 p_0}{\sum q_0 p_0}=\frac{324\ 413}{312\ 930}=103.67\%$$

$$\sum q_1 p_0-\sum q_0 p_0=11\ 483(\text{元})$$

(2) 销售价格变动的影响：

$$\overline{k_q}=\frac{\sum q_1 p_1}{\sum q_1 p_0}=\frac{341\ 460}{324\ 413}=105.255\%$$

$$\sum q_1 p_1-\sum q_1 p_0=17\ 047(\text{元})$$

第三，根据指数体系，进行因素分析。

$$\frac{\sum q_1 p_1}{\sum q_0 p_0}=\frac{\sum q_1 p_0}{\sum q_0 p_0}\times\frac{\sum q_1 p_1}{\sum q_1 p_0}$$

即 109.12%=103.67%×105.255%

$$\sum q_1 p_1-\sum q_0 p_0=(\sum q_1 p_0-\sum q_0 p_0)+(\sum q_1 p_1-\sum q_1 p_0)$$

即 28 530=11 483+17 047

第四，分析说明。

由于该商场四种商品销售量比基期增长了3.67%，而且销售价格比基期增长了5.255%，从而使得该商场四种商品的销售额比基期增长了9.12%。

由于该商场四种商品销售量的变动使得销售额增长了11 483元，而且由于销售价格的变动使得销售额增长了17 047元，最终使得该商场四种商品的销售总额总体增长了28 530元。

【例7.3】某医疗机构每十年构建一批医疗器械，器械价格和购进量情况如表7—9所示，请对医疗器械的购进情况进行因素分析。

表7—9　　某医疗机构购进三种医疗器械的购进量和价格情况表

器械种类	单位	购进量		价格/元	
		2000年（基期）	2010年（报告期）	2000年（基期）	2010年（报告期）
		q_0	q_1	p_0	p_1
JX—141 液晶显示腰椎	台	4	4	38 000	35 800
JX—138 电动起立床	台	8	9	22 505	15 600
JX—164 单摇儿童床	台	12	10	5 500	5 660

将商场三种产品的销售量和价格进行指数计算，如表 7—10 所示。

表 7—10　　某医疗机构购进三种器械的购进量和价格指数计算

机械种类	单位	购进量		价格/元		支付额/元			
		2000 年（基期）	2010 年（报告期）	2000 年（基期）	2010 年（报告期）	2000 年（基期）实际	2010 年（报告期）实际	假定	假定
		q_0	q_1	p_0	p_1	q_0p_0	q_1p_1	q_1p_0	q_0p_1
液晶显示腰椎	台	4	4	38 000	35 800	152 000	143 200	152 000	143 200
电动起立床	台	8	9	22 505	15 600	180 040	140 400	202 545	124 800
单摇儿童床	台	12	10	5 500	5 660	66 000	56 600	55 000	67 920
合计	—	—	—	—	—	398 040	340 200	409 545	335 920

根据上述资料，对【例 7.3】进行两因素分析。

第一，总支付额变动。

$$\overline{k_{qp}}=\frac{\sum q_1p_1}{\sum q_0p_0}=\frac{340\ 200}{398\ 040}=85.469\%$$

$$\sum q_1p_1-\sum q_0p_0=-57\ 840(\text{元})$$

第二，各个因素变动。

(1) 购进量变动的影响：

$$\overline{k_q}=\frac{\sum q_1p_0}{\sum q_0p_0}=\frac{409\ 545}{398\ 040}=102.89\%$$

$$\sum q_1p_0-\sum q_0p_0=11\ 505(\text{元})$$

(2) 价格变动的影响：

$$\overline{k_q}=\frac{\sum q_1p_1}{\sum q_1p_0}=\frac{340\ 200}{409\ 545}=83.068\%$$

$$\sum q_1p_1-\sum q_1p_0=-69\ 345(\text{元})$$

第三，根据指数体系，进行因素分析。

$$\frac{\sum q_1p_1}{\sum q_0p_0}=\frac{\sum q_1p_0}{\sum q_0p_0}\times\frac{\sum q_1p_1}{\sum q_1p_0}$$

即 85.469%=83.068%×102.89%

$$\sum q_1p_1-\sum q_0p_0=(\sum q_1p_0-\sum q_0p_0)+(\sum q_1p_1-\sum q_1p_0)$$

即 −57 840=11 505+（−69 345）

第四，分析说明。

由于该医疗机构购买三种医疗器械的购进量比基期增长了 2.89%，但是价格比基期减少了 16.932%，从而使得该医疗机构购买三种医疗器械的总支付额比基期减少了 14.531%。

由于该医疗机构购买三种医疗器械的购进量的变动使得总支付额增长了 11 505 元，但是由于该医疗机构购买三种医疗器械的价格的变动使得总支付额减少了 69 345 元，最终使得该医疗机构购买医疗器械的总支付额比基期减少了 57 840 元。

小思考

由统计指数两因素分析法的分析过程，能不能推测到统计指数三因素分析法的分析？

（三）多因素分析

1. 多因素分析的概念

统计指数两因素分析的对象包括两个影响因素，当复杂社会现象变动受三个或三个以上的多因素变动影响时，可以利用指数体系进行多因素分析。多因素是由两因素分析推广而来的，可以是三因素分析、四因素分析、五因素分析等。在多因素分析的过程中，应分清主次，抓住主要矛盾。多因素分析的过程和两因素分析类似。首先，计算现象总变动指数；其次，计算各个因素的变动指数；最后，根据指数体系，对现象进行因素分析。

2. 多因素分析注意事项

在多因素分析中，要注意以下两点：

第一，固定哪一期的同度量因素。跟两因素分析一样，选择固定同度量因素的时期有一定的规则。当质量指标作为同度量因素时，将其固定在基期；当数量指标作为同度量因素时，将其固定在报告期。其目的是使各个因素指数的连乘积等于总量指标指数，各个因素指数变动造成的差额之和要等于总量指标实际发生的差额。

第二，注意各个指标因素的排序。各个因素的排序应遵循相邻两个变量的乘积具有独立经济意义的原则。如【例 7.4】，人力成本总额由车间数、车间人数和工人工资三个指标因素的乘积求得，即“人力成本总额＝车间数×车间人数×工人工资”，这样的排序方式满足相邻两个变量的乘积具有独立经济意义的原则，“车间数×车间人数”为全部车间的总人数，“车间人数×工人工资”为车间工人的总工资，都具有独立的经济意义。除此之外，该例的因素排序还可以倒转过来，即“人力成本总额＝工人工资×车间人数×车间数”，此排序两指标因素的乘积同样具有独立经济意义。但如果将因素的排序设定为“人力成本总额＝工人工资×车间数×车间人数”就不符合指数分解逻辑，因“工人工资×车间数”没有现实意义。

3. 多因素分析过程

下面举例说明多因素分析。

【例 7.4】某企业有四个工厂，分别是 A 工厂、B 工厂、C 工厂和 D 工厂，每个工厂车间数不同，车间人数不同，工人工资也有所不同，现考察该企业人力成本状况，数据具体情况如表 7—11 所示。

表 7—11　　某企业三个工厂人力成本经营情况表

工厂类别	车间数/间		车间人数/个		工人工资/元		人力成本总额/元			
	基期	报告期	基期	报告期	基期	报告期	基期	报告期	假定	
	q_0	q_1	m_0	m_1	p_0	p_1	$q_0m_0p_0$	$q_1m_1p_1$	$q_1m_0p_0$	$q_1m_1p_0$
A 工厂	3	4	20	34	1 200	1 160	72 000	157 760	96 000	163 200
B 工厂	4	4	33	23	2 000	1 800	264 000	165 600	264 000	184 000
C 工厂	5	6	25	30	1 580	1 680	197 500	302 400	237 000	284 400
D 工厂	6	8	9	15	2 100	2 280	113 400	273 600	151 200	252 000
合计	—	—	—	—	—	—	646 900	899 360	748 200	883 600

在上表中，qmp 表示人力成本总额指数，q 表示车间数，m 表示车间人数，p 表示工人工资。现在从相对数和绝对数方面对人力成本总额进行多因素分析。

第一，人力成本总额变动。

$$\overline{k_{qmp}}=\frac{\sum q_1m_1p_1}{\sum q_0m_0p_0}=\frac{899\ 360}{646\ 900}=139.026\ 1\%$$

$$\sum q_1m_1p_1-\sum q_0m_0p_0=252\ 460(\text{元})$$

从上面的计算可知，人力成本总额报告期比基期上升了 39.026 1% ，增加额为252 460元。

第二，各个因素变动。

(1) 车间数总指数。分析车间数因素变动时，将作为同度量因素的两个质量因素，即车间人数和工人工资固定在基期：

$$\overline{k_q}=\frac{\sum q_1m_0p_0}{\sum q_0m_0p_0}=\frac{748\ 200}{646\ 900}=115.659\ 3\%$$

$$\sum q_1m_0p_0-\sum q_0m_0p_0=101\ 300(\text{元})$$

计算结果表明，由于报告期的车间数比基期增加，使人力成本总额上升 15.659 3% ，增加成本支出 101 300 元。

(2) 车间人数总指数。分析车间人数变动时，将车间数因素这个数量指标固定在报告期，而将工人工资因素这个质量指标固定在基期：

$$k_m=\frac{\sum q_1m_1p_0}{\sum q_1m_0p_0}=\frac{883\ 600}{748\ 200}=118.096\ 8\%$$

$$\sum q_1m_1p_0-\sum q_1m_0p_0=135\ 400(\text{元})$$

计算结果表明，由于报告期的车间人数相对于基期的变动，使人力成本总额上升

18.096 8%，增加成本支出 135 400 元。

(3) 工人工资总指数。分析工人工资变动时，应将同度量因素车间数和车间人数的乘积作为数量因素，固定在报告期：

$$\overline{k_p}=\frac{\sum q_1m_1p_1}{\sum q_1m_1p_0}=\frac{899\ 360}{883\ 600}=101.783\ 6\%$$

$$\sum q_1m_1p_1-\sum q_1m_1p_0=15\ 760(\text{元})$$

计算结果表明，由于报告期的工人工资相对于基期的变动，使人力成本总额上升 1.783 6%，增加成本支出 15 760 元。

第三，根据指数体系，进行因素分析。

相对数：

人力成本总额指数＝车间数总指数×车间人数总指数×工人工资总指数

即：

$$\frac{\sum q_1m_1p_1}{\sum q_0m_0p_0}=\frac{\sum q_1m_0p_0}{\sum q_0m_0p_0}\times\frac{\sum q_1m_1p_0}{\sum q_1m_0p_0}\times\frac{\sum q_1m_1p_1}{\sum q_1m_1p_0}$$

1.390 261＝1.156 593×1.180 968×1.017 836

绝对数：

$$\sum q_1m_1p_1-\sum q_0m_0p_0=(\sum q_1m_0p_0-\sum q_0m_0p_0)+(\sum q_1m_1p_0-\sum q_1m_0p_0)+(\sum q_1m_1p_1-\sum q_1m_1p_0)$$

252 460＝101 300＋135 400＋15 760

第四，分析说明。

综合上述，可以得出如下结论：

该企业人力成本总额比基期增长了 39.026 1%，是由于车间数比基期增长了 15.659 3%，车间人数比基期增长了 18.096 8%和工人工资比基期增长了 1.783 6%共同作用的结果。

该企业人力成本总额比基期增长 252 460 元，是由于车间数的变动使得成本增加101 300 元，车间人数的变动使得成本增加 135 400 元和工人工资的变动使得成本增加 15 760 元共同作用的结果。

说明该企业人力成本相对于基期有所增加，应该采取措施对人力成本支出进行控制。

任务实施

在学习了统计指数体系、指数因素分析法之后，现在我们一起来解决任务引入中的问题：分析企业人力总成本的变动、月工资水平和工人人数对总成本的变动的影响情况。对企业人力成本的因素分析，如表 7—12 所示。

表 7—12　　某企业的工人人数和工资水平指数计算

工种	工人人数（人）		月工资水平（元）		人力成本/元		
	基期	报告期	基期	报告期	基期实际	报告期实际	假定
	q_0	q_1	p_0	p_1	q_0p_0	q_1p_1	q_1p_0
技术工	245	250	880	920	215 600	230 000	220 000
辅助工	120	200	750	750	90 000	150 000	150 000
合计	—	—	—	—	305 600	380 000	370 000

根据上述资料，进行因素分析。

第一，总人力成本变动。

$$\overline{k_{qp}}=\frac{\sum q_1p_1}{\sum q_0p_0}=\frac{380\ 000}{305\ 600}=124.346\%$$

$$\sum q_1p_1-\sum q_0p_0=74\ 400(\text{元})$$

第二，各个因素变动。

（1）工人人数变动的影响：

$$\overline{k_q}=\frac{\sum q_1p_0}{\sum q_0p_0}=\frac{370\ 000}{305\ 600}=121.073\%$$

$$\sum q_1p_0-\sum q_0p_0=64\ 400(\text{元})$$

（2）工资水平变动的影响：

$$\overline{k_p}=\frac{\sum q_1p_1}{\sum q_1p_0}=\frac{380\ 000}{370\ 000}=102.703\%$$

$$\sum q_1p_1-\sum q_1p_0=10\ 000(\text{元})$$

第三，根据指数体系，进行因素分析。

$$\frac{\sum q_1p_1}{\sum q_0p_0}=\frac{\sum q_1p_0}{\sum q_0p_0}\times\frac{\sum q_1p_1}{\sum q_1p_0}$$

即 124.346%＝121.073%×102.703%

$$\sum q_1p_1-\sum q_0p_0=(\sum q_1p_0-\sum q_0p_0)+(\sum q_1p_1-\sum q_1p_0)$$

即 74 400＝64 400＋10 000

第四，分析说明。

从相对数来看，由于该企业工人人数变动使得人力成本比基期增长了 21.073%，而且工资水平变动使得人力成本比基期增长了 2.703%，从而使得该企业人力成本比基期增长了 24.346%。

从绝对数来看，由于该企业工人人数变动使得人力成本比基期增长了 64 400 元，而且工资水平变动使得人力成本比基期增长了 10 000 元，从而使得该企业人力成本比基期增长了 74 400 元。

编制平均法总指数

任务引入

某超市销售三种商品A、B和C，现已知三种商品的销售额和销售量个体指数$\left(\frac{q_1}{q_0}\right)$，具体情况如表7—13所示，请计算：三种商品销售量总指数及由于销售量变动使得销售额变动的绝对值。

表7—13　　某超市三种商品销售情况表

商品种类	销售额（元）		销售量个体指数（%）
	基期	报告期	
A	25 000	28 500	110
B	88 000	98 500	105
C	200 000	265 000	98
合计	313 000	392 000	—

某企业生产三种产品甲、乙和丙，现已知三种产品的总成本和单位成本个体指数$(\frac{p_1}{p_0})$，具体情况如表7—14所示，请计算：三种产品单位成本总指数及由于单位成本变动使得总成本变动的绝对值。

表7—14　　某企业生产三种产品消耗成本情况表

产品种类	总成本（万元）		单位成本个体指数（%）
	基期	报告期	
甲	32	33	122
乙	40	58	103
丙	55	62	80
合计	127	153	—

根据以上资料能计算总指数吗？如果我们所掌握的以上统计资料无法编制总指数，要计算统计总指数，应该采用什么样的方法？这是我们本任务所要学习的内容。

知识学习

一、平均法总指数的概念

平均法总指数是通过对个体指数进行加权平均而求得的反映不能直接加总和对比的复

杂总体综合变动的总指数，它分为加权算术平均法总指数和加权调和平均法总指数两种情况。

二、平均法总指数的计算形式

（一）加权算术平均法总指数

加权算术平均法总指数是以 f 为权数，对个体指数进行加权算术求平均而得到的指数。其具体表现形式为：$\bar{k}=\frac{\sum kf}{\sum f}$。

现对加权算术平均法总指数的表现形式进行讨论：

（1）当加权算术平均法总指数的个体指数 k 为数量指标个体指数，即 $k=\frac{q_1}{q_0}$。以产品产量指数为例讨论加权算术平均法总指数。现产品产量个体指数 $k=k_q=\frac{q_1}{q_0}$，权数为 f，则加权算术平均法总指数 $\overline{k_q}=\frac{\sum k_q f}{\sum f}$。

①当 $f=q_0p_0$ 时，

$$\overline{k_q}=\frac{\sum k_q f}{\sum f}=\frac{\sum \frac{q_1}{q_0}q_0p_0}{\sum q_0p_0}=\frac{\sum q_1p_0}{\sum q_0p_0}$$

可见，当产品产量个体指数 $k=\frac{q_1}{q_0}$，且权数 $f=q_0p_0$ 时，加权算术平均法总指数等于产品产量综合指数。

下面以产品产量综合指数为例说明加权算术平均法总指数的应用。

【例 7.5】某机械加工企业生产甲、乙、丙和丁四种机械产品，具体资料如表 7—15 所示。

表 7—15　　某机械加工企业四种产品的生产情况表

机械名称	单位	产量		产量个体指数	基期总成本（元）	假设总成本（元）
		基期	报告期			
		q_0	q_1	$k_q=\frac{q_1}{q_0}$	q_0p_0	$k_qq_0p_0$
甲	台	100	111	1.11	88 000	97 680
乙	架	120	130	1.08	96 000	103 680
丙	件	88	86	0.98	120 200	117 796
丁	个	68	69	1.01	78 000	78 780
合计	—	—	—	—	382 200	397 936

由表 7—15，计算四种产品产量综合指数：

首先，计算四种产品产量个体指数，$k_q=\frac{q_1}{q_0}$；

然后，以各个产品基期的实际总成本（q_0p_0）作权数；

最后，采用加权算数平均的形式计算产品产量综合指数：

$$\overline{k_q}=\frac{\sum k_q q_0 p_0}{\sum q_0 p_0}=\frac{397\ 936}{382\ 200}=104.12\%$$

$$\sum k_q q_0 p_0-\sum q_0 p_0=15\ 736(\text{元})$$

结果表明，四种产品产量报告期比基期平均增长 4.12%，从绝对值来看，由于产量的增长使得报告期的总成本比基期增加 15 736 元。

②当 $f=W\neq q_0 p_0$ 时，

$$\overline{k_q}=\frac{\sum k_q f}{\sum f}=\frac{\sum k_q W}{\sum W}\neq\frac{\sum q_1 p_0}{\sum q_0 p_0}$$

可见，当产品产量个体指数 $k=\frac{q_1}{q_0}$，但权数 $f\neq q_0 p_0$ 时，加权算术平均法总指数不等于产品产量综合指数。

（2）当加权算术平均法总指数的个体指数 k 为质量指标个体指数，即 $k=\frac{p_1}{p_0}$。以产品单位成本指数为例讨论加权算术平均法总指数。现产品单位成本个体指数 $k=k_p=\frac{p_1}{p_0}$，权数为 f，则加权算术平均法总指数$\overline{k_p}=\frac{\sum k_p f}{\sum f}$。

①当 $f=q_0 p_0$ 时，

$$\overline{k_p}=\frac{\sum k_p f}{\sum f}=\frac{\sum \frac{p_1}{p_0} q_0 p_0}{\sum q_0 p_0}=\frac{\sum q_0 p_1}{\sum q_0 p_0}$$

可见，当产品单位成本个体指数 $k=\frac{p_1}{p_0}$，且权数 $f=q_0 p_0$ 时，加权算术平均法总指数是以基期产量为同度量因素，单位成本指标为指数化因素的综合指数，但并非产品单位成本综合指数。

②当 $f=W\neq q_0 p_0$ 时，

$$\overline{k_p}=\frac{\sum k_p f}{\sum f}=\frac{\sum k_p W}{\sum W}\neq\frac{\sum q_0 p_1}{\sum q_0 p_0}$$

可见，当产品单位成本个体指数 $k_p=\frac{p_1}{p_0}$，且权数 $f\neq q_0 p_0$ 时，加权算术平均法总指数不是以基期产量为同度量因素，单位成本指标为指数化因素的综合指数。

小思考

能不能将求两因素的加权算术平均法总指数的方法推而广之求三因素甚至 n 因素的加权算术平均法总指数？

（二）加权调和平均法总指数

加权调和平均法总指数是以 m 为权数，对个体指数进行加权调和求平均而得到的指数。其具体表现形式为：$\overline{k}=\dfrac{\sum m}{\sum\dfrac{m}{k}}$。

现对加权算术平均法总指数的表现形式进行讨论：

（1）当加权算术平均法总指数的个体指数 k 为质量指标个体指数，即 $k=\dfrac{p_1}{p_0}$，以产品单位成本指数为例讨论加权调和平均法总指数。现产品单位成本个体指数 $k=k_p=\dfrac{p_1}{p_0}$，权数为 m，则加权算术平均法总指数$\overline{k_p}=\dfrac{\sum m}{\sum\dfrac{m}{k_p}}$。

①当 $m=q_1p_1$ 时，

$$\overline{k_p}=\frac{\sum m}{\sum\frac{m}{k_p}}=\frac{\sum q_1p_1}{\sum\frac{q_1p_1}{\frac{p_1}{p_0}}}=\frac{\sum q_1p_1}{\sum q_1p_0}$$

可见，当产品产量个体指数 $k=\dfrac{p_1}{p_0}$，且权数 $m=q_1p_1$ 时，加权调和平均法总指数等于产品单位成本综合指数。

下面以产品单位成本综合指数为例说明加权调和平均法总指数的应用。

【例 7.6】某汽车生产企业生产 A、B 和 C 三种汽车，具体资料如表 7—16 所示。

表 7—16　　某汽车生产企业三种汽车的生产情况表

汽车名称	单位	单位成本（万元）		单位成本个体指数	报告期总成本（万元）	假设总成本（万元）
		基期	报告期			
		p_0	p_1	$k_p=\dfrac{p_1}{p_0}$	q_1p_1	$\dfrac{q_1p_1}{k_p}$
A	台	12	12.5	1.042	500	480
B	台	21.5	23	1.07	1 058	989
C	台	34	38.5	1.132	1 078	952
合计	—	—	—	—	2 636	2 421

由表 7—16，计算三种汽车单位成本综合指数：

首先，计算三种产品产量个体指数，$k_p=\dfrac{p_1}{p_0}$；

然后，以各个产品报告期的实际总成本（q_1p_1）作权数；

最后，采用加权调和平均的形式计算产品单位成本综合指数：

$$\overline{k_p}=\frac{\sum q_1p_1}{\sum \frac{q_1p_1}{k_p}}=\frac{2\ 636}{2\ 421}=108.88\%$$

$$\sum q_1p_1-\sum \frac{q_1p_1}{k_p}=215(\text{万元})$$

结果表明，三种汽车单位成本报告期比基期平均增长 8.88%，从绝对值来看，由于单位成本的增长使得报告期的总成本比基期增加 215 万元。

②当 $m=M\neq q_1p_1$ 时，

$$\overline{k_p}=\frac{\sum m}{\sum \frac{m}{k_p}}=\frac{\sum M}{\sum \frac{M}{k_p}}\neq\frac{\sum q_1p_1}{\sum q_1p_0}$$

可见，当产品单位成本个体指数 $k=\frac{q_1}{q_0}$，但权数 $m\neq q_1p_1$ 时，加权调和平均法总指数不等于产品单位成本综合指数。

(2) 当加权调和平均法总指数的个体指数 k 为数量指标个体指数，即 $k=\frac{q_1}{q_0}$，以产品产量指数为例讨论加权调和平均法总指数。现产品产量个体指数 $k=k_q=\frac{q_1}{q_0}$，权数为 m，则加权调和平均法总指数$\overline{k_q}=\frac{\sum m}{\sum\frac{m}{k_q}}$。

①当 $m=q_1p_1$ 时，

$$\overline{k_q}=\frac{\sum m}{\sum \frac{m}{k_q}}=\frac{\sum q_1p_1}{\sum q_0p_1}$$

可见，当产品产量个体指数 $k_q=\frac{q_1}{q_0}$，且权数 $m=q_1p_1$ 时，加权调和平均法总指数是以报告期单位成本为同度量因素，产量指标为指数化因素的综合指数，但并非产品产量综合指数。

②当 $m=M\neq q_1p_1$ 时，

$$\overline{k_q}=\frac{\sum m}{\sum \frac{m}{k_q}}=\frac{\sum M}{\sum \frac{M}{k_q}}\neq\frac{\sum q_1p_1}{\sum q_0p_1}$$

可见，当产品单位成本个体指数 $k_q=\frac{q_1}{q_0}$，且权数 $m\neq q_1p_1$ 时，加权调和平均法总指数不是以报告期单位成本为同度量因素，产量指标为指数化因素的综合指数。

小思考

能不能将求两因素的加权调和平均法总指数的方法推而广之求三因素甚至 n 因素的加权调和平均法总指数？

三、平均指数和综合指数的区别和联系

（一）平均指数和综合指数的区别

（1）综合指数是通过引进同度量因素，先计算再对比；平均指数是在个体指数的基础上计算总指数，先对比再综合。

（2）综合指数需要全面资料，资料要求也比较严格；而平均指数既适用于全面的资料，也适用于非全面的资料，其对资料要求比较灵活。

（二）平均指数和综合指数的联系

在一定的权数条件下，两类指数间有转换关系。转换出来的平均指数和综合指数具有完全相同的经济意义和计算结果。

任务实施

在学习了平均法总指数以及它的计算形式之后，我们来一起解决任务引入案例中的问题。

第一，计算某超市三种商品销售量总指数及由于销售量变动使得销售额变动的绝对值，如表 7—17 所示。

表 7—17　　某超市三种商品销售情况表

机械名称	销售额（元）		销售量个体指数（%）	假设总销售额（元）
	基期	报告期		
	q_0p_0	q_1p_1	$k_q=\frac{q_1}{q_0}$	$k_qq_0p_0$
A	25 000	28 500	110	27 500
B	88 000	98 500	105	92 400
C	200 000	265 000	98	196 000
合计	313 000	392 000	—	315 900

首先，知道三种商品销售量个体指数，$k_q=\frac{q_1}{q_0}$；

然后，以各个商品基期的实际销售额（q_0p_0）作权数；

最后，采用加权算数平均的形式计算商品销售量总指数：

$$\overline{k_q}=\frac{\sum k_qq_0p_0}{\sum q_0p_0}=\frac{315\ 900}{313\ 000}=100.927\%$$

$$\sum k_qq_0p_0-\sum q_0p_0=2\ 900(\text{元})$$

结果表明，三种商品销售量报告期比基期平均增长 0.927%，从绝对值来看，由于销售量的增长使得报告期的销售额比基期增加 2 900 元。

第二，计算某企业三种产品单位成本总指数及由于单位成本变动使得总成本变动的绝对值，如表 7—18 所示。

表 7—18　　某企业生产三种产品消耗成本情况表

产品种类	总成本（万元）		单位成本个体指数（%）	假设总成本（元）
	基期	报告期		
	q_0p_0	q_1p_1	$k_p=\frac{p_1}{p_0}$	$\frac{q_1p_1}{k_p}$
甲	32	33	122	27.049 18
乙	40	58	103	56.310 68
丙	55	62	80	77.5
合计	127	153	—	160.859 9

首先，计算三种产品产量个体指数，$k_p=\frac{p_1}{p_0}$；

然后，以各个产品报告期的实际总成本（q_1p_1）作权数；

最后，采用加权调和平均的形式计算产品单位成本综合指数：

$$\overline{k_p}=\frac{\sum q_1p_1}{\sum \frac{q_1p_1}{k_p}}=\frac{153}{160.859}=95.114\%$$

$$\sum q_1p_1-\sum \frac{q_1p_1}{k_p}=-7.86(\text{万元})$$

结果表明，三种产品单位成本报告期比基期平均减少 4.886%，从绝对值来看，由于单位成本的减少使得报告期的总成本比基期减少 7.86 万元。

项目小结

本项目主要阐述了两个大问题：一是总指数的编制方法，即综合指数法和平均指数法；二是指数因素分析法。

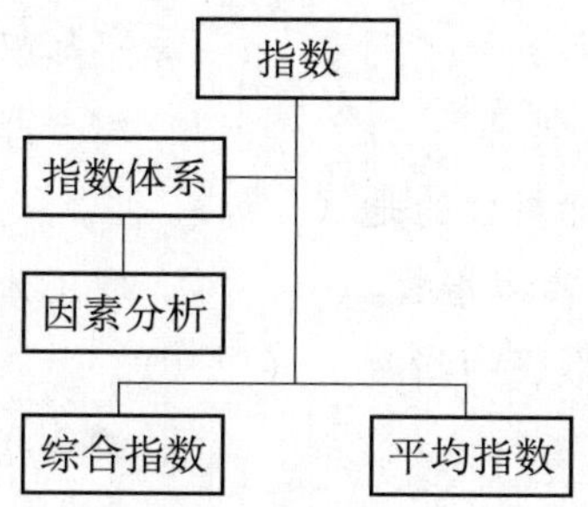

统计指数的含义有广义和狭义两种。广义的指数是指一切说明现象数量变动或差异程度的相对数。狭义的指数是一种特殊的相对数，也即专指不能直接相加和对比的复杂现象综合变动程度的相对数。统计指数可以分为不同的类别，按指数所考察范围的不同，分为个体指数、组指数和总指数。按指数所反映的现象特征不同，分为数量指标指数和质量指标指数。按照指数表现形式不同，可分为综合指数、平均指标指数和平均指标对比指数。

综合指数是总指数的一种表现形式，反映复杂总体的综合变动情况，它由两个综合的总量指标对比形成的总指数。综合指数的编制总的来说是先综合后对比。首先引进同度量因素对复杂总体进行综合，再将同度量因素固定，消除同度量因素变动的影响。

综合指数分为质量指标综合指数和数量指标综合指数。编制数量指标综合指数时，一般以基期的质量指标作为同度量因素；编制质量指标综合指数时，一般以报告期的数量指标作为同度量因素。

指数体系是指若干个在经济上、数量上有对等关系的若干指数构成的整体。指数因素分析法是利用统计指数体系分析现象总变动中各个因素影响方向和程度的一种统计分析方法。

平均法总指数是通过对个体指数进行加权平均而求得的反映不能直接加总和对比的复杂总体综合变动的总指数。它分为加权算术平均法总指数和加权调和平均法总指数两种情况。在一定条件下，平均指数和综合指数间可以相互转换。

理论巩固

一、思考题

1. 什么是统计指数？它在统计分析中有哪些作用？
2. 什么是综合指数？如何编制综合指数？
3. 什么是同度量因素？同度量因素在编制综合指数中有何作用？
4. 什么是平均数指数？它与综合指数有什么区别及联系？
5. 什么是因素分析？简述因素分析的步骤。

二、单项选择题

1. 某企业总成本报告期比基期增长40%，产量增长20%，则单位成本增长（　　）。

A. 10%　　B. 16.67 %　　C. 50%　　D. 80%

2. 某企业产品物价下降，销售额持平，则销售量指数（　　）。

A. 增长　　B. 下降　　C. 不变　　D. 不能确定

3. 我国股票价格指数采用的计算方法是（　　）。

A. 平均指数　　B. 实际权数平均指数

C. 固定权数平均指数　　D. 综合指数

4. 下列指数中属于质量指标指数的是（　　）。

A. 产量指数　　B. 销售额指数　　C. 职工人数指数　　D. 销售价格指数

5. 由两个总量指标对比所形成的指数是（　　）。

A. 个体指数　　B. 总指数　　C. 综合指数　　D. 平均指数

6. 综合指数包括（　　）。

A. 个体指数和总指数　　B. 数量和质量指标指数

C. 定基指数和环比指数　　D. 平均指数和平均指标指数

7. 总指数编制的两种基本形式是（　　）。

A. 平均指数和综合指数　　B. 个体指数和综合指数

C. 数量指标指数和质量指标指数　　D. 固定构成指数和结构影响指数

三、多项选择题

1. 综合指数包括（　　）。

A. 总指数　　B. 平均指数　　C. 平均指标指数

D. 质量指标指数　　E. 数量指标指数

2. 下列指数中属于数量指标指数的有（　　）。

A. 销售量指数　　B. 职工人数指数　　C. 销售价格指数　　D. 单位成本指数

3. 下列指数中属于质量指标指数的有（　　）。

A. 销售价格指数　　B. 销售额指数　　C. 单位成本指数　　D. 可变构成指数

4. 同度量因素的作用有（　　）。

A. 同度量作用　　B. 权数作用　　C. 媒介作用　　D. 平衡作用

5. 编制综合指数的一般原则是（　　）。

A. 数量指标指数以基期质量指标为同度量因素

B. 数量指标指数以报告期质量指标为同度量因素

C. 质量指标指数以基期数量指标为同度量因素

D. 质量指标指数以报告期数量指标为同度量因素

6. 编制综合指数要掌握的两个要点是（　　）。

A. 引进同度量因素对复杂经济现象总体进行综合

B. 确定指数化因素

C. 明确指数的经济意义

D. 将同度量因素固定，消除同度量因素变动的影响

7. 已知某商业企业基期销售额为 100 万元，报告期销售额比基期增长 14%，又知道以基期价格计算的报告期假定销售额为 113 万元，则通过计算可以知道（　　）。

A. 销售量增长 13%　　B. 价格增长 12%

C. 由于价格变化使销售额增加 1 万元　　D. 由于销售量变化使销售额增加 13 万元

E. 由于销售量变化使销售额增加 20 万元

8. 适用于非全面资料编制的总指数是（　　）。

A. 数量指标综合指数　　B. 质量指标综合指数

C. 算术平均数指数　　D. 调和平均数指数

四、判断题

1. 如果一个指数的同度量因素是质量指标，则这个指数就是质量指标指数。（　　）

2. 为了使成本指数的计算符合现实经济意义，则编制单位产品成本指数的同度量因素是报告期的产品产量。（　　）

3. 某商业企业商品销售额报告期比基期增长 80%，销售量增长 25%，则商品销售价格增长 44%。（　　）

4. 某地区零售物价指数为 119%，则用同样多的人民币比以前少购买 19%的商品。（　　）

5. 若销售量增长 20%，价格下降 20%，则销售额不变。（　　）

6. 在特定的权数条件下，综合指数与平均数指数之间具有变形关系。（　　）

7. 一般来说，平均数指数能反映现象变动的方向和程度，但不能用于对现象进行因素分析。（　　）

8. 平均数指数编制只可用于全面调查的资料。（　　）

9. 平均指标指数就是由两个不同时期的加权算术平均数对比形成的。（　　）

技能实训

1. 已知某商店三种商品的销售量及销售价格资料如下：

商品	计量单位	销售量		销售价格（元）	
		基期	报告期	基期	报告期
甲	件	5 000	6 500	20	23
乙	台	3 000	4 600	25	29
丙	套	1 800	3 000	30	37

请计算：(1) 销售量个体指数和销售价格个体指数；

(2) 销售量总指数及由于销售量变动而增减的销售额；

(3) 销售价格总指数及由于销售价格变动而增减的销售额。

2. 已知某企业生产两种产品的有关资料如下：

商品	单位	产量		出厂价格（元）	
		基期	报告期	基期	报告期
甲	吨	4 100	4 200	50	62
乙	台	2 000	2 100	44	52

请从相对数和绝对数两方面简要分析产量和出厂价格的变动对总产值的变动影响。

3. 已知某公司2013年商品零售额为760万元，2014年比2013年增加40万元，零售物价指数上涨8%，请计算该公司商品零售额变动中，由于零售价格和零售量变动的影响程度和影响额。

项目八

撰写统计分析报告

1. 了解统计分析报告的概念，认识报告的分类。
2. 认识统计分析报告的类型。
3. 掌握统计分析报告的写作程序。
4. 掌握统计分析报告的结构格式。
5. 通过学习如何撰写统计分析报告锻炼一定的语言组织能力。

重点：1. 统计分析报告的类型。

2. 统计分析报告的写作程序。

难点：1. 统计分析报告的写作程序。

2. 统计分析报告的结构格式。

【引导案例】

2012年，武汉市各级行政复议机关收到行政复议申请489件，比上年612件下降20.1%；受理401件，比上年522件下降23.2%；已审结395件，比上年503件下降21.5%。

从案件分布看，武汉市本级案件数量在上年基础上继续上升，区政府和市政府部门案件数量有不同程度下降。市本级收到申请141件，比上年119件上升18.5%；受理78件，比上年61件上升27.9%。市政府部门收到申请254件，比上年386件下降34.2%。各区政府收到申请87件，比上年117件下降25.6%；受理75件，比上年94件下降20.2%。从收到行政复议申请数看，13个区中，有5个区的数量同比上升，8个区数量出现下降。

武汉市政府结合数据的分析情况，对行政复议工作特点和存在的问题进行了总结：(1) 行政复议工作发展不平衡现象突出；(2) 协调手段的运用在办案中不断得到重视，各级行政复议机关将协调工作作为化解行政争议的重要方式和首选途径；(3) 行政复议申请呈现“三多”现象，对复议机关造成一定困扰；(4) 根据上述统计，行政确认、行政征收和信息公开三类案件数量连续三年递增；(5) 申请履行法定职责和信访的区别有待进一步厘清；(6) 行政复议案件善后难度加大，答复工作仍需加强。

以上是武汉市2012年行政复议案件反映情况及统计分析结果，如何将整个统计工作流程准确地反映出来，以便于业内外人士明白各个环节，就需要借助于统计分析报告这个工具，下面我们进入统计分析最后一环——统计分析报告的学习。

认识统计分析报告

任务引入

某市统计机构调查该市常住人口情况如下：2010年，该市常住人口年末数为2 014.8万人，其中城镇占89.592%，乡村占10.408%；按性别分，男性常住人口达到1 030.7万人，女生为984.1万人；在所有常住人口中，“0～14岁”人口数为160.1万人，“15～59岁”人口数为1 611.8万人，“60岁及以上”人口数为占到总数的12.055 8%；调查还显示，城市功能核心区、城市功能拓展区、城市发展新区和生态涵养发展区的常住人口数比例分别是9.986 1%，51.230 9%，33.328 4%和5.454 64%。

该市政府统计机构要通过报刊向社会公众公布此年度常住人口情况，应该运用什么方法和形式加以公布？回答是统计分析报告。下面，我们进入统计分析报告基本概念及类型的学习。

知识学习

一、统计分析报告概述

（一）统计分析报告的概念

统计分析报告是根据统计学的原理和方法，运用大量统计数据来反映、研究和分析社会经济活动的现状、成因、本质和规律，并作出结论，提出解决问题的办法的一种统计应用文体，它是统计分析的最终成果。

（二）统计分析报告的特点

（1）科学分析方法与统计指标体系的结合应用，能够全面、深刻地研究和分析社会经济现象的发展变化。

（2）数学语言和统计语言的结合分析，能够通过确凿、翔实的数字和简练、生动的文字进行说明和分析。

（3）以定量分析为主，结合定性分析。从数量方面来表现事物的规模、水平、构成、速度、质量、效益等情况，并把定量分析与定性分析结合起来。

（4）针对性强。针对社会各界普遍关心的难点、热点、焦点问题进行分析，有的放矢，针对性强。

（5）注重准确性。准确是统计分析报告乃至整个统计工作的基本。统计分析报告的准确性除了数字准确，还要求论述有理、观点正确，而且还要联系实际。

（6）注重时效性。由于统计分析具有很强的实用性，因此注重时效显得尤为重要。统计人员要有“一叶知秋”、“见微知著”的敏感，要有争分夺秒的时间观念，要有连续作战的工作作风。争取“雪中送炭”，避免“雨后送伞”，把统计分析报告提供在领导决策之前和社会各界需要之时。

（7）具有很强的实用性。统计分析报告包含统计数据反映的信息，并且还反映了根据数据信息分析出来的结果和规律。通过分析结果，工作人员可以对事物发展规律进行决策预测，从而直接满足社会各界在了解形势、制定政策、编制计划、经营管理、检查监督、总结评比、科研教学等方面的实际需要。

（三）统计分析报告的作用

1. 综合衡量统计工作

高质量的统计分析报告，来自高质量的统计设计、统计调查、统计整理、统计分析和统计分析写作。统计分析报告反映整个统计工作流程的质量好坏，如果统计工作中有一个环节出错或者不够完善，在统计分析报告中都能体现出来。因此，统计分析报告写不好，当然是统计工作水平不高的表现。此外，写好统计分析报告还需要具备方方面面的科学文化知识，需要掌握党和国家的方针政策，需要具备较强的观察能力、思维能力、创新能力、组织能力等。因此，统计分析报告能够反映统计工作的成果。

2. 传播统计信息

统计分析报告是统计信息传播的主要载体之一，在当代社会具有广泛的应用。统计分析报告简洁、信息量大的特点使得统计分析报告适合在报刊上发表，传播条件比较简便，是传播统计信息的有效工具。

3. 有助于统计工作的完善

统计分析报告反映整个统计工作流程，因此在统计分析报告的撰写过程中有助于发现统计分析中的问题，使统计工作得到改善。另外，撰写统计分析报告可以锻炼统计人员的写作水平，全面增长统计人员的才干。

4. 有助于统计服务和统计监督

统计分析报告是表现统计成果的好形式与传播统计信息的有效工具。统计分析的形式便于理解，有助于数据需求方和信息监管方清楚明了地了解统计工作、统计信息和统计分析结果。

5. 是社会了解统计的主要窗口

很多人认为统计工作只是加加减减，填个表而已，把统计置于可有可无的地位，要让大多数人了解统计必须凭借一定的工具，统计分析报告就是工具之一，统计分析报告能够让一般人了解统计，了解统计工作，做好统计服务，提高统计工作的社会地位。

（四）统计分析报告的分类

统计分析报告的应用是很广泛的，可以从不同角度来划分。

（1）按统计领域分，可分为工业、农业、商业、科技、教育、文化、卫生、体育、人口、财政、金融、政法、人民生活、国民经济综合、核算等统计分析报告。

（2）按写作对象的层次划分，可分为微观、中观和宏观统计分析报告。基层企事业单位、村、家庭及个人，属于社会经济的“细胞”，可视为“微观”；乡镇、县一级可视为“中观”；而地（市）及地（市）以上的地区和部门，由于地域较广，社会经济门类比较复杂，需要较多地注意平衡关系，可视为“宏观”。

（3）按内容范围分，可分为综合与专题统计分析报告。综合统计分析报告，是研究和反映一个地区、部门或单位的全面情况的分析报告。这种分析报告，一般是定期的。专题统计分析报告，是研究和反映某一方面或某个专门问题的分析报告。专题统计分析报告有定期的，也有不定期的，以不定期的较多。

（4）按照时间长度分，可分为定期与不定期的统计分析报告。定期统计分析报告，一般是利用当年的定期统计报表制度的统计资料来研究和反映社会经济情况。根据期限不同，定期统计分析报告又可分为日、周、旬、半月、月度、季度、半年、年度等统计分析报告。不定期的统计分析报告，主要是用于研究和反映不需要经常性定期调查的社会经济情况。

(5) 按写作类型分，可分为计划型、公报型、调查型、分析型、总结型、预测型、资料型、信息型、快报型、微型、文学型、系列型等统计分析报告。

二、统计分析报告的类型

(一) 说明型

说明型统计分析报告是对统计报表进行说明的统计分析报告，也称为“文字说明”，也就是我们通常所说的报表说明。这种说明，主要是对报表的数据做文字的补充叙述，配合报表进一步反映社会经济情况。这种补充叙述主要是针对报表中某些变化较大的统计数字，这也可以帮助本单位领导审查报表，以保证数字的质量。这是说明型统计分析报告的基本作用。

写这种说明型统计分析报告，并没有严格的要求，但要掌握以下几个要点：

(1) 文字说明的情况要与统计报表的情况有关，与报表无关的内容不应写进文字中。

(2) 写文字说明时，既可以对整个报表做综合说明，也可以只对报表中的某些统计数字加以说明。

(3) 在写文字说明时，可作出简要的分析，但不宜论述过多。如需要深入研究，应另写专题分析。

(4) 说明型统计分析报告没有标题，也一般没有开头和结尾。文中的各个段落，各有其独立的内容，结构呈并列式。最好用“一、二、三、四……”来分段叙述，使说明更有条理、更清晰。

(5) 文字要简明，直截了当。

(二) 计划型

计划型统计分析报告是检查计划执行情况的统计分析报告，按月、季、半年和年度检查计划执行情况的定期统计分析报告，都属于这种计划型。

计划型统计分析报告的写作要点：

(1) 检查计划是文章的中心。不但有实际数、计划数，而且要有计划完成相对数。

(2) 检查计划执行情况的主要目的，不是单纯地进行数字对比，而是通过分析，找出计划执行过程中存在的问题，提出对策建议，以保证计划的顺利完成。

(3) 统计指标要相对稳定。在同一个计划期内，统计指标与计划指标的项目要一致，并相对稳定，以便进行对比检查。

(4) 标题有两种形式。一种比较固定，例如：“我厂五月份计划执行情况”。另一种是可以变化，以突出某些特点。例如：“战高温 夺高生产 完成一千台——我厂八月份计划执行情况分析”。这是运用了双标题的形式，有正题和副题。

(5) 正文的结构多是总分式。开头总述计划完成情况，然后进行分析，提出一些建议等。

（三）总结型

总结型统计分析报告是对一定时期社会经济发展情况进行总结分析的统计分析报告。通过分析总结，可以全面地认识一个地区、部门或单位的社会经济形势，或某个方面的情况，以便发扬成绩，总结经验教训，制定新的措施，为今后工作创造更好的条件。

总结型统计分析报告的写作要点：

（1）总结型的对象应是本地区、本部门或本单位的社会经济发展情况，并不是工作情况。

（2）一般有三个写作重点：一是分析社会经济发展形势，二是总结经验教训，三是提出建设性的意见。

（3）要注意运用统计资料和统计分析方法。主要采用统计数字与文字论述相结合的方法，从数量上分析社会经济现象，从定量认识发展到定性认识。

（4）正文结构大都采用总分式。开头是简要总述，接着写情况、形势（包括成绩与问题），再写经验体会与教训，然后写今后的方向和目标，最后写几点建议，每个部分应设小标题，使层次更分明。

（5）标题可以适当变化，形式不拘一格。

（四）公报型

公报型统计分析报告是政府统计机关向社会公告重大社会经济情况的统计分析报告。统计公报是政府的一种文件，一般应由级别较高的统计机关发布。级别较低的统计机关不宜发表公报，但是可以采用统计公报的写作形式公布本地的社会经济发展情况，这种情况也应列入公报型。

公报型统计分析报告的写作要点：

（1）统计公报具有较强的政策性和权威性。

（2）统计公报要充分反映本地区社会经济全面情况，主要由反映事实的统计资料来直接阐述，不作过多的分析。

（3）统计公报采用公文式的标题。正文的结构是总分式。

（4）公报型的统计分析报告，要求行文严肃，用语郑重，文字简练明确，情况高度概括。

（五）快报型

快报型统计分析报告是一种期限短、反应快的统计分析报告，一般为按日、周、旬、半月写作的定期统计分析报告。快报型统计分析报告的突出特点是一个“快”字。按日写作的统计分析报告，常在第二天上午上班不久就要递交主管领导，以此类推。由于这种“快”的特点，快报型统计分析报告常用于反映生产进度、工程进度等，便于领导了解情况，对生产和工作进行及时指导，所以快报型统计分析报告在企业用得比较普遍。

快报型统计分析报告的写作特点：

（1）统计指标要少而精。因为它是一种简要的统计分析报告，指标项目要少，但要有代表性，能反映各个主要方面的数量情况。

（2）要有连续性。为了观察进度的连续变化和便于对比，分析报告中的指标项目要相对稳定。

（3）标题要基本固定。例如："我厂一月上旬生产情况简析"、"我厂一月中旬生产情况简析"。

（4）结构多是简要式。通常全文分两部分：前面列出反映情况的主要数字，接着写文字情况。

（5）文字要简明扼要。

（六）调查型

调查型统计分析报告是通过非全面的专门调查来反映部分单位社会经济情况的统计分析报告。

调查型统计分析报告的写作要点：

（1）文章要有明显的针对性。要有具体、明确的调查目的。

（2）要大量占有第一手材料，用事实说话，要有一定的深度，以发现其实质和典型意义。

（3）统计资料和实际情况相结合，对于调查方法和过程应该少写或不写。

（4）标题应灵活多样，结构形式也可以不拘一格。一般的安排是叙事式：先概述调查目的、调查形式和调查单位之后，就要较大篇幅阐述调查情况，然后是概况地分析研究，并作出结论，最后可提出一些建议。

（七）分析型

分析型统计分析报告是通过分析着重反映社会经济现象具体状态的统计分析报告。它同调查型的主要区别是：它既反映部分单位的情况，也反映总体的情况，并以总体情况为主；它的资料和情况来源是多方面的，可以是部分单位的调查资料，也可以是全面统计报表资料、历史资料的横向对比资料等，其中又以全面统计中的报表资料较多。目前，统计人员写作的统计分析报告，大多属于这种分析型。

分析型统计分析报告的写作要点：

（1）它的主要内容和写作重点是反映某个社会经济现象的具体状态，一般不涉及规律性问题，要做到具体事情具体分析。

（2）具体分析的主要方法：①从总体的各个方面来分解和比较。比如一个企业有产、供、销，居民家庭有收、支、存，地区有经济、社会、科技、环境等。②从结构上分解和比较。所有制结构，产业结构（一、二、三产业），产品结构，轻重工业结构，农民收入构成等。③从因素上分解和比较。比如影响农民收入增长的各种因素，影响工业增加值的各种因素等。④从联系上分解和比较。比如 GDP 与发电量的联系，农民收入与社会消费品零售总额的联系等。⑤从心理、思想上的分解和比较。比如问卷调查对改革的看法，对物价的看法，对婚姻的各种心理等看法。⑥从时间上分解和比较。如报告期与基期、"十一五”时期与“十五”时期的比较等。⑦从地域上分解和比较。比如与别的地区之间的比较，与外省的对比等。

（3）标题应该灵活多样，结构也要有多种形式。

（八）研究型

研究型统计分析报告是着重研究解决问题的办法和进行理论探讨的统计分析报告。它同分析型的统计分析报告的主要区别是：分析型对社会现象的认识仍停留在具体状态，而研究型则是对具体的状态提出理论性的见解或新的观点，上升到理论的高度。所以，研究性比分析型的意义又进一步，是一种高层次的统计分析报告。

研究型统计分析报告的写作要点：

（1）在研究的题目确定之后可以拟定一个研究提纲，主要内容是：研究的目的是什么，内容有哪些，需要哪些资料，如何收集，需要哪些参考图书和文章等。

（2）要进行抽象与概括。所谓抽象，就是在具体分析的基础上，将事物的非本质属性抛在一边，而抽出其本质属性来认识事物的方法。所谓概括，就是在抽象的基础上，把个别事物的本质属性，推及为一般事物的本质属性。有了正确的概括，就能认识社会经济现象中的共性、普遍性和规律性。

（3）要多方论证。要做到论述严密、说理充分，没有漏洞。从多方面、多角度、多种资料、多件事实及多种逻辑方法来论证。

（4）标题有适当变化，但要做到题文一致，用词准确、郑重。

（九）预测型

预测型统计分析报告是估量社会经济发展前景的统计分析报告。它与研究型统计分析报告的主要区别是：研究型着重于对趋势性规律性进行定型研究，而预测型是在认识趋势及规律的基础上，着重于对前景进行具体的定向和定量的研究。通过预测，人们可以超前认识社会经济发展前景，对制定方针、发展策略、编制计划、搞好管理具有很大的帮助。因此，预测型分析报告的作用很大，也属于高层次的统计分析报告。

预测性统计分析报告的写作要点：

（1）全文要以统计预测为中心，其他内容都要为预测服务。

（2）写推算过程要注意读者对象。如果是写给统计同行或统计专家看的，可以写数学模型的计算过程。如果读者是党政领导和广大群众，数字模型和计算过程可以略写或不写。

（3）应注意预测期的长短。一般来说，中、长期及未来的预测，要体现战略性和规划性，不可能写得那么具体，文字可以概括一些。对近、短期预测（也称预计），主要是具体地分析和估量一些实际问题，所提的措施和建议要有一定的针对性和现实性，不可写得太笼统，文字应详细、具体一些。

任务实施

在学习了统计分析报告概念以及类型之后，现在我们一起来为任务引入中的某市政府统计机构设计一份简单的公报型统计分析报告来将该市人口情况告知大众。

某市2010年常住人口情况

2010年末全市常住人口2 014.8万人，比上年末增加45.3万人。其中，常住外来人口800.7万人，占常住人口的比重为39.74%。常住人口中，城镇人口1 805.1万人，占常住人口的比重为89.592%。常住人口出生率8.73‰，死亡率4.32‰，自然增长率4.21‰。常住人口密度为每平方公里1 089人，比上年末增加26人。年末全市户籍人口1 306.3万人，比上年末增加17.8万人。2010年末常住人口及详细构成如表8—1所示。

表8—1　　某市2010年末常住人口及构成

指　标	年末数（万人）	比重（%）
常住人口	2 014.8	100
按城乡分：城镇	1 805.1	89.592
乡村	209.7	10.408
按性别分：男性	1 030.7	51.156 4
女性	984.1	48.843 6
按年龄组分：0～14岁	160.1	7.946 2
15～59岁	1 611.8	79.99 8
60岁及以上	242.9	12.055 8
其中：65岁及以上	194.6	9.658 53
按功能区分：城市功能核心区	201.2	9.986 1
城市功能拓展区	1 032.2	51.230 9
城市发展新区	671.5	33.328 4
生态涵养发展区	109.9	5.454 64

小思考

如果针对项目开头的“引导案例”写一篇统计分析报告，你会选择什么类型的统计分析报告进行阐述？

认识统计分析报告的说理方法与写作程序

任务引入

假设你通过调查研究，对天津市产业结构与就业结构变动情况非常熟知，请撰写一份完整的统计分析报告。怎样撰写统计分析报告？写作程序和内容结构有哪些？这是我们本任务要学习的内容。

知识学习

一、统计分析报告的说理方法

统计分析报告的说理方法主要有三大类：一是统计的方法，二是逻辑的方法，三是辩证的方法。

（一）统计的方法

统计分析报告是统计工作的最终成果，它是统计方法应用的集中体现，其中最常用的几种统计方法如下：

（1）总量分析法。总量分析法就是指对宏观经济运行总量指标的影响因素及其变动规律进行分析，如对国民生产总值、消费额、投资额、银行贷款总额及物价水平的变动规律的分析等，进而说明整个经济的状态和全貌。

（2）比较分析法。也叫对比分析法，它是通过实际数与基数的对比来提示两者之间的差异，借以了解经济活动的成绩和问题的一种分析方法。

（3）平均分析法。平均分析法是利用平均指标对社会经济现象进行分析的方法。

（4）动态分析法。动态分析法是将不同时期的因素指标数值进行比较，求出比率，然后用以分析该项指标增减或发展速度的一种分析方法。如商品价格变化、市场供求情况变化等。

（5）因素分析法。因素分析法又称指数因素分析法，是利用统计指数体系分析现象总变动中各个因素影响程度的一种统计分析方法，它是现代统计学中一种重要而实用的方法。它能够使研究者把一组反映事物性质、状态、特点等的变量简化为少数几个能够反映出事物内在联系的、固有的、决定事物本质特征的因素。

（6）相关分析法。相关分析法是分析经济现象之间存在的大量的相互联系、相互依赖、相互制约的数量关系的方法。这种关系可分为两种类型。一类是函数关系，它反映现象之间严格的依存关系；另一类为相关关系，在这种关系中，变量之间存在不确定、不严格的依存关系。

（二）逻辑的方法

统计分析报告的说理，离不开逻辑的方法。现将统计分析报告中常用的推理及论证的方法分述如下：

（1）归纳法。就是指从若干个具体事实得出一般性结论的方法。

（2）演绎法。这是以一般性道理对具体事实作出结论的方法。

（3）类比法。这是将两个或若干同类的具体事实进行比较而得出结论的方法。

（4）引证法。这是引用某些伟人、经典作家的言论或科学上的公理，尽人皆知的常理来推论观点的方法。

(5) 反证法。这是借否定对立的逻辑来证明自己观点正确的方法。

(三) 辩证的方法

辩证的方法主要是运用马列主义哲学的唯物辩证法来说理的方法。例如物质与意识、认识与实践、对立统一规律、质量互变规律、否定之否定规律等。

二、统计分析报告的写作程序

从程序上来讲，撰写统计分析分为五个部分：选题、拟定提纲、搜集资料和数据、分析研究和构思内容思路。

(一) 选题

选题是写作统计分析报告首先要解决的问题。这个目标的基本要求是：主题要鲜明，标题要"醒目"，开头要简明。主题鲜明可以从四个方面来考虑：一是根据工作重点选择主题；二是围绕领导关心的问题确定主题；三是围绕当前热点、难点问题确定主题；四是围绕自己熟悉的业务和领域确定主题。常见的"醒目"标题类型大致分为四种：揭示主题、表明观点、设问提问和正副标题合用。

(二) 拟定提纲

提纲要紧扣主题，而且提纲可以在研究的过程中进行适当调整，以使研究更加深入、更加可行。拟定提纲包括设计统计分析报告结构，统计分析报告的结构一般按照"提出问题—分析问题—解决问题"的顺序来展开，大致可分为四个部分：一是说明基本情况和所要分析的问题；二是根据问题和有关资料进行分析；三是通过分析得出结论；四是提出建议。

(三) 搜集资料和数据

首先要充分利用现有资料，注意资料的可行性，借鉴别人研究成果和数据要注明出处。资料既要占有当前的，也要占有历史的，这样可以进行纵向分析；既要占有当地的，也要占有相关市县的，这样可以用于横向比较；既要占有正面的，也要占有负面的，这样可以更加全面和客观地认识被研究对象；既要占有具体典型资料，也要占有全面综合性的资料，前者用于深度分析，后者用于广度分析。

(四) 分析研究

注意运用适当的方法，体现出研究的层次性和逻辑性。这是整个统计分析工作中的关键一环。面对大量的统计数据，分析人员要进行理解和分析，并做出取舍，从中引出自己的观点。这是认识过程中质的飞跃，这一阶段工作做好了，就为编写报告铺平了道路。

分析认识事物应注意以下几个方面：

第一，要综合运用多种分析方法进行分析。

第二，定性分析与定量分析结合进行分析。

第三，善于使用比较分析方法进行分析。

（五）构思内容思路

在动笔之前，必须对统计分析报告的内容与形式进行全面而缜密的构思。这是写作分析报告很重要的一环。构思时首先确定文章的基本观点，观点主题要符合形势；其次，考虑文章的内容，内容要服从主题；最后，安排文章结构，结构要严谨。

三、统计分析报告的结构格式

结构，就是文章的内部组织、内部构造，是对文章内容进行安排的形式。统计分析报告的结构，在过去有个约定俗成的格式，就是一情况、二问题、三建议这种三段式。还有一种就是：提出问题—分析问题—解决问题。这是最常见的也是经常用的两种格式。但统计分析报告的格式应该是多样化的，例如，有的统计分析报告是情况、问题、根源、预测、建议五个部分组成，有的是情况、问题、根源、建议四个部分组成。总之，统计分析报告的结构应该不局限于三段式，应该是多种形式。

（一）标题

标题也称为题目。人们阅读文章，第一眼是看标题，加之标题常常是文章中心内容、基本思想的集中体现，因而标题也就成了文章的眼睛，在文章的结构中占有重要的地位。标题有正题和辅题之分。正题也叫主题或大标题，辅题包括引题和副题。引题也叫肩题、眉题或小题，是正题的引子；副题也叫次题或提要题，是正标题的辅助标题，用于进一步补充和说明正题，使正题的意思更完整。

要使标题新颖醒目，扣人心弦，引起人们的重视，可以采取以下一些方法：

（1）多用论点题和事实题，少用对象题，如“乡镇工业大有作为——关于乡镇工业的调查”。

（2）适当采用设问题，“商品库存为什么升高？——商品库存情况的分析”。

（3）用具体事实做标题，“我县夏粮增产四千万斤”，“我县夏粮获得丰收”。

（4）用突出的事实做标题，“我区工业总产值突破一千亿大关”，“我区工业生产大幅度增长”。

除此，还可以通过加重语气、运用对比手法和适当运用比喻等方法来使标题醒目。

（二）开头与结尾

统计分析报告的开头，一般都是采取开门见山的写法。具体方法大致有以下几种：

（1）起笔点题。一开始就点出基本事实。

（2）亮出观点。开门见山，提出一个大家关心的问题，引出文章的主要内容和基本观点。

（3）强调意义。通过议论说明事件的重要性，突出该文章的中心内容、作用和意义。

（4）总述全文。这种开头，把全文所要阐述的内容作概括的介绍，使读者在开始即能了解总的情况，也为全文的论述定下基本的格局。

统计分析报告的结尾，大致有以下几种写法：

(1) 总结全文，深化主题。

(2) 表明态度，提出建议。

(3) 展望前景，提出看法。

(4) 强调问题，引起重视。

(5) 水到渠成，得出结论。

(6) 呼应开头，首尾圆合。

(7) 展望未来，做出预测。

(三) 正文

正文是统计分析报告的主体部分。一般正文有几种形式：

1. 序时式

序时式采用序时结构，即按事物发展的经过和时间的先后次序安排层次。这种结构多用于反映客观事物随着时间的变化而变化的统计分析报告。

2. 序事式

序事式采用序事递进结构，即指文章各部分内容按事理的发展顺序排列。它可以是先因后果，或先果后因的因果序事式；也可以是按事理发展的连续性，每一阶段一个层次。

3. 总分式

总分式，即先总起来说，然后分开说；或者先分开说，然后总起来说；或者前后都总说，中间分开说。

4. 平列式

平列式又称并列式，即各层意思之间是并列关系。一般是将所有表述的情况，分成并列的几部分横向展开。

5. 简要式

简要式即指用简洁语言概括统计分析报告内容。

任务实施

统计分析报告

——天津市产业结构与就业结构变动

改革开放30多年来，天津的经济取得了较快的、持续的发展，产业结构和就业结构发生了深刻变化，总体上产业结构的调整朝向促进就业增长的方向发展，经济结构和就业结构体现了现代世界大都市的部分特征。

(一) 产业结构与就业结构变动的理论分析

在经济发展过程中，就业结构的变化和产业结构的演进具有极强的关联性。一方面，不同产业吸纳就业的能力不同，就业弹性系数存在较大差异，产业结构的调整必然带来就业结构的变动，即就业结构在一定程度上取决于产业结构；另一方面，劳动力的数量、质量结构及流动方式，决定了产业劳动力的分布及变动，从而影响着产业结构的变动方式和方向，因此，就业结构也会对产业结构产生影响，合理的就业结构对于促进产业结构的高端化演进具有重要作用。

"配第—克拉克定理"一般被作为研究产业结构变动和劳动力转移的重要理论依据。根据这一理论，在产业结构演进过程中，劳动力会按照三次产业的顺序顺次转移，就业结构的变化始终与产业结构的演进保持着紧密关系。工业化初期，第一产业产值比重不断下降，第二、三产业产值比重不断上升，同时第一产业就业人口向第二、三产业转移，第一产业就业比重不断下降，第二、三产业就业比重不断上升；当工业化进入中期阶段以后，第三产业产值比重逐渐超过第二产业，第二产业就业比重变化不显著，大量劳动力开始向第三产业转移，并导致第一产业劳动力比重持续下降，同时第三产业劳动力比重持续上升；工业化后期阶段，第一产业比重在10%以内，第二产业的比重转为相对稳定或有所下降，第三产业比重上升或者相对稳定。虽然就业结构的变动在一定时期特别是在工业化初期往往滞后于产业结构的变动，但从较长时期看，二者的变动具有一致性。

（二）天津市产业结构变动与就业结构变动关系分析

改革开放以来天津市产业结构和就业结构的变动大体上可以分为三个阶段。

第一阶段是从改革之初到20世纪90年代初期。这一阶段，第一产业比重先下降后又上升，第二产业比重开始明显下降，其比重由1978年历史最高的71.14%，下降至1992年的48.7%，下降了近23个百分点；第三产业比重上升迅猛，从1978年的21.0%上升到1991年的48.9%，上升了近28个百分点。产业格局由"二、三、一"向"三、二、一"转变，产业结构得到明显调整和优化。从就业情况来看，第一产业就业人数和就业比重呈快速下降趋势，第二产业就业人数和就业比重总体呈先上升后下降的趋势，第三产业就业人数和就业比重增长快于第二产业，总体就业结构呈"二、三、一"的格局。

第二阶段是从20世纪90年代初期至21世纪初，这一阶段是天津市产业结构大调整的时期，产业结构和就业结构都发生了剧烈变动。第一产业的比重继续下降，由1990年的7.6%下降到2001年的2.2%，下降了5.4个百分点；在第二产业比重快速下降的同时，第三产业比重快速攀升。1995年天津第三产业增加值首次超过第一产业与第二产业增加值之和，稳定在"三、二、一"的产业格局。从就业情况来看，在第一产业就业人员向第二、第三产业转移的同时，第三产业的就业人员快速膨胀，比重持续攀升。1997年第三产业就业比重上升到50%，第三产业成为天津市劳动力就业的主渠道。而第二产业随着发展战略的调整、经济体制改革以及国有企业改革、企业减员增效等，其就业比重总体呈下降趋势，就业结构由"二、三、一"演变为"三、二、一"的格局。

第三阶段是2001年至今，这一阶段是产业结构和就业结构发展的相对稳定阶段。第一产业、第二产业比重稳中有降，第三产业比重持续上升，2006年第三产业的比重突破了70%，2009年达到了75.88%。从就业结构看，第一产业就业比重稳定在6%～7%，第二产业就业比重总体呈下降趋势，第三产业就业比重继续攀升，2008 年达到 72.43%，与德国同期水平接近。

三次产业就业结构的变化趋势说明了农村剩余劳动力和第二产业过剩劳动力都转移到第三产业，第三产业成为吸纳剩余劳动力、解决就业的重要途径。虽然就业结构的变动相对来说滞后于产业结构发展，但其变化趋势与产业结构调整趋势是一致的，就业人口的产业分布日趋合理。

（三）天津市三次产业就业效应分析

通过上面的分析，天津市产业结构的调整为就业增长和就业结构的优化有很好的促进作用，尤其是第三产业的快速发展，更是吸纳劳动力、解决就业的重要途径。为了进一步分析三次产业产值增长和就业增长之间的数量关系，本文使用相对于产值增长的就业弹性这一概念，并对就业弹性最高的第三产业的就业结构进行分析。

1. 总弹性与三次产业的就业弹性分析

（1）就业总弹性变动趋势：经济增长对就业有积极促进作用。从图 8—1 可以看出，虽然波动幅度不一样，但天津市就业总弹性与经济波动的趋势基本一致。改革开放以来至 21 世纪，天津市的就业弹性在波动中趋于降低，表明随着经济发展水平的提高，资本有机构成也相应提高，资本替代劳动的程度加深，就业弹性是逐步下降的。而进入 21 世纪以来，天津的就业弹性有所回升并在近几年保持了较高水平。1988 年、1995—1996 年、1997—2000 年，就业弹性为负值。特别是 1998 年亚洲金融危机之时，就业弹性出现极端最低值—0.539，即经济每增长 1 个百分点，就业数量降低 0.539 个百分点。就业弹性为负值，主要是由于经济环境等因素影响的劳动投入增长为负值；1998—2000 年，虽然天津克服了亚洲金融危机的影响，经济继续保持快速增长，但由于 1998 年是天津市国有工业企业三年改革调整方案制定和实施的第一年，国有大中型骨干企业建立现代企业制度、国有中小企业改革等的力度都在增大，一定程度上加剧了区域就业的结构矛盾，表现为就业弹性的负数值。同时，天津市政府积极出台促进就业与再就业的各项政策，大力发展非公有制经济、第三产业、中小企业等劳动密集型产业，所以进入 21 世纪以来，总就业弹性回升，2003 年以来保持相对较高弹性，说明了经济快速增长对就业增长产生了积极

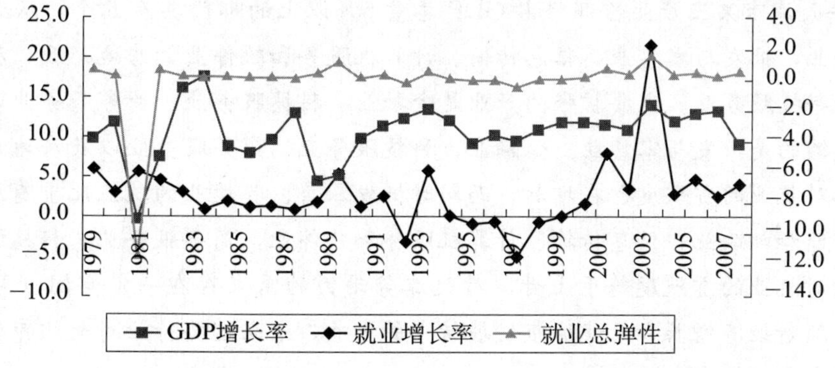

图 8—1　天津市经济波动、就业增长以及就业弹性趋势图（1979—2008）

作用。

（2）三次产业的就业弹性比较：从表8—2中可以看出：1979—2008年，天津市三次产业的平均就业弹性分别为－1.998、0.048、0.432，这说明：第一产业存在剩余劳动力；第二产业对于就业的促进作用高于第一产业，但趋于大幅度降低；第三产业对就业的拉动作用最大。

表8—2　　天津市三次产业就业弹性和总弹性分析（1979—2008）

年份	第一产业	第二产业	第三产业	总弹性
1979—1991	－3.839 7	0.599 3	0.374 1	－0.63 8
1991—2001	－0.623	－0.307	0.212	0.241
2001—2008	－0.952	－0.336	0.796	0.491
1979—2008	－1.998	0.048	0.432	—

从分阶段数据来看，第一产业的平均就业弹性均为负值，这并不意味其增长不能促进就业，而是说明随着农业劳动生产率的提高，存在大量的剩余劳动力需要转移到第二、第三产业；第二产业的就业弹性趋于下降，并且1993年以来呈现多年为负值的情况，反映为1991—2001、2001—2008年的阶段平均弹性为负值。这种情况实际上反映了在产业结构优化中，企业消除冗员的过程。一方面，天津市产业结构演进过程中第二产业的资本和技术密集程度逐步提高；另一方面，这一时期开始了现代企业制度改革，工业企业减员增效，劳动生产率大幅度提高。因此，第二产业就业弹性的下降趋势和负值的持续出现，并不一定表明经济增长对就业的“挤出”效应，也不意味着第二产业没有就业增长的潜力。对于第三产业，其就业弹性在波动中呈现上升的趋势，并且其平均就业弹性远远高于第二产业，说明第三产业吸纳转移就业人员的能力非常强。天津市就业的增加主要依靠第三产业来解决。一般来说，第三产业多是劳动密集型产业，其就业弹性相对较高。因此，就业人员的增量部分仍应尽可能配置在第三产业。

2. 第三产业主要行业就业分析：生产型服务业就业贡献不断增加，未来存在进一步扩大就业空间

2009年天津市第三产业各部门占GDP总量5%以上的部门共有6个，从大到小依次是金融保险业，批发与零售业，信息传输、计算机服务和软件业，房地产业，租赁与商务服务业以及科技服务业。主要扩张的产业是金融业、科技服务业、商务服务业以及房地产业，相对萎缩的是批发与零售业。金融业、科技服务业、商务服务业以及房地产业在扩张的同时，其对就业的贡献度也在增加，而同时批发零售、餐饮业的就业比重有所下降；交通运输、仓储和邮政业，信息传输、计算机服务和软件业，商务服务业，科技服务业等生产型服务业对就业的贡献度趋于上升，对天津劳动力的需求存在一定空间（见表8—3）。可以预见，随着经济增长和天津城市发展特点的影响，未来这些行业对天津市劳动力就业的贡献度还会有所提高。

表 8—3 天津市第三产业就业比重变化趋势

年份	2004	2005	2006	2007	2008	总体趋势
交通运输、仓储和邮政业	0.070	0.074	0.074	0.085	0.087	↑
信息传输、计算机服务和软件业	0.036	0.039	0.039	0.057	0.062	↑
批发与零售业	0.083	0.077	0.077	0.073	0.079	↓
住宿和餐饮业	0.048	0.046	0.046	0.042	0.045	↓
金融业	0.023	0.024	0.024	0.028	0.031	↑
房地产业	0.043	0.044	0.044	0.047	0.050	↑
租赁和商务服务业	0.086	0.094	0.094	0.098	0.103	↑
科技服务业	0.055	0.058	0.058	0.061	0.067	↑
水利、环境和公共设施管理业	0.014	0.015	0.015	0.016	0.015	→
居民服务和其他服务业	0.021	0.020	0.020	0.017	0.012	↓
教 育	0.074	0.073	0.073	0.071	0.069	↓
卫生、社会保障和社会福利业	0.033	0.034	0.034	0.034	0.034	→
文化、体育与娱乐业	0.027	0.028	0.028	0.026	0.026	→
公共管理与社会组织	0.060	0.061	0.061	0.062	0.060	→

（四）分析结论及未来产业发展及就业促进展望

1. 分析结论

改革开放以来，天津市第三产业产值比重呈快速增长态势，产业结构随着经济增长和首都经济发展战略的转变而不断优化调整，天津市的就业总量不断扩张，就业结构不断变化。在产业结构朝向有利于就业增长的发展的同时，结构偏离系数的比较分析表明，就业结构相对滞后于产业结构，要解决天津市就业中的深层次问题，在经济结构调整中实现就业结构的优化，必须引导合理配置劳动力资源，使之与产业结构的演进相协调。

三次产业的就业弹性比较分析表明第三产业具有强劲的吸纳就业的能力。对第三产业主要行业就业对比的分析表明，批发与零售业、餐饮业等传统服务业对天津市第三产业扩大就业的可能空间有限，而金融业，交通运输、仓储和邮政业，商务服务业，科技服务业等生产型服务业有较大吸纳就业的空间。

2. 未来产业发展趋势及就业引导分析

本轮国际金融危机后，世界经济结构和产业结构将发生调整，实体经济比重将呈上升趋势，虚拟经济发展的空间将相对缩小，从产业发展的方向来看，现代制造业和高新技术产业将更加受到重视。全球产业结构调整将加速产业转移，尤其是知识密集型、服务业外包型等服务的国际转移速度加快，制造业与服务业的融合发展将加快进行。同时，我国经济结构调整和经济发展方式转变将有利于我市资源优势发挥，工业化、信息化进程加快将增加对我市现代制造业、现代服务业等优势行业需求，产业高端化发展趋势更加明显。融合发展是现代产业发展的内在规律和客观要求。随着社会经济的发展，在现代产业分工中，现代服务业和现代制造业之间的边界越来越模糊，二者之间的融合发展趋势越来越显著。本轮金融危机亦证明，凡是融合度越高的产业，其稳定发展以及抵御外部风险的能力就越强。随着我市信息服务、研发服务、融资服务、技术支持服务、物流服务等和生产环节的结合日益紧密，服务与制造相互渗透融合将进一步增强，产业的融合发展将加快。同时，在政府规划政策引导下，围绕主导产业的产业链培育延伸以及产业集群化发展将加快进行。

根据对天津市2010年经济增长的预测，假定天津市GDP增长率为10.3%，采用三年平均移动预测就业弹性为0.349，那么2010年就业增长率则为3.59%，年底就业规模约1 010万人，天津市将面临巨大的就业压力。在国内外经济形势企稳、就业压力较大的情况下，如何有效促进就业增长和就业结构朝向产业发展调整？本文认为必须围绕产业发展和产业结构升级的方向，有针对性地提高劳动力素质和技能，引导劳动力资源合理配置，这样才能从根本上解决此问题或者缓解就业压力。

当前，劳动力的总量过剩和结构性人才短缺同时存在。培训或者教育体系的相对滞后使得新兴产业快速发展过程中高端人才供应相对不足。因此，在促进就业工作中，应该根据产业发展和结构调整方向，对劳动力重新培训与教育，要从培养、选拔、评价、使用、激励、交流、保障等方面，加快制定和实施有利于人才成长的政策措施；大力加强职业培训和就业服务，提高劳动者的就业能力和适应职业变化的能力。把职业培训作为储备劳动力、促进再就业、化解结构性失业矛盾的重要手段；围绕就业的行业结构的新情况安排培训计划，综合开发和利用各种培训资源；全面提高劳动者的就业能力、工作能力和创新能力，优化人力资本结构，满足天津经济发展需要。

项目小结

本项目主要阐述了统计分析报告的意义、结构格式、说理方法、类型特点和写作程序等问题。

统计分析报告是根据统计学的原理和方法，运用大量统计数据来反映、研究和分析社会经济活动的，是统计分析的最终成果。

统计分析报告的类型包括说明型、计划型、总结型、公报型、快报型、调查型、研究型、预测型和分析型。

统计分析报告的说理方法主要有三类：一是统一的方法，二是逻辑的方法，三是辩证的方法。

统计分析报告的写作程序是：选题、拟定提纲、搜集资料和数据、分析研究和构思内容思路。

理论巩固

一、思考题

1. 什么是统计分析报告？
2. 统计分析报告有哪些类型？
3. 统计分析报告一般采用什么样的结构格式？
4. 统计分析的说理方法有哪些？
5. 统计分析报告的写作程序是什么？

二、单选题

1. （　　）是统计分析结果的最终形式。

A. 统计数据分析　　B. 统计分析报告　　C. 动态分析方法　　D. 定性分析方法

2. 按照“现状—原因”、“现状—原因—结果”、“历史—现状—未来”、“简单—复杂”等整体结构的统计分析报告的结构是（　　）。

A. 总分结构　　B. 序时结构　　C. 递进结构　　D. 三者都不是

3. 以下不属于统计分析报告特点的是（　　）。

A. 针对性　　B. 时效性　　C. 实用性　　D. 灵活性

4. 下列不属于统计分析报告开头的形式的是（　　）。

A. 开门见山　　B. 精练新颖　　C. 交代动机　　D. 造成悬念

5. 统计分析报告中结束语的常见种类有（　　）。

A. 总括全文　　B. 提出建议　　C. 首尾呼应　　D. 创新观点

三、多选题

1. 统计分析报告的特点有（　　）。

A. 以统计数据为语言　　B. 以定量分析为主

C. 具有简明的表达方式和结构材料　　D. 是对研究过程的高度概括

2. 撰写统计分析报告的基本内容包括（　　）。

A. 标题的拟定　　B. 导语的撰写

C. 报告的整体层次结构　　D. 结束语的撰写

3. 常见的标题拟定方式有（　　）。

A. 以分析目的为标题　　B. 以主要论点为标题

C. 以主要结论为标题　　D. 以提问的方式为标题

4. 统计分析报告中结束语的常见种类有（　　）。

A. 总括全文　　B. 提出建议　　C. 首尾呼应　　D. 致感谢词

5. 无论用什么形式的结束语要注意的几点有（　　）。

A. 当止则止　　B. 意味深长　　C. 首尾照应　　D. 准确简洁

6. 统计分析报告的评价标准有（　　）。

A. 针对性　　B. 科学性　　C. 逻辑性

D. 创新性　　E. 时效性

四、判断题

1. 统计分析报告属于说明文。（　　）

2. 材料，是统计分析报告的灵魂，是观点的统帅。（　　）

3. 统计分析要用数字说话，用数字说服人，一开头不必过多引用领导人的指示作为论据。（　　）

技能实训

请以“引导案例”中某市2000年行政复议案件为对象写一篇统计分析报告。

参考文献

[1] 阮红伟，张丕景．统计学基础．北京：北京大学出版社，2009.
[2] 周恩荣．应用统计学．北京：北京交通大学出版社，2007.
[3] 兰炜，宋粉鲜．统计学基础．北京：首都经济贸易大学出版社，2010.
[4] 肖战峰，欧阳菲．统计学基础．成都：西南财经大学出版社，2009.
[5] 唐芳．统计学原理．上海：上海财经大学出版社，2007.
[6] 廖江平，刘登辉．统计学原理．北京：北京大学出版社，2009.
[7] 杜子芳．市场调查实务．北京：中国财政经济出版社，2006.
[8] 吕亚君，左湘利．统计原理．南京：南京大学出版社，2013.
[9] 刘纯霞，苏元涛．统计学．北京：中国商业出版社，2012.
[10] 陈学忠．市场调查实务．北京：电子工业出版社，2014.

图书在版编目（CIP）数据

统计学基础/沈静，唐东升主编. —北京：中国人民大学出版社，2014.8
21 世纪高职高专规划教材. 商贸类系列
ISBN 978-7-300-19508-7

Ⅰ.①统… Ⅱ.①沈… ②唐… Ⅲ.①统计学-高等职业教育-教材 Ⅳ.①C8

中国版本图书馆 CIP 数据核字（2014）第 168490 号

21 世纪高职高专规划教材·商贸类系列
工学结合、校企合作开发教材
统计学基础
主　编　沈　静　唐东升
Tongjixue Jichu

出版发行	中国人民大学出版社		
社　　址	北京中关村大街 31 号	邮政编码	100080
电　　话	010－62511242（总编室）		010－62511770（质管部）
	010－82501766（邮购部）		010－62514148（门市部）
	010－62515195（发行公司）		010－62515275（盗版举报）
网　　址	http://www.crup.com.cn		
	http://www.ttrnet.com(人大教研网)		
经　　销	新华书店		
印　　刷	北京东君印刷有限公司		
规　　格	185 mm×260 mm　16 开本	版　　次	2014 年 9 月第 1 版
印　　张	14.5	印　　次	2021 年 2 月第 5 次印刷
字　　数	314 000	定　　价	29.00 元

教师信息反馈表

为了更好地为您服务，提高教学质量，中国人民大学出版社愿意为您提供全面的教学支持，期望与您建立更广泛的合作关系。请您填好下表后以电子邮件或信件的形式反馈给我们。

您使用过或正在使用的我社教材名称		版次		
您希望获得哪些相关教学资料				
您对本书的建议（可附页）				
您的姓名				
您所在的学校、院系				
您所讲授课程的名称				
学生人数				
您的联系地址				
邮政编码		联系电话		
电子邮件（必填）				
您是否为人大社教研网会员	□ 是，会员卡号：______ □ 不是，现在申请			
您在相关专业是否有主编或参编教材意向	□ 是　　□ 否 □ 不一定			
您所希望参编或主编的教材的基本情况（包括内容、框架结构、特色等，可附页）				

我们的联系方式：北京市海淀区中关村大街甲 59 号文化大厦 1508 室
中国人民大学出版社教育分社
邮政编码：100872
电话：010-62516312
网址：http：//www.crup.com.cn/jiaoyu/
E-mail：crupwhl@163.com